de Gruyter Lehrbuch
van der Meulen · Kühling
Programmieren in ALGOL68 I

Programmieren in ALGOL68

I. Einführung in die Sprache

von

Sietse G. van der Meulen

und

Peter Kühling

W DE G

Walter de Gruyter · Berlin · New York 1974

Sietse G. van der Meulen

Dozent und wiss. Mitarbeiter am Fachbereich Informatik der Universität Utrecht/Nederland,
Mitglied der IFIP-Working Group on ALGOL (W.G. 2.1)

Peter Kühling

Wiss. Assistent der Informatik-Forschungsgruppe Informationsverarbeitung II an der Technischen Universität Berlin

Satz: Walter de Gruyter, Berlin. Druck: Karl Gerike, Berlin.
Bindearbeiten: Dieter Mikolai, Berlin.
Library of Congress Catalog Card Number: 74-79157
ISBN 3 11 004698 9

Vorwort

Der vorliegende erste Band entstand aus Vorlesungen, die in den Wintersemestern 1972/73 und 1973/74 an der Technischen Universität Berlin und an der Universität Utrecht (Nederland) gehalten wurden.
Neben diesem ersten Band ist ein zweiter in Vorbereitung. Im ersten Band wird eine Einführung in die revidierte Sprache ALGOL68 gegeben, wie sie im "Revised Report on the Algorithmic Language ALGOL68" definiert worden ist. Dabei werden der Transput (Ein- und Ausgabe) und die Konstruktionen zur Parallelverarbeitung noch nicht berücksichtigt. Diese werden zusammen mit der Sprachdefinition und größeren Programmbeispielen für praktische Anwendungen Gegenstand des zweiten Bandes sein.

Dieser erste Band ist didaktisch geplant und dennoch systematisch angeordnet. Er besteht aus zwei Teilen:

In Teil I (Die 'ALGOL65-Stufe') findet man ungefähr alles, was man von ALGOL68 wissen muß, um vorhandene ALGOL60- (oder auch FORTRAN-, ALGOL W- usw.) Programme in ALGOL68 zu formulieren.

In Teil II (Bausteine der Orthogonalität) werden sehr eingehend die drei Hauptpfeiler von ALGOL68 behandelt:
die mode- und identifier-declaration,
die impliziten Anpassungsoperationen und die "united-modes" sowie
die Operator-Definitionen.

In dieser Aufteilung wird sich nicht nur der Anfänger zurechtfinden (vorausgesetzt, daß er mit ALGOL60 oder einer anderen maschinenunabhängigen Programmiersprache vertraut ist), sondern auch der Fachmann, der sich schnell orientieren will und genauer wissen möchte, welche Möglichkeiten ALGOL68 bietet.
Einige Beispiele haben wir dem Buch [4] "Informal Introduction to ALGOL68" von C. H. Lindsey und S. G. van der Meulen entnommen.

Für kritische Bemerkungen und Verbesserungsvorschläge sind wir den Kollegen W. Koch, C. H. A. Koster und E. Wegner sowie den vielen Studenten in Berlin und Utrecht sehr dankbar.

Ferner danken wir dem Verlag für gute und unkomplizierte Zusammenarbeit.

Berlin, im Juli 1974

S. G. van der Meulen
P. Kühling

Inhalt

Teil II Bausteine der Orthogonalität

0. Einführung

ALGOL68 ist eine Programmiersprache, die von anderen Programmiersprachen her bekannte Konzepte verallgemeinert und systematisiert. Darüberhinaus werden in ALGOL68 völlig neue Konzepte definiert.

Die Sprache dient dem Verständnis der Algorithmik:
sie trägt zur Klärung der Grundbegriffe bei,
ermöglicht die Formulierung der elementaren Konzepte und
gestattet die Vermittlung von Algorithmen.

Die Sprache ermöglicht außerdem eine effiziente Ausführung von Algorithmen auf einer Vielzahl verschiedener Rechner.

0.1 Historisches

Nach dem Erscheinen des "Report on the Algorithmic Language ALGOL" (1959) übergaben die Autoren dieses Reports die weitere Verantwortung für die Sprache an die "International Federation for Information Processing" (IFIP). Sie selbst gründeten innerhalb der IFIP die "Working-Group on ALGOL" (WG 2.1). Die erste Aufgabe dieser Gruppe bestand darin, einen "Revised Report on the Algorithmic Language ALGOL60" herauszugeben (1963).

In den Jahren 1960–1967 wurden, innerhalb und außerhalb der Working-Group, viele Anstrengungen unternommen, die Sprache ALGOL60 zu erweitern und zu verbessern. Dabei entstanden viele ALGOL-ähnliche Sprachen, die bekanntesten davon sind SIMULA67 und ALGOL W.

In der Working-Group wurden diese Sprachen und viele andere Vorschläge diskutiert. Als Ergebnis dieser Arbeit entstand in den Jahren 1966–1968 der "Report on the Algorithmic Language ALGOL68".

An vielen Orten wurde damit begonnen, ALGOL68 zu implementieren. Schon im Jahre 1971 fand eine dieser Implementationen ihren vorläufigen Abschluß (Royal Radar Establishment, Malvern: ALGOL68-R).

Von 1969–1973 wurden die Erfahrungen dieser Implementationen sowie sehr viele kritische Bemerkungen und Vorschläge eingehend diskutiert. Dies führte dann Ende 1973 zu dem endgültigen "Revised Report on the Algorithmic Language ALGOL68" (Los Angeles, September 1973).

In diesem Buch werden wir uns mit der durch diesen "Revised Report" definierten Sprache ALGOL68 beschäftigen.

Den "Revised Report" werden wir im folgenden kurz als Report (R) bezeichnen.

0.2 Entwurfsziele

Im Report wird im Abschnitt 0.1: "Aims and principles of design" zu den Entwurfszielen der Sprache ALGOL68 in einzelnen Punkten Stellung genommen. Wir wollen diese Punkte hier, sehr frei und subjektiv übersetzt, kurz anführen:

R0.1.1. Completeness and clarity of description

Der Report ist in der Tat erdrückend vollständig. Was die 'Klarheit' anbelangt, so spielen Fragen des unterschiedlichen Standpunktes (hier Benutzer, dort Compiler-Schreiber) sowie Fragen des unterschiedlichen Geschmacks (hier Praktiker, dort Theoretiker) des einzelnen eine wichtige Rolle. Allerdings, nicht in Frage gestellt werden kann die Genauigkeit des Reports.

R0.1.2. Orthogonal design

Ein Minimum an voneinander unabhängigen "primitive concepts" wurde entwickelt, die fast ohne Einschränkung beliebig miteinander kombiniert werden können. Hierin liegt das Neue und auch die Mächtigkeit der Sprache.

R0.1.3. Security

Die Sprache ist so beschaffen, daß die syntaktischen und viele andere Fehler so rechtzeitig erkannt werden, daß sie nicht zu katastrophalen Ergebnissen führen können. So werden unlogische Konstruktionen und insbesondere Flüchtigkeitsfehler sowie einfache Schreibfehler fast alle schon vom Compiler erkannt und entsprechend angezeigt.

R0.1.4. Efficiency

ALGOL68 folgt dem wichtigen Prinzip, daß ein Programmierer, der von aufwendigen Konstruktionen der Sprache keinen Gebrauch macht, auch nicht für die mögliche Ineffizienz dieser Sprachkonstruktionen (die er ja gar nicht benutzt) 'bezahlen' muß (Bauer-Samelson-Prinzip).

R0.1.4.1. Static mode-checking

"Mode" stellt die Verallgemeinerung des von ALGOL60 her bekannten Begriffs 'Typ' dar. Die Syntax von ALGOL68 erlaubt die Definition beliebig vieler "modes". Schon der Compiler kann den "mode" aller in einem Programm auftretenden Größen feststellen. Die Ausführung ('execution') des Programms wird also damit nicht belastet.

Der **union**-"mode" stellt hierbei die einzige Ausnahme dar: der tatsächliche "mode" einer Größe kann hier erst zur 'runtime' festgestellt werden.

R0.1.4.2. Mode-independent parsing

Die im Report verwendete Zwei-Stufen-Grammatik erlaubt dem Compiler, ein Programm ohne Berücksichtigung der "modes" der in ihm vorkommenden Größen teilweise zu analysieren.

Verschiedene 'scans' ('passes') des Compilers können das Programm unter verschiedenen Aspekten betrachten, was einer verständlichen Fehler-Diagnose zugute kommt.

R0.1.4.3. Independent compilation

Angestrebt wurde eine Syntax, die es erlaubt, Hauptprogrammteile sowie einzelne Prozeduren unabhängig voneinander zu kompilieren. Dies kann ohne Effizienzverlust für das Endprodukt (Objektprogramm) geschehen.

R0.1.4.4. Loop optimization

Iterative Prozesse ('**for**-statements') sind derart in die Sprache eingebettet, daß auf sie bekannte Optimierungstechniken angewendet werden können.

R0.1.4.5. Representations

Die Repräsentation der in ALGOL68 vorkommenden "symbols" ist so gewählt, daß man mit einem minimalen Zeichenvorrat auskommen kann (48 Zeichen reichen schon aus). Gleichzeitig ist aber die Möglichkeit gegeben, einen größeren Zeichenvorrat zu benutzen, falls dieser zur Verfügung steht.

0.3 Notation

Für den laufenden (deutschen) Text in diesem Buch werden die Klein-Buchstaben

a b c d e f g h i j k l m n o p q r s t u v w x y z

und die Groß-Buchstaben

A B C D E F G H I J K L M N O P Q R S T U V W X Y Z

sowie die Ziffern

0 1 2 3 4 5 6 7 8 9

verwendet.

Darüberhinaus werden im Text noch die Zeichen

! ? . , ; : – ‘ ’ “ ” +

benutzt.

Begriffe aus der Terminologie des Reports werden (ohne Übersetzung) übernommen und durch “. . .” im laufenden Text gekennzeichnet. Im Gegensatz dazu geschieht die Hervorhebung bzw. Absetzung einzelner Wörter vom übrigen Text mit Hilfe von ‘. . .’ .

Sowohl im laufenden Text als auch in Programmbeispielen werden syntaktische Begriffe der Sprache ALGOL68 zur besseren Unterscheidung in den beiden Alphabeten

a b c d e f g h i j k l m n o p q r s t u v w x y z

A B C D E F G H I J K L M N O P Q R S T U V W X Y Z

angegeben. Diese Begriffe sind im Report durch syntaktische Produktionsregeln formal definiert, so z. B.

identifier , symbol , indication , string , bold-tag

Man wird sich (hoffentlich) leicht an diese sogenannten NOTIONS gewöhnen.

Teil I
Die 'ALGOL 65-Stufe'

1. Grundbegriffe und Beispiele

1.1 Basis und Erweiterungsprinzip

1.1.1 Programmtext (Ausgangsbeispiel)

Wie bei vielen Programmiersprachen, so wird i. a. auch in ALGOL68 ein Programmtext zunächst von einem Compiler in einen maschinenabhängigen Objekt-Code übersetzt. Dabei gibt der Compiler Fehlermeldungen aus, wenn der Programmtext syntaktisch nicht korrekt ist. Ist der Programmtext syntaktisch in Ordnung, so wird der Objekt-Code von einem 'runtime'-System ausgeführt:

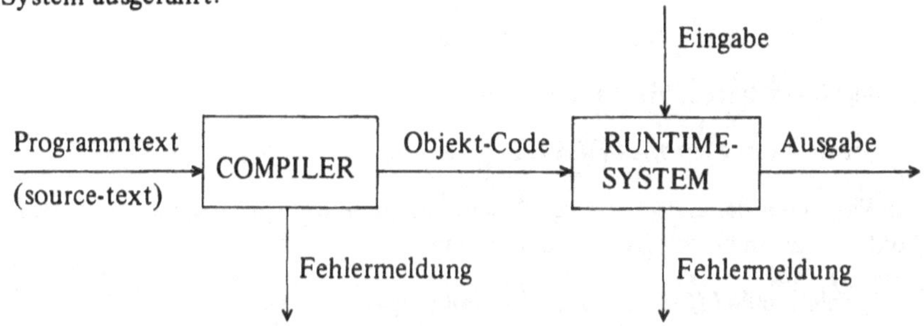

Nach der 'compilation' (Übersetzung) folgt also die 'execution' (Ausführung). Dabei werden Daten eingegeben, auf welchen das Objekt-Programm operiert. Die Ergebnisse der 'execution' werden vom 'runtime'-System ausgegeben (z. B. auf einem Schnelldrucker ausgedruckt). Stößt das 'runtime'-System während der 'execution' auf Mißstände (z. B. Division durch Null), so kann es passende Fehlermeldungen ausgeben.

Im Abschnitt 1.2 wird beschrieben, wie eine idealisierte 'ALGOL68-Maschine' einen Programmtext interpretiert. Es wird dabei nicht zwischen einem Compiler und einem 'runtime'-System unterschieden: die 'ALGOL68-Maschine' umfaßt beides.

Zur "representation" von ALGOL68 (zur Darstellung von Programmtexten in ALGOL68) benutzen wir u. a. zwei Zeichenmengen:

1) Das Alphabet
   a b c d e f g h i j k l m n o p q r s t u v w x y z
   und die Ziffern
   0 1 2 3 4 5 6 7 8 9

2) Das bold-Alphabet
a b c d e f g h i j k l m n o p q r s t u v w x y z
und die bold-Ziffern
0 1 2 3 4 5 6 7 8 9

Mit Hilfe der Zeichen jeweils einer Menge können Wörter gebildet werden. Dabei ist ein Wort über der Menge 1) oder 2) eine freiwählbare Folge von Zeichen, die stets mit einem Buchstaben beginnt, z. B.

word , **word** , *word1* , **word1** , *w0rd* , **w0rd**

nicht aber

1word , **1word**

Ein Wort über der Zeichenmenge 1) wird als ein identifier bezeichnet, z. B.

x , *y* , *z* , *sum* , *squm* , *next* , *a1* , *a2*

In identifiers dürfen 'blanks' vorkommen:

this is one identifier , *this is another one*

Ein Wort über der Zeichenmenge 2) wird als ein bold-tag bezeichnet. In einem bold-tag dürfen keine 'blanks' vorkommen:

thisisoneboldtag , **these are five bold tags**

Bold-tags werden für die Repräsentation von symbols und indications verwendet. Symbols sind 'reserved-words', Wörter also mit einer festen Bedeutung, die nicht für andere Zwecke verwendet werden können, so z. B.

begin , **end** , **if** , **then** , **else** , **fi** , **case** , **in** , **out** , **esac**

Indications sind (wie auch die identifiers) Wörter, deren Bedeutung man selbst in seinem Programm definieren (deklarieren) oder neu definieren kann. So sind z. B. die indications

round , **entier** , **abs** , **repr** , **plusab**

schon standardmäßig deklariert worden; wer will, kann sie jedoch in seinem Programm neu definieren.

Alle noch nicht deklarierten indications muß man selbst definieren:

man , **woman** , **human** , **amode** , **amode1** , **amode2**

Wir geben nun einen Überblick über alle symbols (oder auch tokens), die in ALGOL68 eine feste Bedeutung haben, die der Programmierer in seinem Programm also nicht ändern kann. Die symbols:

+ - × /
< ≤ > ≥ ↑ ↓

kommen in dieser Liste nicht vor. Das ist kein Versehen; denn selbstverständlich hat man auch in ALGOL68 diese Zeichen mit standardmäßiger Bedeutung zur Verfügung. Jedoch kann man sie selbst neu definieren oder ihnen eine weitere Bedeutung beigeben. Diese Zeichen gehören also nicht in eine Liste von symbols, deren Bedeutung von der Verwendung im Programmtext unabhängig ist.

ALGOL68-symbols mit fester Bedeutung:

( ) [ ] ″ · $_{10}$: $ | |:

= (is-defined-as-token)

:= (becomes-token)

:=: (is-token) **is**   :≠: (is-not-token) **isnt**

; (go-on-token)   , (and-also-token)

empty true false

declaration-symbols:

long short ref loc heap struct flex proc union op prio mode int real bool char format void compl bits bytes string sema file

syntactic-symbols:

begin end exit par if then else elif fi case in ouse out esac at of goto go to skip nil for from by to while do od

pragment-symbols:

comment co ¢ #   **pragmat pr**

In ALGOL68 hat der Programmierer die Möglichkeit, einen erläuternden Kommentar an fast jeder Stelle innerhalb seines Programms einzufügen. Jedoch in identifiers, bold-tags und denotations (vgl. weiter unten und 1.1.2) ist dies nicht erlaubt. Dabei wird ein Kommentar eingeschlossen in

	comment	und **comment**
oder	**co**	und **co**
oder	**¢**	und **¢**
oder	**#**	und **#**

Naiv betrachtet, besteht ein Programmtext in ALGOL68 stets aus einer Folge von symbols (tokens), denotations und indicators:

- Die symbols (tokens) sind oben angegeben.
- Die denotations dienen zur Bezeichnung von Werten ("values") und können aufgebaut werden aus Ziffern, Buchstaben, gewissen bold-tags und den symbols " $\cdot$ $_{10}$ e \$
  Auch denotations haben eine feste Bedeutung, die man nicht ändern kann.
- Wir unterscheiden drei Arten von indicators:
  1) identifiers,
  2) operator-indications
     zur Repräsentation von Operatoren, für die kein geeignetes symbol zur Verfügung steht,
  3) mode-indications

Außer für die standardmäßig vorgegebenen mode-indications

void , **bool** , **int** , **real** , **char** , **compl** , **bits** , **bytes** , **string**

kann der Programmierer die Bedeutung für indicators (also nicht nur identifiers, sondern auch operator-indications und mode-indications) selbst bestimmen. Dies geschieht durch declarations.

Feste Bedeutung haben also nur die symbols und denotations sowie die oben angegebenen standard-mode-indications. Alle anderen Zeichen und 'Wörter' (indicators) kann man selbst (neu) definieren.

Betrachten wir als erstes Beispiel für einen Programmtext ein einfaches Programm, mit Hilfe dessen zwei Zahlen gelesen und sodann ihr Mittelwert sowie ihre Standard-Abweichung ausgedruckt werden. Selbstverständlich wird solch ein Programm erst dann sinnvoll, wenn mehrere Zahlen gelesen und behandelt werden (vgl. dazu 1.4.2 und 1.4.3).

```
begin   co mean and standard-deviation of two real numbers co

        real x, y, sum, squm, sd;
        read(x); read(y);
        sum  := x + y ;
        squm := x ↑ 2 + y ↑ 2 ;
        sd   := sqrt (2 × squm - sum ↑ 2)/2 ;
        print (sum/2) ; print (sd)

  end
```

Hierbei erhalten die identifiers *x*, *y*, *sum*, *squm* und *sd* ihre Bedeutung durch die declaration

real *x, y, sum, squm, sd*

An diesem Beispiel (und auch an den interessanteren Beispielen in 1.4) werden wir in den folgenden Paragraphen einige Grundbegriffe und Prinzipien der Sprache ALGOL68 kennenlernen.

1.1.2 Die Grundmengen

ALGOL68 kann man mit einem LEGO-Spiel vergleichen: Als Basis sind Bausteine verschiedener Form und gewisse Anbaumöglichkeiten fest vorgegeben. Es gibt nur wenige, voneinander verschiedene Formen von Bausteinen, und die Anbaumöglichkeiten sind unabhängig von der Form.

In ALGOL68 sind die fest vorgegebenen Bausteine Werte (“values”) von nur wenigen verschiedenen Typen. Diese Werte werden also aufgeteilt in eine kleine Anzahl von Grundmengen. Die Grundmengen heißen:

boolean , character ,
integral , real ,
format .

Wir werden später sehen, daß man die leere Menge (**void**) auch noch als eine ‘Grundmenge’ betrachten kann: eine Menge also, die keine Werte enthält.

Die Elemente der Grundmengen (also: die Grundwerte) können im Programm durch denotations bezeichnet werden, wie z. B.

empty ,
true , *"a"* ,
37 , *3.1415926536* ,
$ *+ d. 13 de 1 d* $

und die Mengen selbst durch mode-indications:

void ,
bool , **char** ,
int , **real** ,
format .

Die Grundmengen, ihre indications und die Bezeichnung (denotation) ihrer Werte sind in der nachfolgenden Tabelle angegeben.

mode-indications	"values"	denotations
void	leer	**empty**
bool	die Menge, bestehend aus den beiden logischen Werten 'wahr' und 'falsch'	**true** **false**
char	eine Mindestmenge von Zeichen: ein Alphabet von Buchstaben, die Ziffern *0* bis *9*, einige Sonderzeichen; abhängig von der jeweiligen Implementierung sind eventuell noch andere Zeichen (z. b. ein weiteres Alphabet) vorhanden	*"a" "b" "c" "d"* . . . . . . *"x" "y" "z"* *"0" "1" "2"* . . . *"9"* *"." "," "+" "-" "="* *"(" ")" ":"* . . . *"A" "B" "C" "D"* . . . . . . *"X" "Y" "Z"* *"/" "?" "!" "×" "&"* $"_{10}"$ *";" "%"* . . .
int	ein Teilbereich der ganzen Zahlen (dessen Grenzen implementationsabhängig gegeben sind durch *max int*)	*0 1 2 3 4 5 6 7 8 9* * *10 11 12 13 14* . . . *100 101* *67108863*
real	eine Teilmenge der reellen Zahlen, gegeben in Gleitpunkt-Annäherung; die kleinste positive reelle Zahl, die man noch mit Effekt zu *1.0* addieren kann, ist gegeben durch *small real*; die größte darstellbare reelle Zahl durch *max real* (beide sind implementationsabhängig).	*3.14159265* * $0.314159265_{10}1$ $0.000314159265_{10}4$ $31415.9265_{10}-4$ $314159265_{10}-8$ *0.0 1.0 0.1* $10_{10}10 \quad 1_{10}-100$ *0.314159265e1* *314159265e - 8*
format	eine Menge von 'strings' mit eigener Syntax für die Beschreibung von Ein- und Ausgabedaten.	$ *+ d. 13 de 1 d* $ $ *"dm" 8 d. 2 d* $

* Für die negativen Werte gibt es keine denotations, man erhält sie aus den entsprechenden positiven Werten durch Anwendung des monadischen Operators '–'.

1.1.3 Der Begriff "orthogonal-design"

Mit Hilfe der wenigen (in 1.1.2 genannten) Grundbausteine kann man größere Bau-Elemente bilden, z. B.

Reihen (eine gewisse Anzahl numerierter Elemente eines bestimmten Typs),

Strukturen (ein Gebilde von Elementen, möglicherweise verschiedenen Typs),

Routinen (mit oder ohne Parameter versehene Programmteile, die dann nach ihrer Ausführung einen bestimmten Baustein liefern),

Adressen (Werte, die sich auf andere Bausteine beziehen), etc.

Aus diesen so zusammengesetzten Bausteinen können wiederum 'höhere' Bausteine gebildet werden (Reihen von Strukturen, Strukturen mit Reihen als Komponenten, Reihen von Routinen, Routinen, die jeweils eine Reihe oder ein Struktur liefern, etc.). Dieses Erweiterungsprinzip kann man beliebig oft und in jeder Kombination anwenden.

Die Verallgemeinerung des ALGOL60-Begriffs Typ heißt in ALGOL68: "mode". Einen gewünschten neuen "mode" kann man aus den Grund-"modes" (**bool**, **char**, **int**, **real** und **format**) mit Hilfe von gewissen symbols (die wir oft als 'mode-maker' bezeichnen werden) bilden.

'Mode-maker' sind u. a.:

[ ]	zur Konstruktion einer Reihe,
struct	zur Konstruktion einer Struktur,
long	zur Konstruktion der Ausdehnung bestimmter Mengen (u. a. **int**, **real**, **compl**)
short	zur Konstruktion der Einschränkung bestimmter Mengen (u. a. **int**, **real**, **compl**)
ref	zur Konstruktion einer Adresse,
proc	zur Konstruktion einer Routine,
union	zur Konstruktion einer Vereinigung mehrerer "modes"

Die "modes" (also: die Mengen) werden dabei durch sogenannte declarers spezifiziert. So spezifiziert z. B.:

[*1* : *n*] **real**

den "mode" row-of-real, d. i. der "mode" einer Reihe von **real**s.

Eine neue mode-indication (für die Bezeichnung einer Menge) kann man durch eine mode-declaration definieren: rechts von dem is-defined-as-token '=' steht der declarer.

Beispiele:

mode boolean = **bool**
mode logical = **bool**

definieren **boolean** oder **logical** als alternative mode-indications für **bool**.

mode vector = [*1* : *n*] **real**
mode matrix = [*1* : *n*, *1* : *n*] **real**

definieren **vector** und **matrix** als ein- bzw. zweidimensionale Reihe von **reals**.

Die mode-indications **compl** und **string** sind standardmäßig in der sogenannten standard-prelude definiert. Dort wird durch

mode compl = **struct** (**real** *re*, *im*)

compl als eine Struktur definiert, deren zwei **real**-Komponenten man mit den field-selectors *re* und *im* auswählen kann. Dagegen ist **string** als eine **char**-Reihe mit flexiblen Grenzen definiert (vgl. 3.1.2).

mode giant = **long int**

definiert **giant** als den "mode" von ganzen Zahlen aus einer Menge, welche die der **ints** umfaßt.

mode man = **struct** (**string** *name*, **int** *year*,
ref woman *wife*),
mode woman = **struct** (**string** *name*, **int** *year*,
ref man *husband*,
ref [ ] **human** *child*),
mode human = **union** (**man**, **woman**)

definieren ein naives Modell der Menschheit, wobei die elementare Tatsache, daß eine Frau Kinder gebären kann, ein Mann jedoch nicht, zum Ausdruck gebracht worden ist. Ein **human** ist entweder ein **man** oder eine **woman**.

mode fun = **proc** (**real**) **real**

definiert **fun** als eine reelle Funktion auf der Menge der reellen Zahlen.

mode matmat = **proc** ([,] **real**) [,] **real**

definiert **matmat** als eine Funktion, die Matrizen in Matrizen überführt; oder auch:

mode matmat = **proc** (**matrix**) **matrix**

Eine mode-indication kann man als eine Abkürzung für einen zusammengesetzten declarer ansehen, den man jedoch auch selbst im Programm benutzen kann. Allerdings sind mode-declarations notwendig, wenn "modes" miteinander verknüpft sind, wie es bei **man**, **woman** und **human** der Fall ist.

Auch die Werte in zusammengesetzten Mengen kann man durch zusammengesetzte denotations bezeichnen:

declarer (bzw. mode-indication)	'denotation'
[*1* : *4*] **real**	*(1.0 , 5.1 , 0.2 , 6.3)*
[*1* : *4*, *1* : *4*] **real**	*((1.0 , 5.1 , 0.2 , 6.3) ,* *(0.0 , 1.0 , 4.2 , 1.9) ,* *(0.0 , 0.0 , 1.0 , 8.3) ,* *(0.0 , 0.0 , 0.0 , 1.0))*
compl	*(1.0 , 2.1)*
string	*"this is a row-of-character"*
giant	**long** *2846 3829 8567 7200* **long** *0*
woman	*("juliet capulet", 1473 , romeo ,* **nil** *)*
fun	*(***real** *x)* **real***: sin(x)/x*

Sowohl mit den Grundbausteinen als auch mit den aus ihnen zusammengesetzten Bausteinen kann man Aktionen ("actions") definieren. Auch hier gibt es nur wenige Grundaktionen, wie: zuweisen (assignation), vergleichen, subtrahieren, indizieren, selektieren, **int** zu **real** und **real** zu **compl** erweitern ("widening") und noch einige mehr.

Mit Hilfe dieser Grundaktionen kann man dann zusammengesetzte Aktionen definieren, ähnlich wie man aus den Grundbausteinen zusammengesetzte Bausteine bildet. Aus diesen zusammengesetzten Aktionen kann man dann weiter 'höhere' Aktionen bilden, usw.

Das Ganze ist in ALGOL68 so organisiert, daß die Erweiterungsmöglichkeiten fast keine Ausnahmen kennen und daß die Grundbegriffe (Elementar-Bausteine und Elementar-Aktionen) in ihrer Zahl minimiert worden sind.

Dies zusammen bezeichnet man als "orthogonal design":

> das Leitmotiv in ALGOL68 und als solches
> viel wichtiger als die Sprache selbst.

1.2 Modell einer ALGOL68-Maschine

1.2.1 Externe und interne Objekte

Die Abarbeitung eines Programms wird im Report anhand eines idealisierten Computers beschrieben, den man die 'ALGOL68-Maschine' nennen kann.

In dieser Maschine wird nicht explizit zwischen 'compiletime' und 'runtime' unterschieden, wohl aber zwischen externen und internen Objekten:

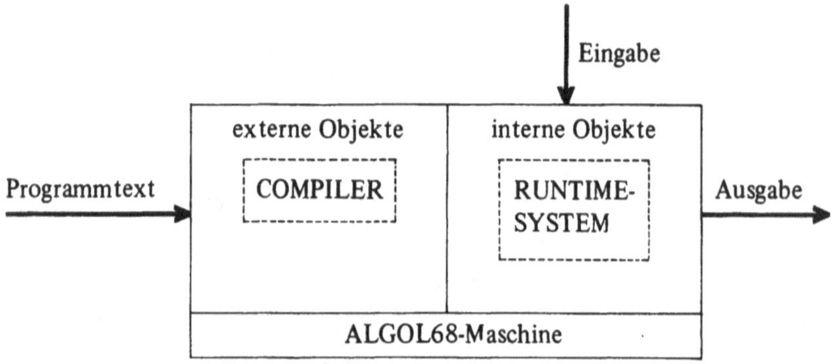

In diesem Buch werden wir jedoch an vielen Stellen durchaus von einer realistischen Implementation der Sprache ausgehen. Dann werden wir doch 'compiletime' und 'runtime' voneinander unterscheiden, um anzudeuten, welche Entscheidungen schon vom Compiler vorgenommen werden können.

Die Abarbeitung eines externen Objektes, speziell eines Programms, wird im Report als "elaboration" bezeichnet. Auch wir werden diesen Begriff oft benutzen.

Ein externes Objekt ("construct") ist ein von der Syntax bestimmter Teil des Programmtextes.

Die internen Objekte sind die Werte im Maschinenspeicher. Für solch einen Wert gilt immer zweierlei:

a) er gehört zu einer bestimmten Menge: er hat einen bestimmten "mode",

b) er tritt an einer bestimmten Stelle ("locale") im Speicher auf.

Die "elaboration" eines Programms durch die ALGOL68-Maschine geschieht durch Interpretation der in dem Programm enthaltenen externen Objekte, die zu gewissen Aktionen auf internen Objekten führt. Zwischen den (externen und internen) Objekten sind gewisse Relationen definiert, die bei der Interpretation eine wichtige Rolle spielen.

Wir werden die Wirkungsweise der ALGOL68-Maschine durch Bilder erläutern, die jeweils eine Momentaufnahme des Speicherinhaltes und der Relationen zwischen Objekten darstellen.
Dabei stellen wir einen Wert durch eine 'box' dar, deren Form seinem "mode" entspricht. Es repräsentieren dann 'boxes' verschiedener Form jeweils Werte, die verschiedenen Mengen angehören (also verschiedenen "mode" haben):

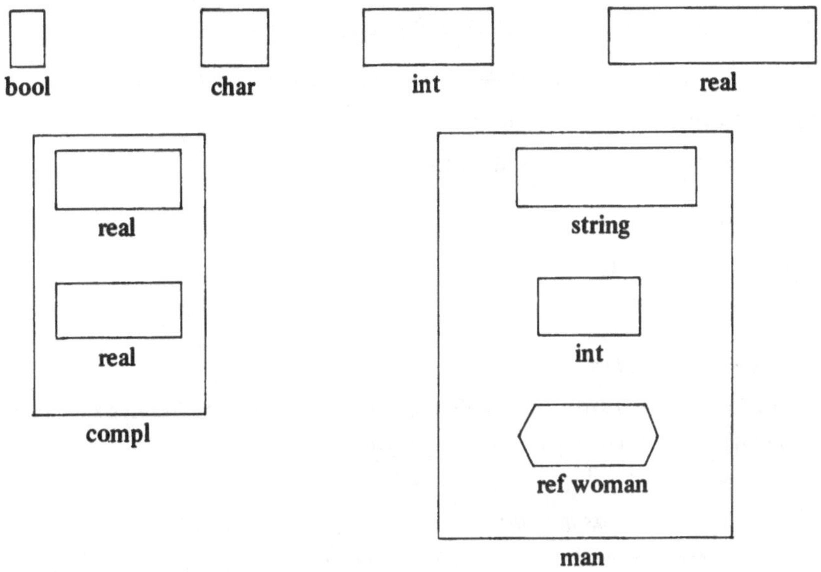

Für einen Wert irgendeines "mode" **amode** also:

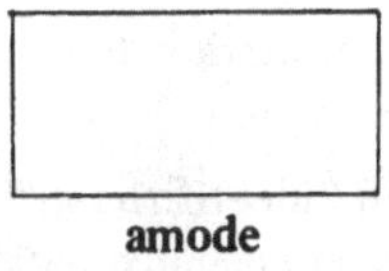

Die Adresse, die ein Wert im Speicher hat, wird durch einen Pfeil wiedergegeben:

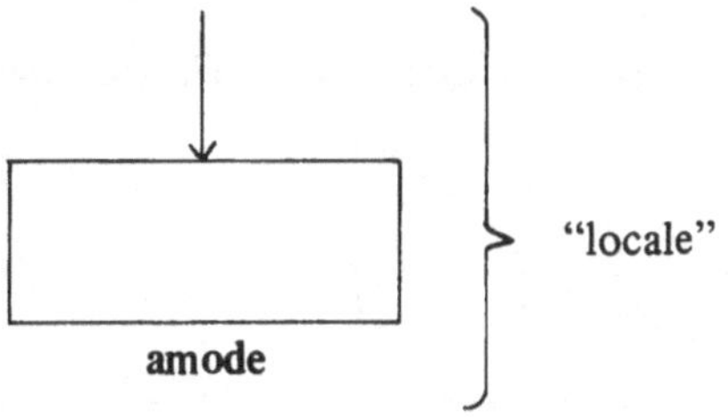

Das Paar, bestehend aus einer 'box' und seiner Adresse, entspricht ziemlich genau dem Begriff "locale", wie er im Report verwendet wird.

Ein "locale" kann man also als eine Verallgemeinerung des Begriffs 'Maschinenwort' ansehen. Der Begriff 'Adresse' wird nicht im Sinne der Assembler-Programmierung als Maschinenadresse verwendet, sondern allgemeiner als Kennzeichnung der Stelle, an der ein Wert im Speicher auftritt.

1.2.2 Relationen zwischen externen Objekten

Die beiden wichtigsten Relationen zwischen externen Objekten sind:

a) "to contain" ("enthalten")

b) "to identify" ("identifizieren")

Beispiele:

a1)

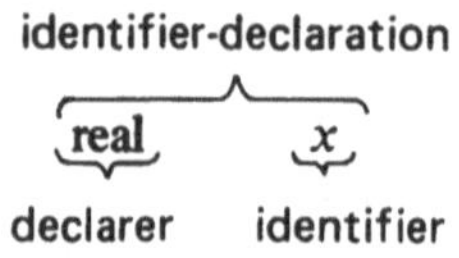

Hierbei sind die beiden externen Objekte declarer und identifier in dem externen Objekt identifier-declaration enthalten.

a2)

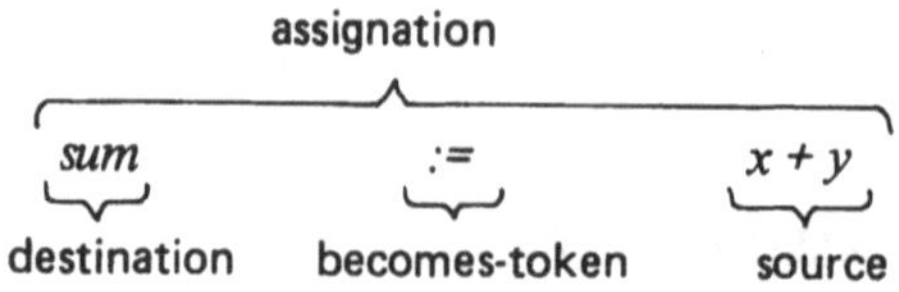

Hierbei sind die externen Objekte destination, becomes-token und source in dem externen Objekt assignation enthalten.

Sehr wichtig ist für uns die Relation "identifizieren". Diese Relation besteht zwischen speziellen externen Objekten, nämlich indicators. Wenn ein indicator in einer declaration enthalten ist, so bezeichnen wir ihn als defining-indicator. Tritt er dagegen sonst irgendwo im Programm auf, so wird er als applied-indicator bezeichnet.

Es identifiziert ein applied-indicator stets seinen defining-indicator.

Beispiel:

b)

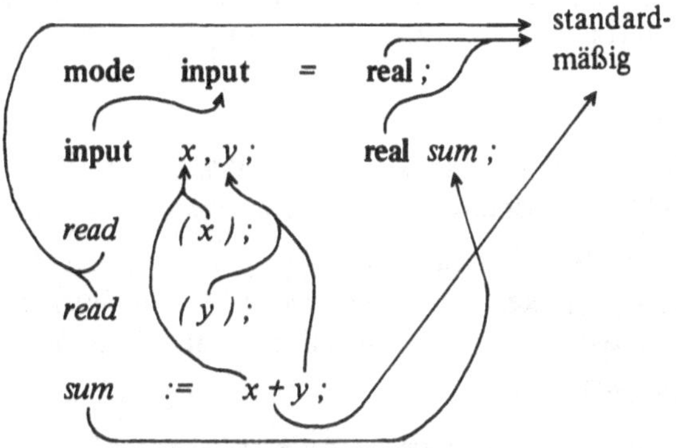

Hierbei wird die Relation “identifizieren” jeweils durch einen Pfeil angedeutet.

Wir werden später sehen (vgl. 2.4.2), daß einem defining-indicator durch eine declaration seine Bedeutung beigegeben wird. Durch die Identifizierung erhält ein applied-indicator stets die Bedeutung seines defining-indicator.

1.2.3 Relationen zwischen internen Objekten

Zwischen Werten (also internen Objekten) können u. a. folgende Relationen definiert sein:

a)	“to be of the same mode as”	(vom gleichen “mode” sein)
b)	“to be widenable to”	(erweiterbar sein)
c)	“to be smaller than”	(kleiner sein als)
d)	“to refer to”	(sich beziehen auf)

In diesem Paragraphen betrachten wir nur a)–c). Sind diese Relationen zwischen zwei Werten definiert, so treffen sie für diese beiden Werte zu oder nicht.

a) Da alle Werte einen bestimmten “mode” haben (also jeweils zu einer bestimmten Menge gehören), so ist die Relation a) zwischen je zwei Werten definiert und es kann stets entschieden werden, ob zwei Werte vom gleichen “mode” sind oder nicht (“conform” sind oder nicht).

So gilt zum Beispiel:

der **int**-Wert 1 ist vom gleichen “mode” wie der **int**-Wert 2
der **real**-Wert 1.0 ist vom gleichen “mode” wie der **real**-Wert 2.0
der **int**-Wert 1 ist nicht vom gleichen “mode” wie der **real**-Wert 1.0

b) Ist ein Wert aus einer bestimmten Menge (eines bestimmten "mode") im Sinne der Analysis gleich einem Wert aus einer anderen Menge (eines anderen "mode"), so ist zwischen diesen beiden Werten die Relation "to be widenable to" definiert. Diese Relation ist u. a. zwischen einem **int** und einem **real** sowie zwischen einem **real** und einem **compl** definiert.

Zum Beispiel:

der **int**-Wert 1 ist erweiterbar zu dem **real**-Wert 1.0
der **real**-Wert 1.0 ist erweiterbar zu dem **compl**-Wert (1.0, 0.0)

c) In bestimmten Mengen kann zwischen je zwei Elementen (also Werten von gleichem "mode") die Relation "to be smaller than" definiert sein. Diese Relation ist u. a. auf der Menge der **ints** und auf der Menge der **reals** definiert.

So gilt zum Beispiel:

der **int**-Wert 1 ist kleiner als der **int**-Wert 2
der **real**-Wert 3.1415926 ist kleiner als der **real**-Wert 3.1415927
der **real**-Wert 2.718 ist nicht kleiner als der **real**-Wert 2.718

1.2.4 Der Begriff Variable (die Relation "to refer to")

Wie in 1.2.1 angegeben, verstehen wir unter einem "locale" stets ein Paar, bestehend aus einer Adresse und einem Wert (dargestellt durch eine 'box').

In ALGOL68 kann eine Adresse selbst ein Wert sein. Solch eine Adresse heißt im Report "name". Sie kann selbst im Speicher innerhalb eines anderen "locale" auftreten:

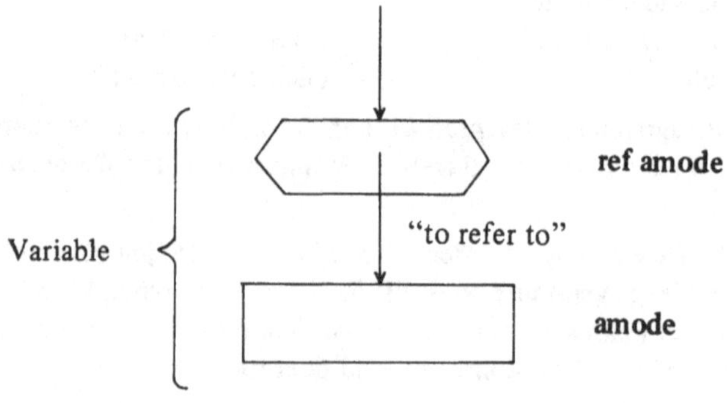

Wenn also ein Wert eine Adresse ist, so bezieht er sich ("to refer to") auf einen anderen Wert. Bezieht sich eine Adresse auf einen **amode**, so ist ihr "mode" **ref amode**. Nicht alle Adressen haben somit denselben "mode".

Nur dann, wenn man die Adresse ("name") eines **amode** als Wert zur Verfügung hat, kann man in ALGOL68 einen **amode** durch Zuweisung ändern.

> Deswegen nennen wir das Paar, bestehend aus einer Adresse (**ref amode**) und dem Wert (**amode**), auf den sich diese Adresse bezieht, eine Variable.

1.2.5 Relationen zwischen einem externen und einem internen Objekt

Durch die "elaboration" von externen Objekten können Werte im Speicher geliefert werden. Diese Werte werden im Report als die "yields" der "elaboration" bezeichnet.
Wird ein Wert speziell bei der "elaboration" einer declaration geliefert (vgl. 2.4.1), so erhält der in dieser declaration auftretende indicator diesen Wert, zu dem er dann Zugriff hat. Diese Relation zwischen dem indicator, aufgefaßt als externes Objekt, und einem Wert, aufgefaßt als internes Objekt, heißt "to access".

Wenn ein externes Objekt einen Wert liefert oder erhält, so wollen wir dies im Bild folgendermaßen zum Ausdruck bringen:

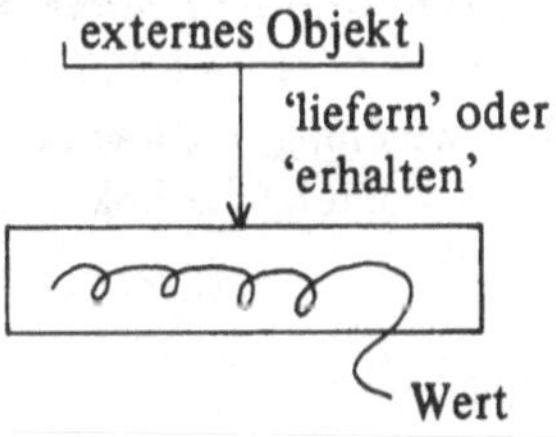

Dabei kann ein und dasselbe externe Objekt verschiedene Werte liefern, abhängig vom Kontext, in dem es auftritt.

Dies wollen wir anhand eines Beispiels erläutern:

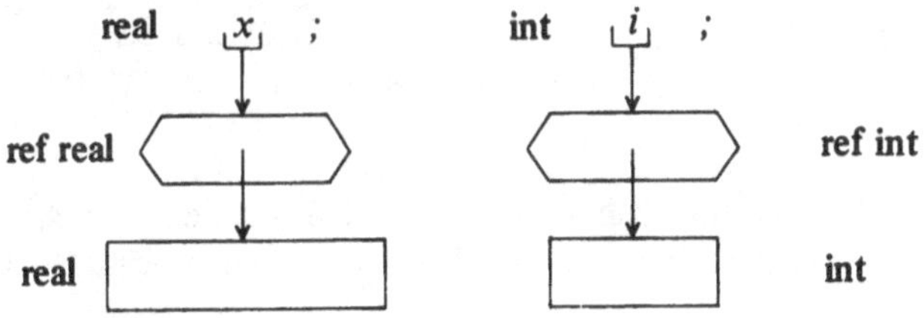

Hierbei erhalten die beiden identifier *x* und *i* als defining-identifier jeweils den Wert, der bei der "elaboration" ihrer declaration **real** *x* bzw. **int** *i* geliefert wird, also einen **ref real** bzw. einen **ref int**. Die identifier x und i erhalten durch ihre declaration also beide eine Variable (x eine **real**-Variable und i eine **int**-Variable).

Betrachten wir sodann die assignation:

$$x := i$$

so erhalten x und i als applied-identifier die Werte ihrer defining-identifier (vgl. 1.2.2):

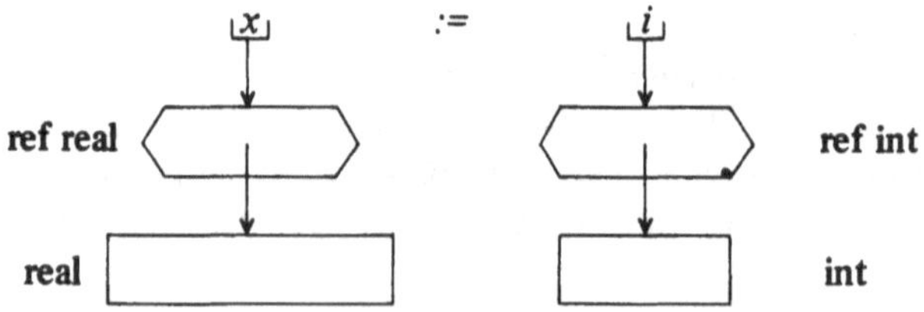

Wie später erklärt wird (vgl. 1.3.1), fordert die linke Seite, daß die rechte Seite ein **real** liefert. Der applied-identifier i liefert jedoch ein **ref int**, der sich auf ein **int** bezieht ("to refer to"). Dieser **int**-Wert wird zu einem **real**-Wert 'erweitert' (vgl. 4.2.4 für das "widening"). Diesen **real**-Wert liefert die rechte Seite als Ergebnis, womit die Forderung der linken Seite erfüllt ist. Somit erhalten wir folgendes Bild:

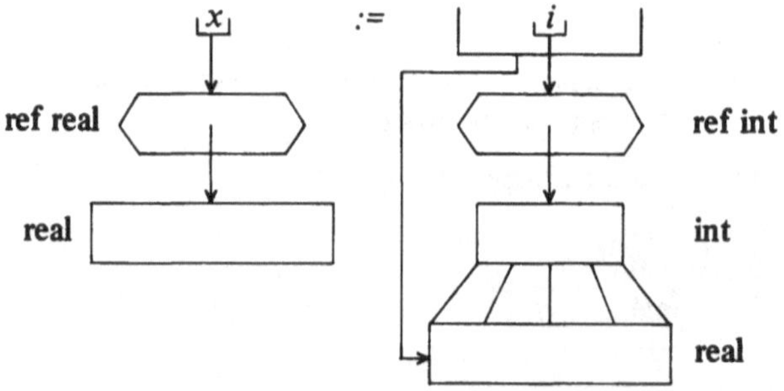

Wie wir in 1.1.4 gesehen haben, ist eine Variable ein Paar, bestehend aus einer Adresse (die selbst ein Wert ist) und dem Wert, auf den sich diese Adresse bezieht.
In Analogie dazu können wir das Paar, bestehend aus einem externen Objekt und dem Wert, zu dem dieses externe Objekt Zugriff ("access") hat, als eine Konstante bezeichnen.

Beispiel:

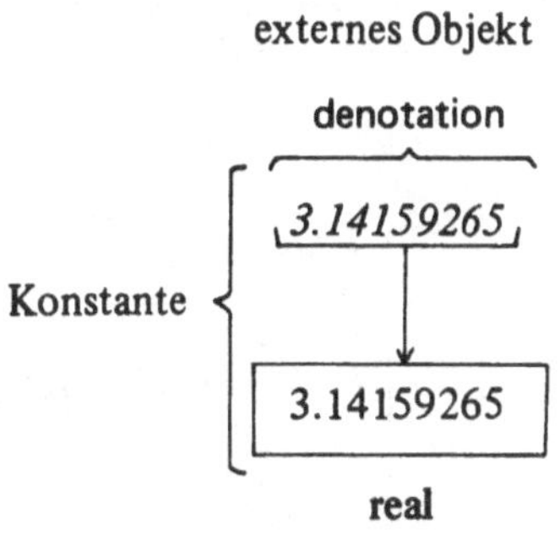

Man beachte hier, daß *3.14159265* als externes Objekt Zugriff hat zu dem Wert 3.14159265 als internes Objekt (ein **real**) im Speicher.

Man vergleiche dieses Beispiel mit dem folgenden:

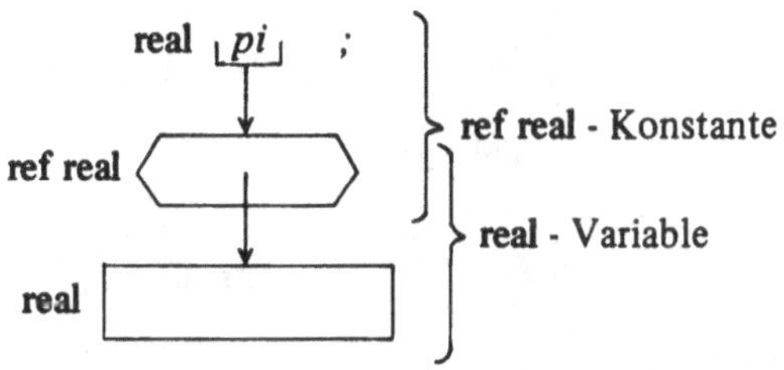

Wir sprechen hierbei von einer **ref real**-Konstanten, da die Adresse selbst nicht geändert werden kann.
Dagegen kann aber der **real**-Wert, auf den sich diese Adresse bezieht, durch eine Zuweisung geändert werden, wir sprechen also von einer **real**-Variablen.

1.2.6 Lebensdauer von internen Objekten (der Begriff "scope")

Ein Wert (also ein internes Objekt) hat stets einen bestimmten "mode" und tritt als Bestandteil eines "locale" an einer bestimmten Stelle im Speicher auf (vgl. 1.2.1).

Daneben hat ein Wert auch stets eine bestimmte Lebensdauer, die angibt, wie lange der Wert im Speicher existiert.

Diese Lebensdauer wird als der "scope" eines Wertes bezeichnet. Der "scope" ist dabei abhängig von dem "mode" des Wertes sowie von der Art, wie dieser Wert im Speicher erzeugt worden ist.

So können z. B. die Werte der Grund-"modes" **bool**, **char**, **int** und **real** sowie auch z. B. Werte vom "mode" **compl**, [ ] **real**, [ ] **char**, etc. während der Bearbeitungszeit des gesamten Programms existieren.

Beispiel:

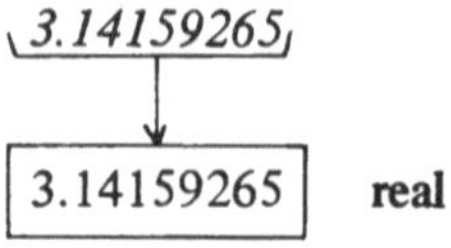

Der **real**-Wert 3.14159265 existiert während der Bearbeitungszeit des gesamten Programms.

Dagegen kann eine Adresse, die sich auf einen Wert bezieht, (eine Variable) innerhalb eines gewissen Programmteils 'lokal' erzeugt worden sein. Sie existiert nur so lange, wie dieser Programmteil abgearbeitet wird.

Beispiel:

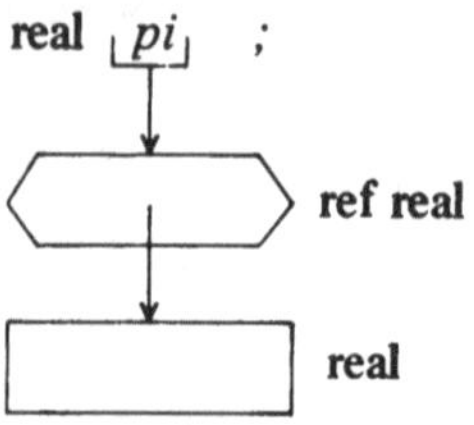

Die Adresse von *pi* existiert so lange, wie der Programmteil abgearbeitet wird, in dem die declaration **real** *pi* gültig ist.

Wir werden im Abschnitt 3.4 noch ausführlicher über den "scope" von im Speicher erzeugten Werten sprechen.

1.3 Abarbeitung eines ALGOL68-Programms

1.3.1 Wert-Transport und assignation

Ein Wert kann aus einem "locale" in einen anderen "locale" 'transportiert' werden. Dies veranschaulichen wir durch folgendes Bild:

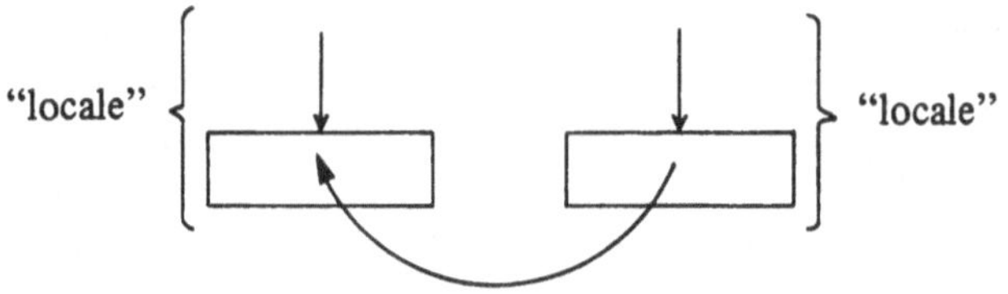

'Transport eines Wertes'

Man beachte hierbei, daß nach dem Wert-Transport beide "locales" den gleichen Wert enthalten (der Wert wird also kopiert).

Der Wert-Transport kann als eine elementare Aktion angesehen werden.

Ein Wert-Transport ist in ALGOL68 Teil der "elaboration" einer assignation.

Die allgemeine Form einer assignation ist:

destination := source

Die destination muß eine Adresse, also einen **ref amode** liefern; die source muß dann einen **amode** liefern. Wenn die destination keinen **ref amode** oder die source den von der destination geforderten **amode** nicht liefern kann, so ist die assignation syntaktisch inkorrekt (es erfolgt dann hoffentlich eine Fehlermeldung des Compilers).

Die "elaboration" einer assignation wird durch folgendes Bild veranschaulicht:

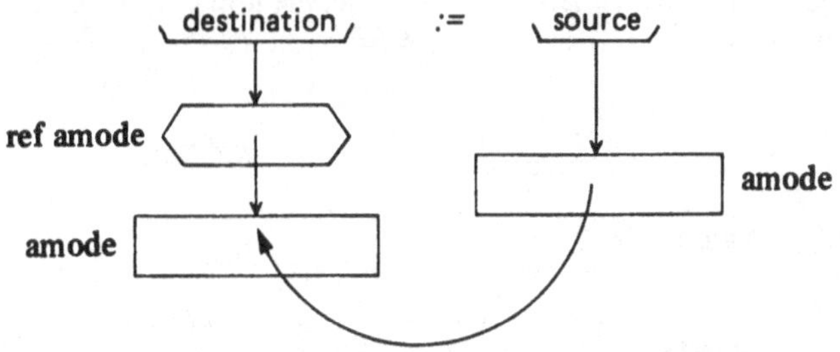

Für '**amode**' kann man jeden "mode" einsetzen. Also ist der Wert-Transport bei einer ALGOL68-assignation für Werte von beliebigen "mode" definiert.

Beispiele:

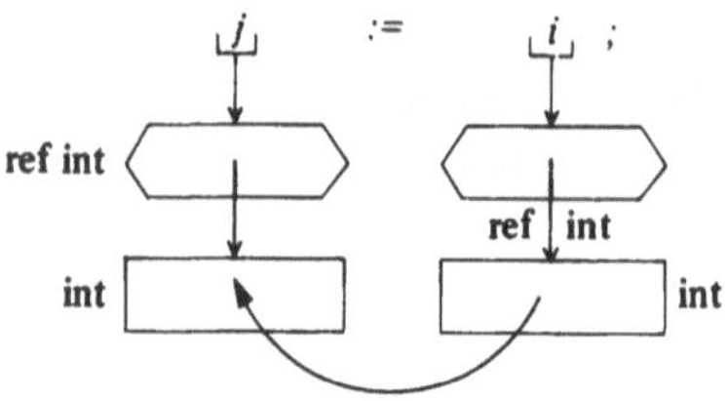

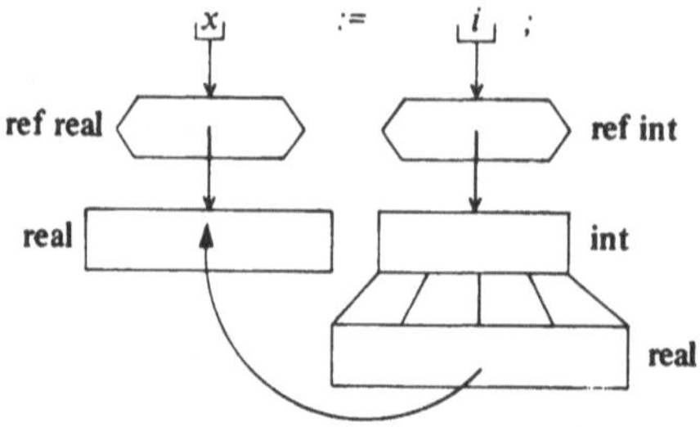

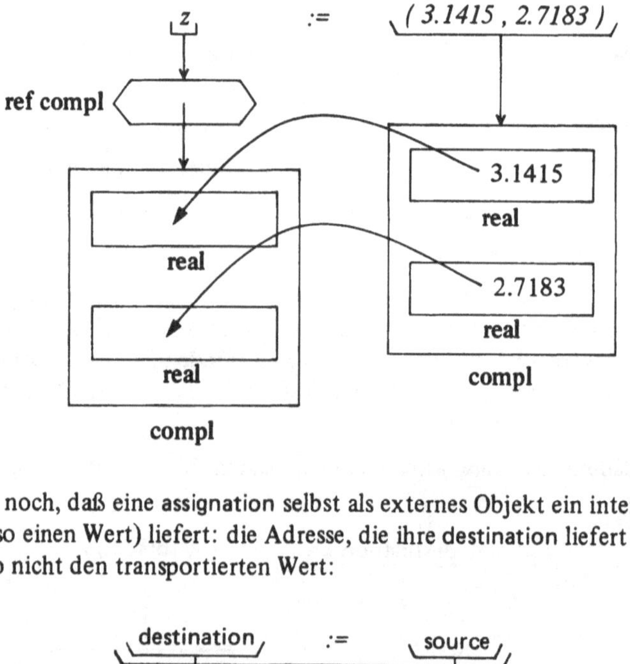

Wichtig ist noch, daß eine assignation selbst als externes Objekt ein internes Objekt (also einen Wert) liefert: die Adresse, die ihre destination liefert (vgl. 2.2.1), also nicht den transportierten Wert:

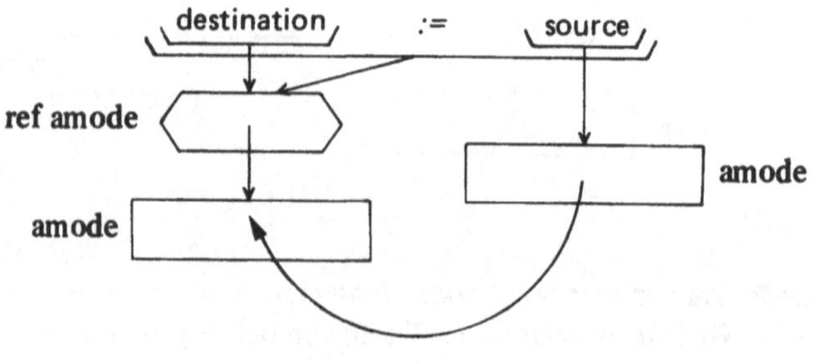

1.3.2 Vergleich von Werten

Wir haben in 1.2.3 gesehen, daß zwischen bestimmten Werten (also internen Objekten) die Relationen "to be widenable to" und "to be smaller than" definiert sein können.

Für den allgemeinen Vergleich von Werten können diese beiden Relationen als 'Axiome' angesehen werden; denn ausgehend von ihnen werden in der standard-prelude (vgl. 1.3.4) alle Vergleichsoperatoren:

$$= \neq < > \leqslant \geqslant$$

definiert.

Es wird also 'axiomatisch' vorausgesetzt, daß

a) jeder **int** zu einem **real** und jeder **real** zu einem **compl** erweitert werden kann,

b) von je zwei verschiedenen **ints** und von je zwei verschiedenen **reals** stets entschieden werden kann, welcher von beiden der kleinere ist.

1.3.3 Routinen und Operatoren

Eine Routine wird durch einen routine-text (vgl. 3.2.2) bestimmt und ist selbst ein Wert: ein Stück Objekt-Code.

Als Wert ist eine Routine Bestandteil eines "locale" und hat somit einen "mode". Der "mode" wird spezifiziert durch den declarer **proc** *(* **amode1, amode2, . . .** *)* **amode**. Dabei spezifizieren **amode1, amode2, . . .** die "modes" der formalen Parameter und **amode** den "mode" des Ergebnis-Wertes.

Wir werden sehen, daß identifiers und Operatoren Routinen erhalten können, daß auch Adressen von Routinen eine Rolle spielen, daß man Routinen im Speicher 'transportieren' kann, etc. Man kann also eine Routine wie jeden anderen Wert behandeln.

Eine Routine kann Parameter haben (oder auch ohne Parameter glücklich sein), und sie liefert stets einen Wert (der aber auch ein **void** sein kann).

Zunächst interessiert uns die Tatsache, daß ein Operator eine Routine erhält. Es gibt dann zwei Arten von Operatoren:

1) monadischer Operator: die Routine hat einen Parameter, den rechten Operanden,

2) dyadischer Operator: die Routine hat zwei Parameter, einen linken und einen rechten Operanden.

Außerdem hat ein Operator eine Priorität, die eine implizite Klammerung bewirkt:

$a + b \times c$

bedeutet:

$a + (b \times c)$

da $\times$ eine höhere Priorität hat als $+$.

In ALGOL68 werden Operatoren gleicher Priorität von links nach rechts abgearbeitet:

$a + b + c$

hat die implizite Klammerung

$((a + b) + c)$

1.3.4 Standard-Prozeduren und Standard-Operatoren

Alle gebräuchlichen Operatoren und mathematischen Funktionen (die meisten sind vom "mode" **proc** (**real**) **real**) sowie die Prozeduren für die Ein-Ausgabe sind in der standard-prelude definiert.

Wir geben hier einen Auszug daraus (es gibt weitaus mehr Standard-Operatoren bzw. -Prozeduren als hier angegeben, vgl. 5.2).

Standard-Prozeduren

Mathematische Funktionen

identifier	argument	result
sqrt	**real**	**real**
exp		
ln		
cos		
arccos		
sin		
arcsin		
tan		
arctan		

Prozeduren für die unformatierte Ein-Ausgabe

identifier	argument	result
read	**ref amode** oder eine Liste (row-display): (**ref amode1**, . . . , **ref amodei**)	**void**
print	**amode** oder eine Liste (row-display): (**amode1**, . . . , **amodei**)	**void**

Durch einen Aufruf von *read* werden Werte vom "mode" **amode** bzw. **amode1**, . . . , **amodei** eingelesen und den Adressen der aktuellen Parameter (in der angegebenen Reihenfolge) zugewiesen, so daß man weiß, wo im Speicher (in welchen "locales") die eingelesenen Werte ihren Platz finden.

Durch einen Aufruf von *print* werden die Werte der aktuellen Parameter vom "mode" **amode** bzw. **amode1**, . . . , **amodei** (in der angegebenen Reihenfolge) ausgegeben.

Im Falle von "structured values" werden die Werte der einzelnen Komponenten entsprechend der in der Deklaration des "structured value" festgelegten Reihenfolge ein- bzw. ausgegeben. Im Falle von "multiple values" werden die Elemente 'zeilenweise' ein- bzw. ausgegeben.

Bei der unformatierten Ausgabe durch *print* gilt für den 'layout' folgendes:

Werte vom "mode" **int, real** oder **compl** werden (außer zu Beginn einer Zeile) einem Leerzeichen folgend ausgegeben. Dabei stehen für jeden Wert so viele Stellen zur Verfügung, wie *max int* bzw. *max real* benötigen.

Werte vom "mode" **char** oder **bool** werden ohne vorangehendes Leerzeichen ausgegeben. Für **true** wird 1 , für **false** wird 0 ausgegeben.

Wir geben hier noch drei Prozeduren an, mit deren Hilfe der Programmierer ein wenig den 'layout' bei der formatlosen Ausgabe steuern kann. Ein Aufruf dieser Prozeduren bewirkt stets eine Umwandlung eines **int** oder **real** in einen **string**, der die gewünschte Zeichenfolge angibt. Wird ein Aufruf solch einer Prozedur als aktueller Parameter der *print*-Prozedur verwendet, so wird die gewünschte Zeichenfolge (also der **string**) ausgegeben.

identifier	argument1	argument2	argument3	argument4	result
whole	**int** **real**	**int**	–	–	**string**
fixed	**int** **real**	**int**	**int**	–	**string**
float	**int** **real**	**int**	**int**	**int**	**string**

Zu *whole* :
Das 1. Argument liefert den zu konvertierenden arithmetischen Wert (ein **int** oder **real**). Wird ein **real** geliefert, so wird nur der ganzzahlige Anteil konvertiert.

Liefert das 2. Argument einen Wert $\neq 0$, so gibt sein Absolutbetrag die Länge des auszugebenen **string** an. Dabei werden führende Nullen durch 'blanks' ersetzt. Im einzelnen gilt:

a) 2. Argument > 0 : das Vorzeichen ' + ' wird nicht mit ausgegeben,

b) 2. Argument < 0 : sowohl ' + ' als auch ' - ' werden als Vorzeichen mit ausgegeben

c) 2. Argument = 0 : der kürzeste (implementationsabhängig) **string**, in den der arithmetische Wert konvertiert werden kann, wird ausgegeben.

Zu *fixed* :
Das 1. Argument liefert einen **real**-Wert in Dezimalpunkt-Darstellung (ein **int** wird in einen solchen **real**-Wert übergeführt).

Das 2. Argument entspricht dem 2. Argument von *whole* .

Das 3. Argument bestimmt die Anzahl der Ziffern, die nach dem Dezimalpunkt gewünscht werden.

Zu *float* :
Das 1. Argument liefert einen **real**-Wert in Dezimalpunkt-Darstellung mit Exponententeil (ein **int** wird in einen solchen **real**-Wert übergeführt).

Das 2. Argument entspricht dem 2. Argument von *whole* .

Das 3. Argument entspricht dem 3. Argument von *fixed* .

Das 4. Argument gibt die gewünschte Länge des Exponenten an.

Für alle drei Prozeduren gilt: Ist der arithmetische Wert nicht in einen **string** der (durch das 2. Argument) geforderten Länge konvertierbar, so werden entsprechende Fehlerzeichen ausgegeben.

Standard-Operatoren

Dyadische Operatoren für **bool**, **char**, **int** und **real**

operator	priority	left operand	right operand	result
+	6	**int**	**int**	**int**
-	6	**int**	**real**	**real**
×	7	**real**	**int**	**real**
		real	**real**	**real**
/	7	**int**	**int**	**real**
		int	**real**	**real**
		real	**int**	**real**
		real	**real**	**real**
*) ÷ **over**	7	**int**	**int**	**int**
mod	7			
*) ↑ ×× **up**	8	**int**	**int**	**int**
		real	**int**	**real**
and	3	**bool**	**bool**	**bool**
or	2			
= **eq**	4	**bool**	**bool**	**bool**
≠ **ne** /=	4	**char**	**char**	**bool**
		int	**int**	**bool**
		int	**real**	**bool**
		real	**int**	**bool**
		real	**real**	**bool**
< **lt**	5	**char**	**char**	**bool**
> **gt**	5	**int**	**int**	**bool**
≤ **le** <=	5	**int**	**real**	**bool**
≥ **ge** >=	5	**real**	**int**	**bool**
		real	**real**	**bool**

Monadische Operatoren für **bool**, **char**, **int** und **real**

	operator	priority	operand	result
	not	*10*	**bool**	**bool**
	+	*10*	**int**	**int**
	-	*10*	**real**	**real**
*)	**abs**	*10*	**bool**	**int**
			char	**int**
			int	**int**
			real	**real**
*)	**odd**	*10*	**int**	**bool**
*)	**sign**	*10*	**int**	**int**
			real	**int**
*)	**round**	*10*	**real**	**int**
	entier	*10*		
*)	**repr**	*10*	**int**	**char**

Operatoren zur Abfrage der Grenzen von "multiple values"

operator	priority	left operand	right operand	result
lwb	*10*		[ ] **amode**	**int**
upb	*10*			
lwb	*8*		[, ,] **amode**	**int**
upb	*8*	**int**		

Operatoren für **compls**

operator	priority	left operand	right operand	result
+	*6*	**compl**	**compl**	**compl**
-	*6*	**compl**	**real**	**compl**
×	*7*	**real**	**compl**	**compl**
/	*7*	**compl**	**int**	**compl**
		int	**compl**	**compl**
+	*10*		**compl**	**compl**
-	*10*			
conj	*10*			
re	*10*		**compl**	**real**
im	*10*			
abs	*10*			
*) **i** ⊥	*9*	**int**	**int**	**compl**
		real	**real**	**compl**
		int	**real**	**compl**
		real	**int**	**compl**
↑ ×× **up**	*8*	**compl**	**int**	**compl**
= **eq**	*4*	**compl**	**compl**	**bool**
≠ **ne** /=	*4*	**compl**	**real**	**bool**
		real	**compl**	**bool**
		compl	**int**	**bool**
		int	**compl**	**bool**

Operatoren für **strings** und **chars**

operator	priority	left operand	right operand	result
+	6	**string**	**string**	**string**
		string	**char**	**string**
		char	**string**	**string**
		char	**char**	**string**
= **eq**	4	**string**	**string**	**bool**
≠ **ne** /=	4	**string**	**char**	**bool**
< **lt**	5	**char**	**string**	**bool**
> **gt**	5	**char**	**char**	**bool**
≤ **le** <=	5			
≥ **ge** >=	5			

Der Vergleich geschieht entsprechend der lexikographischen Reihenfolge.

Zuweisende Operatoren

operator	priority	left operand	right operand	result
*) **plusab** +:=	1	**ref int**	**int**	**ref int**
minusab -:=	1	**ref real**	**int**	**ref real**
timesab ×:=	1	**ref real**	**real**	**ref real**
divab /:=	1	**ref compl**	**int**	**ref compl**
		ref compl	**real**	**ref compl**
		ref compl	**compl**	**ref compl**
plusab +:=	1	**ref string**	**char**	**ref string**
		ref string	**string**	**ref string**
plusto +=:	1	**char**	**ref string**	**ref string**
		string	**ref string**	**ref string**
overab ÷:=	1	**ref int**	**int**	**ref int**
modab	1			

*) Bemerkungen zu einigen Operatoren:

a **over** *b*	:	liefert den ganzzahligen Anteil bei der Division von *a* durch *b* (ganzzahlige Division).
a **mod** *b*	:	liefert den positiven Rest bei der ganzzahligen Division.
$a \uparrow b$	:	falls *a* und *b* beide vom "mode" **int**, nur definiert für $b \geqslant 0$; falls *a* vom "mode" **real** und *b* vom "mode" **int**, für alle Werte definiert (insbesondere gilt $0.0 \uparrow 0 = 1.0$).
abs *a*	:	falls $a =$ **true** bzw. $a =$ **false**, wird 1 bzw. 0 geliefert; falls *a* vom "mode" **char**, so wird der dem **char** entsprechende **int** geliefert (implementationsabhängig); falls *a* vom "mode" **int** oder **real**, so wird der Absolutbetrag von *a* geliefert.
odd *a*	:	liefert **true** oder **false**, je nachdem, ob *a* ungerade oder gerade ist.
sign *a*	:	liefert 1, 0 oder − 1, je nachdem, ob $a > 0$, $a = 0$ oder $a < 0$ gilt.
round *a*	:	liefert den auf- oder abgerundeten **int**-Wert.
entier *a*	:	liefert die größte ganze Zahl $\leqslant a$.
repr *a*	:	liefert den einem **int** entsprechenden **char** (Umkehrung von **abs**).
a **i** *b*	:	liefert den **compl**-Wert von *(a, b)*.
a **plusab** *b*	:	liefert den Wert von $a := a + b$.

1.3.5 Serielle und kollaterale Abarbeitung

Die Abarbeitung von externen Objekten durch die ALGOL68-Maschine ist nicht immer durch die textliche Reihenfolge bestimmt. Die ALGOL68-Maschine hat durchaus die Möglichkeit, sich in mehrere Prozessoren zu trennen, die dann unabhängig voneinander verschiedene externe Objekte abarbeiten. Wir werden allmählich erkennen, daß die ALGOL68-Maschine sehr viele Möglichkeiten der Abarbeitung von externen Objekten hat.

"Serial elaboration" (serielle Abarbeitung) bedeutet:

> Die zeitliche Ausführungsfolge entspricht völlig der textlichen Reihenfolge (abgesehen von einem Sprung).

In ALGOL68 werden Ausdrücke, die zeitlich nacheinander ausgeführt werden sollen, voneinander durch Semikolons ';' getrennt. Dieses Semikolon heißt in ALGOL68: go-on-token.
Die "elaboration" geschieht schrittweise von go-on-token zu go-on-token.

Beispiel:

begin **real** *x*; *read(x)*; $x := x \uparrow 2 \times sqrt(x)$; *print(x)* **end**

Zuerst	wird **real** *x* abgearbeitet,
danach	wird *read (x)* abgearbeitet,
danach	wird die assignation $x := x \uparrow 2 \times sqrt(x)$ abgearbeitet,
und danach	wird *print (x)* abgearbeitet.

"Collateral elaboration" (kollaterale Abarbeitung) bedeutet:

Die zeitliche Ausführungsfolge ist in keiner Weise von der textlichen Reihenfolge her abzuleiten.

In ALGOL68 kann man Ausdrücke, bei denen die zeitliche Ausführungsfolge (vom Standpunkt des Programmierers aus gesehen) keine Rolle spielt, durch Kommas ',' trennen. Dieses Komma heißt in ALGOL68: and-also-token.

Beispiel:

begin $u := x \uparrow (y + z) + a$, $v := x \uparrow (y + z) - a$, $w := x \uparrow (y + z) \times a$ **end**

Hierbei sind drei assignations durch and-also-tokens getrennt; sie werden 'kollateral' ("collateral") abgearbeitet. Man weiß also nicht, in welcher zeitlichen Reihenfolge der Computer diese zusammengesetzten Ausdrücke abarbeitet: vielleicht fängt er mit der zweiten assignation an, arbeitet dann die dritte und zum Schluß die erste assignation ab, oder
er führt die Abarbeitung in irgendeiner anderen denkbaren Reihenfolge aus, oder
er berechnet $x \uparrow (y + z)$ nur einmal und führt danach in irgendeiner zeitlichen Reihenfolge die drei Zuweisungen aus (man kann sich durchaus eine derartige Optimierung vorstellen).
Die "collateral elaboration" kann man am besten durch das folgende Bild verdeutlichen:

Die ALGOL68-Maschine trennt sich in unserem Beispiel in drei Prozessoren, wobei zunächst jeder für sich eine der drei assignations abarbeitet, sodann jeder wartet, bis alle drei fertig sind.
Dabei hat der Programmierer immer folgendes zu beachten:

Bei der "collateral-elaboration" sollten die kollateralen Komponenten keine Nebeneffekte aufeinander ausüben; denn treten solche Nebeneffekte auf, so sind diese völlig undefiniert.

Beispiel:

n := 0; print ((u := n + 1 , v := n + 2 , w := n + 3))

Es ist sehr wichtig zu verstehen, was hier passiert. Es sind nämlich zwei Dinge, die man auseinander halten muß:

1) Der Prozedur *print* wird hier eine Liste von Werten, ein row-display (vgl. 2.8.2) übergeben. Die berechneten Werte werden stets in ihrer, in der Liste auftretenden Reihenfolge (also: in ihrer textlichen Reihenfolge) ausgedruckt.

Für unser Beispiel bedeutet dies:

$$\textit{print}\ (\overbrace{(\underbrace{u := n+1}_{\text{Wert1}},\ \underbrace{v := n+2}_{\text{Wert2}},\ \underbrace{w := n+3}_{\text{Wert3}})}^{\text{Liste}})$$

Es werden also 'Wert1', 'Wert2' und 'Wert3' in dieser Reihenfolge ausgedruckt.

2) Bevor jedoch ausgedruckt werden kann, müssen die Werte berechnet werden, und diese Berechnung geschieht (wegen der and-also-tokens) kollateral.

In dem angegebenen Beispiel kann nichts 'Schlimmes' passieren, da die kollateralen Komponenten keine Nebeneffekte aufeinander ausüben. Ausgedruckt wird stets in dieser Reihenfolge:

1 2 3

Betrachten wir dagegen folgendes Beispiel:

n := 0 ; print ((n := n + 1 , n := n + 2 , n := n + 3))

Jetzt üben alle drei kollateralen Komponenten Nebeneffekte aufeinander aus: sie verändern alle drei den Wert von *n* .
Es kann u. a. ausgedruckt werden:

1	3	6
6	2	5
4	6	3
1	2	3 .
1	2	5

Nochmals: Vermeide Nebeneffekte in kollateralen Komponenten (!).

Dennoch, das Konzept der Kollateralität ist von großer begrifflicher Bedeutung:

a) Die Kollateralität ist der völlig unsynchronisierte (unkontrollierte) Fall des "parallel-processing".

b) Die Kollateralität zwingt den Programmierer, Nebeneffekte zu vermeiden (da sonst . . . , siehe obiges Beispiel). Anders gesagt: will der Programmierer Nebeneffekte erzielen, so verwende er die "serial-elaboration"; denn dann hat er auch Kontrolle über diese Nebeneffekte.

c) Weil Nebeneffekte keine 'legale' Rolle spielen, besteht für den Compiler die Möglichkeit, einen effizienten Code für die Ausführung ('execution') herzustellen.

In den folgenden Beispielen hat der Compiler solche Optimierungsmöglichkeiten:

$$(u := x \uparrow (y + z) + a \,, \;\; v := x \uparrow (y + z) - a \,)$$
$$y := a \times b + sqrt(a \times b)$$

Hierzu muß man wissen, daß in ALGOL68 die kollaterale Abarbeitung nicht nur durch das and-also-token zum Ausdruck gebracht wird.

So werden z. B.

> bei einer assignation linke und rechte Seite ebenso wie die Operanden in einer Formel (formula, vgl. 5.1.5) kollateral abgearbeitet.

1.4 Programm-Beispiele, verschiedene Schreibweisen

Folgende Beispiele illustrieren einiges von dem, was in den vorhergehenden Abschnitten behandelt wurde. Man betrachte sie in erster Linie als Beispiele zum Lesen; man braucht an dieser Stelle noch nicht zu wissen, wie man solche Programme aufstellt.

Im zweiten Kapitel wird der Satzbau eingehend behandelt. Vieles, was beim ersten Lesen vielleicht noch fremd und überraschend ist, wird dann in dem logischen Zusammenhang einleuchtend werden.

Nach diesem zweiten Kapitel sollte man diese Beispiele noch einmal betrachten.

1.4.1 Komprimierte Schreibweise

In ALGOL68 gibt es alternative Schreibweisen für viele Sprachkonstruktionen. Der Zweck ist meistens: Abkürzung und/oder größere Übersichtlichkeit. Man gewöhnt sich ziemlich schnell daran.

So kann man statt

begin serial-clause **end**

auch schreiben:

(serial-clause *)*

(für eine serial-clause vgl. 2.3 und auch 1.3.5).

Darüberhinaus kann man durch die in 1.3.5 besprochenen Konzepte unter Umständen den Compiler helfen, den Objekt-Code zu optimieren. So kann man das Beispiel aus 1.1.1 in folgender Form schreiben:

```
( real x, y, sum, squm;
   read ( (x, y) );
   (sum := x + y ,  squm := x ↑ 2 + y ↑ 2);
   print ( (sum/2 ,  sqrt(2 × squm - sum ↑ 2)/2) )
)
```

Normalerweise werden wir aber **begin** und **end** schreiben, wenn die serial-clause auch declarations enthält.

1.4.2 Label, jump und conditional-clause

Ein Kernthema der Algorithmik ist die Wiederholung. Sie mit label und jump auszudrücken, ist die weitaus primitivste und nicht empfehlenswerte Methode (vgl. Schlußbemerkung in 4.5.1).

Die Entscheidung, einen jump auszuführen, ist oft von einer 'condition' abhängig. Man kann dann eine conditional-clause verwenden:

if 'condition' **then** jump **fi**

Eine vollständige Darstellung der conditional-clause findet man in 2.5.1.

Einige einfache Formen einer conditional-clause werden wir schon in den folgenden Beispielen betrachten, man wird sie leicht verstehen.

```
begin   int k, n;
        real next, sum, squm;
         read(n);
         sum := squm := 0;
         k := 1;
 again:  read(next);
         (sum := sum + next , squm := squm + next ↑ 2 ,
          k := k + 1);
          if k ≤ n then goto again fi ;
         print( (sum/n , sqrt(n × squm - sum ↑ 2)/n) )
 end
```

Das goto-token **goto** (man darf sogar auch **go to** schreiben) darf man weglassen und statt

if 'condition' **then** jump **fi**

darf man

('condition' | jump)

schreiben.

Variable darf man in ihrer declaration gleich initialisieren. Zwischen declarations darf man statements (vgl. 2.10) schreiben, diese aber nicht mit einem label markieren.

Benutzen wir auch noch die zuweisenden Operatoren (vgl. 1.3.4), so können wir schreiben:

```
begin   int k, n; read(n);
       real next, sum := 0, squm := 0;
         k := 1;
 again:  read(next);
         (sum plusab next , squm plusab next ↑ 2 ,
             k plusab 1);
         (k ≤ n | again ) ;
         print( (sum/n , sqrt(n × squm - sum ↑ 2)/n) )
 end
```

1.4.3 Loop-clauses

Eine loop-clause verwendet label und jump völlig implizit (wie es sich gehört):

```
begin   int n; read(n);
       real next, sum := 0, squm := 0;
        int k := 1;
      while k ≤ n
        do read(next);
           (sum plusab next, squm plusab next ↑ 2,
              k plusab 1)
        od;
       print( (sum/n, sqrt(n × squm - sum ↑ 2)/n) )
end
```

Man beachte, daß der zu wiederholende Programmteil stets in **do** und **od** eingeschlossen wird.

Eine andere Fassung der loop-clause verwendet sogar auch den Lauf-Index *k* implizit (wenn er nicht in der Schleife benötigt wird):

```
begin  int n; read(n);
      real next, sum := 0, squm := 0;
       to n
       do read(next);
          (sum plusab next, squm plusab next ↑ 2)
       od;
     print( (sum/n, sqrt(n × squm - sum ↑ 2)/n) )
end
```

Die Schleife kann man auf verschiedene Weise steuern (vgl. die Beispiele in 1.4.4 und 1.4.6). Für eine vollständige Darstellung der loop-clause vergleiche 2.7.1 und 2.7.2.

1.4.4 Reihen ("multiple values")

Eine Reihe ist ein μ-dimensionales Gebilde ($\mu = 1, 2, 3, \ldots$) von Werten gleichen "modes" (also ein '**array**', dieser Begriff wird in ALGOL68 jedoch nicht mehr standardmäßig benutzt).

Bei ihrer declaration werden die Grenzen der Reihe festgelegt und meistens auch für ihre Lebensdauer fixiert. Es gibt aber Reihen (wie z. B. der **string**, vgl. 3.1.2), deren Grenzen (auch nach der declaration) in einer assignation noch geändert werden dürfen.

Vielleicht mit einiger Mühe wird man folgendes Beispiel verstehen (für Ausdrücke wie *row*[*h* + *1* : *k* - *1*] vgl. 3.1.3):

```
begin   int n ; read(n) ;
            if n ≥ 1
        then [1 : n] real row; read(row);
                  real sum := row[1], squm := row[1] ↑ 2;
                string gr := "I am the greatest",
                       sm := "I am the smallest";
                  int imin := 1, imax := 1;
                  for i from 2 to n
                  do (sum plusab row[i], squm plusab row[i] ↑ 2,
                      if row[i] < row[imin] then imin := i fi,
                      if row[i] > row[imax] then imax := i fi )
                  od ;
                  int h, k; string s1, s2;
                   if imin < imax then h := imin; k:= imax; s1 := sm;
                                       s2 := gr
                                  else h := imax; k := imin; s1 := gr;
                                       s2 := sm
                   fi ;
                  print( (row[1 : h - 1]       , newline ,
                          row[h], s1           , newline ,
                          row[h + 1 : k - 1]   , newline ,
                          row[k], s2           , newline ,
                          row[k + 1 : n]       , newline , newline ,
                          "mean:      "        , sum/n   , newline ,
                          "stand-dev:"         , sqrt(n × squm - sum ↑ 2)/n
                      ) )
        else      print("empty row")
            fi
 end
```

1.4.5 Strukturen (“structured values”)

Eine Reihe ist ein dynamisches Gebilde: ihre Grenzen werden bei jeder Abarbeitung ihrer declaration erneut berechnet und auch die Adressen der ausgewählten Elemente oder Teilreihen werden erst während der Ausführung des Programms (also während der ‘execution’) festgestellt.

Eine Struktur dagegen ist ein statisches Gebilde: sowohl ihr Umfang als auch die Auswahl ihrer Komponenten (ihrer “fields”) sind schon dem Compiler bekannt.

Der wichtigste Unterschied zwischen einer Reihe und einer Struktur besteht aber darin, daß die Elemente einer Reihe alle vom gleichen "mode" sein müssen; die "fields" einer Struktur dagegen können sehr wohl von verschiedenem "mode" sein. Gerade dies hat weitreichende Folgen (vgl. 3.5.4).

Ohne viel Mühe wird man folgendes Beispiel verstehen:

```
begin print( ("new-capitalistic Xmas-gratification" ,
              newline , newline) );
      mode employee = struct (   int entrance year ,
                                real salary ,
                              string name           );
      employee director, worker;
            int current year; read(current year);
            read( (director , worker) );
         while name of worker ≠ name of director
            do print( (newline ,
                       name of worker , newline ,
                       "$" , space , space ,
                       fixed( (current year + 1
                       - entrance year of worker) ×
                       (salary of director - salary of worker)/100, 6, 2)
                     ) );
               read(worker)
            od ;
            print( (newline , newline , "end of Xmas-joke") )
end
```

1.4.6 Routinen ("routines")

Im folgenden Beispiel wird eine Prozedur *compute* definiert, welche die Indizes des kleinsten und größten Elementes sowie den Mittelwert und die Standardabweichung einer (eindimensionalen) Reihe von **reals** (formal-parameter) berechnet und als Ergebnis liefert.

Die Prozedur sei in einer Umgebung definiert, in der die mode-declaration

```
mode quadr = struct ( int smind , grind ,
                      real mean  , standev)
```

gegeben ist.

Der "mode" der Routine von *compute* ist dann:

proc *(* [ ] **real** *)* **quadr**

Man beachte die Verwendung der Operatoren **lwb** und **upb** (vgl. 1.3.4).

```
proc compute = ( [ ] real r) quadr :
              begin  int m := lwb r,  n := upb r;
                     real sum := r[m] ,  squm := r[m] ↑ 2;
                     int h := m,  k := m;
                     for i from m + 1  to n
                     do ( sum plusab r[i] ,
                          squm plusab r[i] ↑ 2 ,
                              if r[i] < r[h]  then h := i  fi ,
                              if r[i] > r[k]  then k := i  fi )
                     od ;
           result: ( h , k ,
                     sum/(n - m + 1),
                     sqrt ((n - m + 1) × squm - sum ↑ 2)/(n - m + 1))
              end ;
```

Rechts von dem is-defined-as-token '=' steht ein routine-text. Der Wert, den die Routine beim Aufruf von *compute* liefert, ist hier ein **quadr**. Er wird bestimmt durch das letzte **unit** (dem 'Zier'-label *result:* folgend) innerhalb des routine-text.

Zur vollständigen Darstellung von Prozeduren vergleiche 3.2 und 3.3; vergleiche auch 2.1.2 für unit, structure-display etc.

Wie man die Prozedur *compute* aufruft, sieht man im folgenden Beispiel, das (ungefähr) das gleiche leistet wie das aus 1.4.4:

```
begin   int n; read(n);
          if n ≥ 1
       then [1 : n] real  row; read(row);
             quadr statistics := compute(row) ;
                 int imin := smind of statistics ,
                     imax := grind  of statistics ;
             print( ( row , newline , newline , newline ,
                        "row[", whole(imin, 0), "]=",
                        fixed(row[imin] , 8, 3),
                        "I am the smallest" , newline ,
                        "row[", whole(imax, 0), "]=" ,
                        fixed(row[imax] , 8, 3),
                        "I am the greatest" , newline ,
                        newline ,
                        "mean:       ", fixed(mean of statistics, 7, 3),
                        "stand-dev:", fixed(standev of statistics, 7, 3)
                   ) )
       else print("empty row")
          fi
  end
```

1.4.7 Verschiedene Darstellungsformen

Ein Programmtext in ALGOL68 besteht aus einer Folge von syntaktischen Symbolen, indicators und denotations. Der Zeichenvorrat der meisten Stanz-Geräte ist aber beschränkt. Die einfachsten Tastaturen umfassen nicht mehr als 48 Zeichen (ein Alphabet *A, B, C, . . ., X, Y, Z,* die Ziffern *0, 1, 2, . . ., 9* und noch 12 der am meisten benötigten Zeichen); mit den moderneren Geräten kann man schon 64 oder sogar 96 Zeichen darstellen (zwei Alphabete *A, B, C, . . ., X, Y, Z, a, b, c, . . ., x, y, z,* sowie die Ziffern *0, 1, 2, . . ., 9* und 34 andere Zeichen). Wie schon in 0.3 erwähnt, benutzen wir in diesem Buch zwei Alphabete, um identifiers von bold-tags zu unterscheiden. Hat aber der Programmierer zum Ablochen seiner Programme nicht mehr als ein Alphabet zur Verfügung, so kann er z. B. auf folgende Weise identifiers von bold-tags unterscheiden:

a) Verwendung des Apostroph ‘ ' ’, um Beginn und Ende eines bold-tag zu markieren,

b) Verwendung des Apostroph ‘ ' ’ als ‘boldface-shift’: dieser markiert den Beginn des bold-tag; der ‘boldface-shift’ gilt für alle nachfolgenden Buchstaben und Ziffern. Ein von Buchstabe oder Ziffer verschiedenes Zeichen (inkl. ‘blank’) markiert das Ende des bold-tag.

Hat man zwei Alphabete zur Verfügung, so können z. B. die Groß-Buchstaben zur Darstellung der bold-tags und die Klein-Buchstaben zur Darstellung der identifiers verwendet werden (oder umgekehrt).

ALGOL68 benutzt neben den runden Klammern ‘(’ und ‘)’ auch die Klammern ‘[’ und ‘]’. Hat man diese eckigen Klammern nicht zur Verfügung, so kann man ‘(/’ und ‘/)’ verwenden.

Es folgen verschiedene Darstellungen des Programms:

```
begin int n; read(n);
   [1 : n] real row; read(row);
      int imax := 1;  real sum := row[1] ;
      for i from 2 to n
      do if row[i] > row[imax] then imax := i fi ;
         sum plusab row[i]
      od ;
      print( (row[imax] , "I am the greatest",
             sum / n
           ) )
 end
```

Hat man zwei Alphabete zur Verfügung:

```
BEGIN  INT  n;  read(n);
               [1 : n] REAL row;  read(row);
        INT  imax := 1;   REAL  sum := row[1] ;
        FOR  i  FROM 2 TO n
          DO IF  row[i] > row[imax]  THEN  imax := i  FI;
              sum  PLUSAB  row[i]
          OD;
          print( (row[imax] , "I am the greatest",
                   sum / n
               ) )
  END
```

oder umgekehrt:

```
begin  int  N;  READ(N);
             [1 : N] real  ROW;  READ(ROW);
        int  IMAX := 1;  real  SUM := ROW[1] ;
        for  I from  2 to N
        do if  ROW[I] > ROW[IMAX]  then  IMAX := I  fi;
            SUM  plusab  ROW[I]
        od;
        PRINT( ( ROW[IMAX] , "I am the greatest",
                  SUM / N
               ) )
  end
```

Hat man nur ein Alphabet und nicht die Zeichen: '[' , ']' und '>' zur Verfügung, so ergibt Möglichkeit a):

```
'BEGIN'  'INT'  N;  READ(N);
                  (/1 : N/) 'REAL'  ROW;  READ (ROW);
          'INT'  IMAX := 1;  'REAL'  SUM := ROW (/1/);
          'FOR'  I  'FROM'  2  'TO'  N
           'DO'        'IF'  ROW (/I/)  'GT'  ROW (/IMAX/)
                  'THEN'  IMAX := I
                        'FI';
                        SUM  'PLUSAB'  ROW (/I/)
           'OD';
           PRINT( (ROW(/IMAX/) , "I AM THE GREATEST" ,
                     SUM / N
                  ) )
  'END'
```

oder b):

```
'BEGIN  'INT  N; READ(N);
              (/1 : N/) 'REAL  ROW; READ(ROW);
        'INT IMAX := 1; 'REAL  SUM := ROW(/1/);
        'FOR I 'FROM 2 'TO N
         'DO      'IF ROW(/I/) 'GT ROW(/IMAX/)
              'THEN IMAX := I
                  'FI;
                  SUM 'PLUSAB ROW(/I/)
         'OD;
         PRINT( (ROW(/IMAX/), "I AM THE GREATEST",
                  SUM / N
               ))
  'END
```

2. Struktur der Sprache

2.1 Einfache Syntax

2.1.1 Einige Bemerkungen zum Satzbau

Die Syntax von ALGOL68, wie im Report definiert, ist alles andere als einfach. Dies kommt hauptsächlich daher, weil man eine Sprache konstruiert hat, bei welcher der Programmierer sich in erster Linie von seiner semantischen Intuition leiten lassen kann. In ALGOL68 ist jede syntaktische Konstruktion der Träger eines eindeutigen semantischen Inhalts. Verschiedene syntaktische Konstruktionen sind Träger von voneinander unabhängigen semantischen Inhalten. Aus der orthogonalen Struktur der Sprache folgt, daß mit den syntaktischen Konstruktionen auch ihre semantischen Inhalte beliebig miteinander kombinierbar sind. Wenn man also die Bedeutung (die Semantik) einer Sprachkonstruktion gut verstanden hat, kennt man fast zwangsläufig auch seine syntaktische Gestalt.
Dies bedeutet jedoch nicht, daß der Programmierer gänzlich ohne Kenntnis der Syntax seine Programme hinschreiben kann. Es gibt unvermeidlich formale Verabredungen in Schreibweise und Symbolauswahl, die man wissen muß. Man kann jedoch sagen: wenn ein Stück 'ALGOL68-Prosa' nach kritischer Betrachtung klar, logisch und unzweideutig geschrieben worden ist, so wird es in den meisten Fällen auch syntaktisch korrekt sein.
Die ALGOL68-Syntax ist vor allem auffallend liberal: Gebots- und Verbotsregeln bestehen nur, um semantisch unlogische oder mehrdeutige Konstruktionen soweit wie möglich zu vermeiden und, falls irrtümlicherweise doch vorhanden, diese rechtzeitig zu erkennen.

2.1.2 Phrases

Ein Programm in ALGOL68 besteht aus phrases, die durch go-on-tokens ("serial-elaboration") voneinander getrennt werden. Eine phrase ist dabei entweder eine declaration oder ein unit.

Um zu einem Verständnis des Satzbaues zu kommen, werden im folgenden in einem recht groben Überblick die verschiedenen Arten von phrases aufgeführt. Dabei wird alles weggelassen, was für den praktischen Gebrauch nicht von unmittelbarem Interesse ist.
Unser Standpunkt ist dabei der folgende: die offizielle Syntax (angegeben im Report) beschreibt die Sprache für den Compilerbauer. Unser grober Über-

blick ist dagegen ein Übersichtsplan, mit dessen Hilfe der Programmierer sich innerhalb der Sprache, ohne allzu kleinlich zu sein, zurechtfinden kann.

- phrase
  - declaration
    - mode-declaration
    - identifier-declaration
    - operation-declaration
    - priority-declaration
  - unit
    - 'closed unit'
      - enclosed-clause
        - closed-serial-clause
        - closed-collateral-clause
        - choice-clause
          - conditional-clause
          - conformity-clause
          - case-clause
      - loop-clause
    - 'open unit'
      - units, die nicht 'geklammert' sind, wie zum Beispiel:
      - denotation, identifier, formula, assignation, call, slice, selection, jump,
      - weitere 'open units' werden wir später noch kennenlernen

Durch eine enclosed-clause als mögliches unit und damit als mögliche phrase erhält man im wesentlichen die 'Block-Struktur' in der Sprache. Die enclosed-clause ist die Verallgemeinerung der von ALGOL60 und anderen (ALGOL-ähnlichen) Programmiersprachen her bekannten Begriffe wie 'block', 'compound-statement', 'geklammerter Ausdruck', etc.

2.2 Der Wert einer phrase

Ist eine phrase eine declaration, so liefert sie niemals einen Wert. Ist sie dagegen ein unit, so liefert sie stets einen Wert. Dabei kann der "mode" dieses Wertes auch **void** sein. Dies bedeutet, der Wert wird nicht weiter betrachtet.

2.2.1 Der Wert eines unit

Wir haben bereits schon einige 'open units' kennengelernt. Hier wollen wir uns im einzelnen anschauen, welche Werte sie liefern:

Der Wert

einer denotation	ist der Wert, der durch die denotation selbst gegeben ist,
eines identifier	ist der Wert, den er durch seine declaration erhalten hat,
einer formula	ist der 'berechnete' Wert,
einer assignation	ist die Adresse ihrer destination,
eines call	ist der Wert, den die aufgerufene "routine" liefert,
eines slice	ist der Teil eines "multiple value", der durch die im slice angegebenen Grenzen 'ausgeschnitten' wird (oder auch, abhängig von dem Kontext, dessen Adresse),
einer selection	ist ein ausgewähltes "field" eines "structured value" (oder auch, abhängig von dem Kontext, dessen Adresse),
eines jump	betrachten wir stets als einen **void**.

Beispiele:

denotation	*1* liefert den Wert 1; *314e - 2* liefert den Wert 3.14; **true** liefert den Wert 'wahr'.
identifier	*x* erhält eine Adresse (**ref real**), die sich auf ein **real** bezieht (vgl. 1.2.5); *row* erhält eine Adresse (**ref [ ] real**), die sich auf ein [*1* : *n*] **real** bezieht (vgl. 1.4.4).
formula	$n \times squm$ liefert das Produkt der beiden **reals**, auf die sich die Adressen von *n* und *squm* beziehen; $n \times squm - sum \uparrow 2$ liefert die Differenz der Werte, die die beiden formulas $n \times squm$ und $sum \uparrow 2$ liefern.
assignation	$squm := x \uparrow 2 + y \uparrow 2$ liefert die Adresse (**ref real**) von *squm*.
call	$sqrt(n \times squm - sum \uparrow 2)$ liefert den Wert, den die mit dem aktuellen Parameter $n \times squm - sum \uparrow 2$ aufgerufene

	"routine" von *sqrt* liefert (also die Quadratwurzel aus dem Wert von $n \times squm - sum \uparrow 2$).
slice	*row[1]* liefert die Adresse des ersten Elements von [*1 : n*] **real**, auf das sich die Adresse von *row* bezieht; *row[h + 1 : k - 1]* liefert die Adresse (**ref** [ ] **real**) der durch [*h + 1 : k - 1*] ausgeschnittenen Teilreihe.
selection	*salary* **of** *director* liefert die Adresse des zweiten "field" der Struktur (ein **employee**), auf die sich die Adresse von *director* bezieht.
jump	**goto** *again* liefert einen **void**.

Die Werte der 'closed units' werden wir in den folgenden Abschnitten eingehend behandeln. Dabei werden wir sehen, daß ihre Werte letztlich stets durch 'open units' bestimmt werden.

Die Idee, daß jedes unit stets einen wohl-definierten Wert (einschließlich eines **void**) liefert, ist eine der wichtigsten Neuerungen von ALGOL68. Aus dieser Idee folgt auch die große Flexibilität in der Schreibweise.

2.2.2 "apriori-" und "aposteriori-mode"

Was wir bisher über Werte gesagt haben, ist eine Vereinfachung der tatsächlichen Verhältnisse. Die in 2.2.1 angegebenen Werte waren stets vom "apriori-mode", somit selbst "apriori"-Werte.

Dagegen ist der "aposteriori"-Wert eines unit der vom Kontext geforderte. Den "aposteriori-mode" kann man immer vom "apriori-mode" ableiten.

Beispiel:

$y := i \times j$

Die "apriori"-Werte von *i* und *j* sind **ref ints**.
Durch den Operator × werden aber nicht die Adressen, sondern die **ints** multipliziert. Die "aposteriori"-Werte von *i* und *j* sind also **ints**. Der "apriori"-Wert der formula $i \times j$ ist ein **int**, jedoch fordert die destination *y* ein **real**. So ist also der "aposteriori"-Wert von $i \times j$ ein **real**.

Mit Hilfe des cast (vgl. 4.4.3) hat man die Möglichkeit, den "aposteriori-mode" explizit anzugeben. Man könnte in unserem Beispiel schreiben:

y := **real** *(***int** *(i)* × **int** *(j))*

Soviel Mühe brauchen wir uns aber nicht zu machen, denn der Compiler 'versteht'

$y := \quad i \times \quad j$

auch ohne explizite Angabe der "aposteriori-modes".

Er weiß sogar, was sich dabei alles im Dunkeln abspielt, um von den "apriori-modes" zu den "aposteriori-modes" zu gelangen (in unserem Beispiel: "dereferencing" und "widening"). Das, was dort im Dunkeln passiert, sind die "coercions" (Anpassungen oder, noch bildhafter, Vergewaltigungen). Hierüber wird später noch viel und eingehend gesprochen werden (vgl. Kapitel 4).

Bei dem Entwurf von ALGOL68 hat man versucht, diese "coercions" so zu definieren, daß sie automatisch tun, was der Programmierer intuitiv erwartet.

So erscheint zunächst die Anwendung des **cast** überflüssig zu sein. Dies ist jedoch nicht immer der Fall. Es gibt Umstände, wo der Programmierer mit dem, was die "coercions" automatisch tun, nicht einverstanden ist.

Für solche 'Querulanten' bietet ALGOL68 durch den **cast** die Möglichkeit, explizit zu sagen, was sie stattdessen wollen.

Nicht repräsentativ, aber dennoch einleuchtend ist folgendes Beispiel:

Wenn man schreibt

$$y := i \times j$$

so liest der Compiler das als

$$y := \mathbf{real}\,(\mathbf{int}\,(i) \times \mathbf{int}\,(j)\,)$$

In den meisten Implementationen wird der Objekt-Code für die Multiplikation von ganzen Zahlen ein anderer sein als für die Multiplikation von Gleitpunktzahlen. Es könnte nun sein, daß der Programmierer der Gleitpunktmultiplikation den Vorzug gibt (z. B. wenn häufig ein 'overflow' bei der Multiplikation von ganzen Zahlen auftreten kann). Er kann dann explizit schreiben:

$$y := \mathbf{real}\,(i) \times \mathbf{real}\,(j)$$

Der Compiler erweitert ("widening") dann die beiden Operanden zu **reals** und erzeugt dementsprechend den Code für die Multiplikation von Gleitpunktzahlen.

2.3 Die serial-clause

2.3.1 Der äußere Aufbau der serial-clause

Eine serial-clause besteht aus einer oder mehreren phrases. Enthält sie mehr als eine phrase, so werden diese voneinander durch go-on-tokens ';' getrennt (vgl. jedoch 2.9). Die phrases werden also in ihrer textlichen Reihenfolge nacheinander abgearbeitet (abgesehen von einem Sprung): serielle Abarbeitung, vgl. 1.3.5.

In einer serial-clause dürfen declarations und units gemischt auftreten (eine phrase kann entweder eine declaration oder ein unit sein). Allerdings darf die letzte phrase in einer serial-clause niemals eine declaration sein.

Den Teil einer serial-clause, in dem declarations auftreten (bis einschließlich der letzten declaration in der serial-clause), wollen wir 'declaration-prelude' nennen. Den restlichen Teil nennen wir 'unit-sequence'.

Es gilt dann:

a) die 'declaration-prelude' darf leer sein; eine serial-clause braucht also nicht unbedingt declarations zu enthalten;

b) die 'unit-sequence' muß mindestens ein unit enthalten, darf also nicht leer sein.

Ein label darf nur in der 'unit-sequence' vorkommen; anders ausgedrückt: man darf ein label erst dann vor ein unit schreiben, wenn man sicher ist, daß (in diesem range, vgl. 2.4.2) keine declarations mehr folgen.

Beispiel:

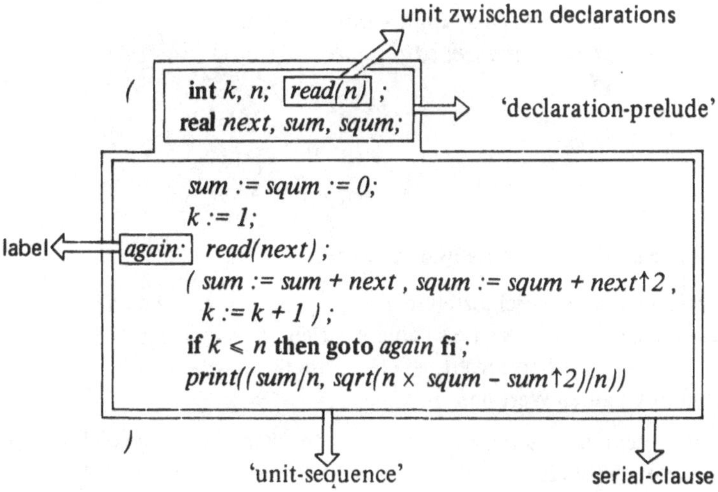

2.3.2 Der Wert einer serial-clause

Eine serial-clause hat immer einen Wert (einschließlich eines **void**). Dieser Wert ist der Wert des letzten unit innerhalb der serial-clause (vgl. jedoch 2.9).

Beispiel:

```
begin  int n; read (n);
       real next, sd, sum := 0, squm := 0;
        to n
        do read (next);
           ( sum plusab next , squm plusab next ↑ 2 )
        od ;
        sd := sqrt (n × squm - sum ↑ 2) / n;
        print ( (sum / n, sd) )
 end
```

Zwischen **begin** und **end** steht eine serial-clause: das letzte unit in ihr ist *print ((sum / n, sd))*.
Der Aufruf der Standard-Prozedur *print* liefert als Wert einen **void**, damit liefert die gesamte serial-clause ebenfalls einen **void**. Will man dagegen, daß die serial-clause etwas anderes liefert, z. B. den Wert von *sd*, so füge man noch den identifier *sd* als einfaches unit hinzu:

```
( int n; read (n);
  real next, sd, sum := 0, squm := 0;
   to n
   do read (next);
      ( sum plusab next , squm plusab next ↑ 2 )
   od ;
   sd := sqrt (n × squm - sum ↑ 2) / n;
   print ( (sum / n, sd) );
   sd
)
```

2.3.3 Die closed-serial-clause und ihr Wert

Eine serial-clause, eingeschlossen in *(* und *)* oder **begin** und **end**, nennen wir eine closed-serial-clause, sie heißt aber offiziell: closed-clause. Wie aus dem Überblick von 2.1.2 hervorgeht, ist eine closed-serial-clause selbst ein unit. Daher muß sie einen Wert liefern.

Der Wert einer closed-serial-clause ist stets der Wert ihrer eingeschlossenen serial-clause, damit also der Wert ihres letzten unit (vgl. jedoch 2.9).

Im Beispiel des vorigen Paragraphen ist der Wert der dort angegebenen closed-serial-clause (also das Ganze, inklusive **begin** und **end**) ein **void** (erste Fassung des Beispiels) oder der Wert, den *sd* liefert (zweite Fassung).

Man beachte, daß jedes unit (sei es ein 'open unit' oder ein 'closed unit') geklammert werden kann und dann eine closed-clause bildet (die das geklammerte unit als einzige phrase enthält). Somit umfaßt also der Begriff closed-clause die ALGOL60-Begriffe 'block', 'compound-statement' und 'geklammerter Ausdruck'.

Man vergleiche:

```
y := i × n
y := i × (n)
y := i × (m + n)
y := i × (int m, n; read ( (m, n) ); m + n)
y := i × row [k]
y := i × row [ (int k := 1;
                 for i from 2 to upb row
                 do if row [i] > row [k] then k := i fi od ;
                 k ) ]
```

2.4 Deklaration und Identifizierung

2.4.1 Deklarationen (declarations)

In ALGOL68 hat der Programmierer die Möglichkeit, neben identifiers auch mode-indications und Operatoren sowie deren Prioritäten in sein Programm einzuführen. Diese Einführung geschieht mit Hilfe von declarations, die dem indicator eine bestimmte Bedeutung, seine "property", beigeben.

Es gibt vier Arten von declarations:

declaration	"property"
a) identifier-declaration	der identifier erhält einen Wert eines bestimmten "mode"
b) mode-declaration	die mode-indication gibt einen bestimmten "mode" an
c) operation-declaration	der Operator erhält eine "routine" mit einem oder zwei Parametern (monadischer oder dyadischer Operator)
d) priority-declaration	der Operator erhält eine bestimmte Priorität

Ein label-identifier wird dagegen nicht in einer declaration definiert. Seine "property" ist die Eigenschaft, als Sprungziel verwendet zu werden.

In den Kapiteln 3 und 5 werden wir die Abarbeitung von declarations im einzelnen behandeln. Wir beschränken uns hier auf die Angabe einiger declarations, die bereits im Abschnitt 1.4 auftraten.

a) identifier-declaration:

real *next, sum := 0, squm := 0*

Hierdurch werden *next*, *sum* und *squm* als **real**-Variable definiert, sie erhalten also jeweils Werte vom "mode" **ref real**. Dabei wird den **ref real**s von *sum* und *squm* jeweils der Wert von *0* zugewiesen.

[*1* : *n*] **real** *row*

Hierdurch wird *row* als eine [ ] **real**-Variable definiert, sie erhält eine Adresse, die sich auf eine Reihe von n **real**-Werten bezieht. Der "mode" dieser Adresse ist also **ref [ ] real**.

employee *director, employee*

Hierdurch werden *director* und *employee* als **employee**-Variable definiert, sie erhalten Werte vom "mode" **ref employee**. Man beachte, daß hierbei *employee* ein defining-identifier, dagegen **employee** eine applied-mode-indication ist. Für die defining-mode-indication siehe b).

proc *compute* = ([ ] **real** *r*) **quadr** : **begin** serial-clause **end**

(vgl. 1.4.6).

Hierdurch erhält *compute* eine "routine" vom "mode" **proc** ([ ] **real**) **quadr**.

b) mode-declaration:

mode employee = **struct** (**int** *entrance year* ,
real *salary* , **string** *name*)

Hierdurch wird **employee** als eine mode-indication definiert, die den "mode" angibt, welcher durch den auf der rechten Seite angegebenen declarer spezifiziert wird.

c) operation-declaration:

op implies = (**bool** *a*, *b*) **bool** : **not** (*a* **and not** *b*)

Hierdurch wird der indicator **implies** als ein Operator definiert, der eine "routine" vom "mode" **proc** (**bool**, **bool**) **bool** erhält.

d) priority-declaration:

prio implies = *1*

Hierdurch erhält der Operator **implies** die Priorität 1 .

2.4.2 Identifizierung und range

Wie wir in 2.3.3 gesehen haben, kann innerhalb einer serial-clause selbst wieder eine closed-serial-clause auftreten. In dieser inneren serial-clause können dann auch wieder declarations vorkommen.

Beispiel:

```
begin  real x ;    x := 3.14 ;
       begin  bool y ;    y := true ;
              print ( y )
       end ;
       print ( x )
end
```

Man beachte, wie die applied-identifier ihre defining-identifier identifizieren. Der Identifizierungsprozeß wird dabei nicht durch die Tatsache beeinflußt, daß in der inneren serial-clause *y* und in der äußeren serial-clause *x* auftreten. Wir können innerhalb der inneren serial-clause sogar *y* durch *x* ersetzen, ohne daß sich dadurch etwas ändert:

```
begin   real x ;    x := 3.14 ;

        begin   bool x ;    x := true ;
                print ( x )

        end ;
        print ( x )

end
```

Der identifier x in der äußeren serial-clause und der identifier x in der inneren serial-clause haben jedoch verschiedene "properties": das eine x ist eine **real**-Variable, während das andere x eine **bool**-Variable ist.

In dem folgenden Beispiel beachte man, wie die mode-indication **rebo** sowie der Operator **implies** identifiziert werden:

```
begin   mode rebo = real ;

        op implies = (real a, b) bool: a > b ;
        rebo x , y ;

        x := 3.14 ;     y := 2.71 ;

        begin   mode rebo = bool ;

                op implies = (bool a, b) bool:
                                 not ( a and not b ) ;

                rebo x , y ;

                x := true ;     y := false ;
                if x implies y then print(x)
                               else print(y)
                fi

        end ;
        if x implies y then print(x)
                       else print(y)
        fi

end
```

Allgemein geschieht die Identifizierung von applied-indicators in ranges. Dies sind diejenigen Bereiche (innerhalb eines Programms), in denen deklarierte indicators als applied-indicators gültig sind.
Ein range wird z. B. durch eine serial-clause bestimmt. Darüberhinaus werden ranges auch innerhalb von conditional-clauses (vgl. 2.5.1), case-clauses (vgl. 2.6.1), conformity-clauses (vgl. 4.3.4), loop-clauses (vgl. 2.7.1) und durch einen routine-text (vgl. 3.2.2) bestimmt.

Dabei können ranges (wie z. B. die serial-clauses) ineinander geschachtelt sein. Die Identifizierung geschieht dann stets von innen nach außen.

Durch die Identifizierung wird zu einem applied-indicator sein defining-indicator gesucht. Dieses Aufsuchen beginnt dabei stets in dem kleinsten range, der den applied-indicator enthält. Führt die Suche in diesem range nicht zum Erfolg, so wird in dem den bisher betrachteten range umfassenden range weiter gesucht.
Spätestens in dem äußersten range führt in einem syntaktisch korrekten Programm die Suche zum Erfolg, es sei denn, der indicator war standardmäßig definiert worden.

Durch die Identifizierung wird also entschieden, welche "property" ein applied-indicator erhält. Die Identifizierung von Operatoren ist im allgemeinen nicht so einfach, wie sie hier in dem Beispiel dargestellt wurde. Es müssen dabei nämlich noch die "modes" der Operanden mit in Betracht gezogen werden (vgl. 5.1.4).

Tritt innerhalb eines Programms ein applied-indicator *i* auf, so wird der kleinste (innerste) range, der den von *i* identifizierten defining-indicator enthält, als der "defining-range" von *i* bezeichnet. Innerhalb seines "defining-range" ist dann *i* als applied-indicator gültig.

In dem letzten Beispiel ist demnach der "defining-range" für die applied-indicators **rebo** und **implies** einmal die äußere und einmal die innere serial-clause, je nachdem, ob **rebo** und **implies** in der äußeren oder inneren serial-clause als applied-indicators auftreten.

2.5 Die conditional-clause

Mit Hilfe der conditional-clause hat der Programmierer die Möglichkeit, abhängig von einem **bool**-Wert, von zwei Programmteilen einen auszuwählen, in dem die "elaboration" seines Programms fortgesetzt wird.

2.5.1 Der äußere Aufbau der conditional-clause

Eine conditional-clause hat folgenden allgemeinen Aufbau:

if enquiry-clause **then** in-choice-clause
else out-choice-clause
fi

Die out-choice-clause kann fehlen, so daß eine conditional-clause die Form haben kann:

if enquiry-clause **then** in-choice-clause **fi**

Die fehlende out-choice-clause entspricht dann einem **skip** (vgl. 4.1.6).

Eine andere, äquivalente Schreibweise für eine conditional-clause ist:

(enquiry-clause | in-choice-clause | out-choice-clause)
bzw. (enquiry-clause | in-choice-clause)

Beide Schreibweisen haben (abhängig vom Kontext) ihre Vorteile. Wir werden sie beide benutzen, vorzugsweise jedoch die erste.

Durch eine conditional-clause werden ranges in folgender Weise bestimmt:

if [enquiry-clause **then** [in-choice-clause] **else** [out-choice-clause]] **fi**

Demnach sind in der enquiry-clause deklarierte indicators auch in der in-choice-clause und der out-choice-clause als applied-indicators gültig (vgl. 2.4.2).

Die in-choice-clause und die out-choice-clause sind jeweils serial-clauses; in ihnen dürfen also declarations, units und labels auftreten (vgl. letztes Beispiel in 2.5.3). Die enquiry-clause ist syntaktisch gesehen fast eine serial-clause. In ihr dürfen keine labels auftreten, so daß aus der in-choice-clause bzw. out-choice-clause nicht in die enquiry-clause zurückgesprungen werden kann.

Beispiel:

if int *i; read (i); i* ⩾ *0* **then** *print (i); (i = 0* | **goto** *lab)*
else *print (- i)*
fi

Dies ist eine gültige Form einer conditional-clause, wobei durch den jump

goto *lab* an eine Programmstelle außerhalb der gesamten conditional-clause gesprungen wird.
Nicht erlaubt ist dagegen:

> **if int** *i; lab : read (i); i ⩾ 0* **then** *print (i); (i = 0 |* **goto** *lab)*
> **else** *print (– i)*
>
> **fi**
>
> **comment** *this is syntactical incorrect: the* enquiry-clause *contains a* label **comment**

Die "elaboration" einer conditional-clause beginnt mit der "elaboration" ihrer enquiry-clause. Diese enquiry-clause muß dabei stets ein **bool** (**true** oder **false**) liefern. Dies bedeutet also: das letzte unit der enquiry-clause muß ein **bool** liefern.

Wenn die enquiry-clause **true** liefert, so wird die in-choice-clause und nicht die out-choice-clause abgearbeitet; liefert dagegen die enquiry-clause **false**, so wird die out-choice-clause und nicht die in-choice-clause abgearbeitet.

2.5.2 Der Wert einer conditional-clause

Der Wert einer conditional-clause ist entweder der Wert ihrer in-choice-clause oder der Wert ihrer out-choice-clause, je nachdem, ob ihre enquiry-clause **true** oder **false** liefert. In beiden Fällen müssen die "aposteriori"-Werte vom gleichen "mode" sein (vgl. 2.2.2 und 4.1.1).

Für die enquiry-clause gelten **if** und **then** bzw. *(* und | , für die in-choice-clause gelten **then** und **else** oder **fi** bzw. | und | oder *)* und für die out-choice-clause gelten **else** und **fi** bzw. | und *)* jeweils als Klammerungspaar.

Jede conditional-clause, deren Wert nicht ein **void** ist, kann als Operand in einer formula auftreten (vgl. jedoch 4.4.4).

Beispiel:

> **if** *a < b* **then** *3.14159* **else** *2.71828* **fi**
> *+*
> **if** *u ≠ v* **then** *0* **else** *1* **fi**

oder kürzer (was hier näher liegt):

> *(a < b | 3.14159 | 2.71828) + (u ≠ v | 0 | 1)*

Wenn die conditional-clause eine Adresse liefert, so darf sie auch als linke Seite einer assignation vorkommen.

Beispiel:

> **if** *n = 0* **then** *x* **else** *y* **fi** *:= 3.14159*

Die beiden letzten Beispiele kann man zu einem kombinieren:

$$(n = 0 \mid x \mid y) := (a < b \mid 3.14159 \mid 2.71828) + (u \neq v \mid 0 \mid 1)$$

Hierbei sind acht mögliche Zuweisungen in einer assignation zusammengefaßt.

2.5.3 Schachtelung von conditional-clauses

Da die drei inneren Bestandteile einer conditional-clause jeweils aus mehreren phrases bestehen können, so dürfen sie insbesondere selbst wieder conditional-clauses sein.
Wir geben im folgenden einige mögliche Konstruktionen an.

Es seien C1, C2, . . . stets enquiry-clauses, die einen **bool** liefern. Desweiteren seien CiT bzw. CiF jeweils in-choice-clauses bzw. out-choice-clause, die zu der enquiry-clause Ci gehören (i = 1, 2, 3, . . .).

a) **if if** C1 **then** C1T **else** C1F **fi then** CT **else** CF **fi**

Diese Konstruktion wird nicht oft vorkommen. Man beachte hierbei, daß C1, C1T und C1F alle drei ein **bool** liefern müssen. Es ist leicht einzusehen, daß nur dann CT abgearbeitet wird, wenn entweder C1 und C1T beide **true** oder C1 **false** und C1F **true** liefern. Dagegen wird CF abgearbeitet, wenn entweder C1 **true** und C1T **false** oder C1 und C1F beide **false** liefern.

Beispiel:

if if $n = 0$ **then** $a < b$ **else** $u \neq v$ **fi then** $x := 3.14159;\ y := 0$
else $x := 2.71828;\ y := 1$
fi

b) **if** C1 **then if** C2 **then** C2T **else** C2F **fi else** C1F **fi**

Auch diese Konstruktion wird uns nicht oft beschäftigen. Was passiert ist folgendes:

Liefern C1 und C2 beide **true**, so wird C2T abgearbeitet, liefern C1 **true** und C2 **false**, so wird C2F abgearbeitet. Liefert C1 **false**, so wird stets C1F abgearbeitet.

Beispiel:

if $n = 0$ **then if** $a < b$ **then** $x := 3.14159$ **else** $x := 2.71828$ **fi**
else $y := 0$
fi

Man beachte, daß in beiden Konstruktionen a) und b) die **if-fi**-Konstruktion (jede conditional-clause hat dadurch eine geschlossene Form) Mehrdeutigkeiten ausschließt.

Sehr oft jedoch benutzt man:

```
c) if C1 then C1T
        else if C2 then C2T
                else if C3 then C3T
                        else if C4 then C4T
                                else C4F
                        fi
                fi
        fi
   fi
```

Diese Konstruktion ist leicht zu verstehen. Das einzige, was stört, ist das **fi fi fi fi.**

Deshalb kann man kürzer schreiben:

```
  if C1 then C1T
elif C2 then C2T
elif C3 then C3T
elif C4 then C4T
        else C4F
  fi
```

Oder noch kürzer:

```
 ( C1 | C1T
|: C2 | C2T
|: C3 | C3T
|: C4 | C4T
      | C4F
 )
```

Hierbei 'schluckt' das **elif** (Zusammenziehung von **else** und **if**) bzw. |: sein eigenes **fi** bzw.).
Diese Konstruktion ist der Sprache LISP entlehnt.

Beispiel:

  if $n = 0$ **then** $x := 3.14159$
elif $a < b$ **then** $x := 2.71828$
elif $u \neq v$ **then** $y := 0$
          else $y := 1$
  fi

Zum Schluß ein Beispiel einer conditional-clause, in der alle drei inneren Bestandteile (enquiry-clause, in-choice-clause und out-choice-clause) aus mehr als einem unit bestehen.

Es lohnt sich, diesem Beispiel im einzelnen nachzugehen.

Beispiel:

Auf einem Eingabemedium sei eine nicht bekannte Anzahl positiver und negativer Zahlen $\neq 0$ gegeben, denen eine 0 als Abschluß folgt.

Von einem Programm soll folgendes ausgedruckt werden:

1) die Anzahl der positiven und negativen Zahlen,
2) die Anzahl der positiven Zahlen,
3) die Anzahl der negativen Zahlen,
4) Summe und Mittelwert der positiven Zahlen,
5) Summe und Mittelwert der negativen Zahlen,
6) Summe und Mittelwert der absoluten Beträge aller Zahlen.

Wenn keine positiven Zahlen oder keine negativen Zahlen oder überhaupt keine Zahlen vorhanden sind, so soll das Programm auch diese Fälle entsprechend berücksichtigen.

```
begin   int num := 0, pos := 0, neg := 0;
       real absum := 0, posum := 0, negum := 0, x:= 1;
      while x ≠ 0
         do absum plusab if read (x); num plusab 1; x > 0
                           then pos plusab 1; posum plusab x; + x
                            elif x < 0
                           then neg plusab 1; negum plusab x; - x
                            else num minusab 1; 0
                              fi
         od ;
         print ( (num, pos, neg, newline,
                   posum, (pos  ≠ 0 | fixed (posum/pos,  8, 3) | "undefined"), newline,
                   negum, (neg  ≠ 0 | fixed (negum/neg,  8, 3) | "undefined"), newline,
                   absum, (num ≠ 0 | fixed (absum/num, 8, 3) | "undefined")
                  )
                )
  end
```

An die Idee, daß eine serial-clause stets einen Wert (einschließlich eines **void**) liefert, muß man sich vielleicht erst gewöhnen. Dann aber erkennt man, daß es sich um ein vortreffliches Ausdrucksmittel handelt. Dies zeigt sich am letzten Beispiel:

$x > 0$	bestimmt den Wert der enquiry-clause,
$+x$	bestimmt den Wert der in-choice-clause,
$-x$	oder 0 bestimmen den Wert der out-choice-clause.

2.6 Die case-clause

Will der Programmierer unter mehr als zwei Programmteilen einen auswählen, in welchem die Abarbeitung seines Programms fortgesetzt wird, so kann er entweder die case-clause oder die conformity-clause benutzen. Bei der case-clause hängt die Auswahl von einem **int** ab, während sie bei der conformity-clause von einem "mode" abhängt.

Wir wollen in diesem Abschnitt vorerst nur die case-clause eingehender betrachten. Im Zusammenhang mit den "united modes" werden wir in 4.3.4 auf die conformity-clause eingehen.

2.6.1 Der äußere Aufbau der case-clause

Eine häufig auftretende Konstruktion (eine Art Verteiler) ist die folgende:

```
if i = 1 then unit für i = 1
         elif i = 2 then unit für i = 2
                  elif i = 3 then unit für i = 3
                           elif i = 4 then unit für i = 4
                                    else serial-clause
                                           für i < 1
                                         oder i > 4
fi
```

Dies ist natürlich für den Programmierer eine mühsame Schreiberei und auch für den Computer eine zeitaufwendige 'runtime'-Prüfung, insbesondere wenn *i* groß ist und es somit viele Fälle gibt.

Semantisch äquivalent und für den Compiler leichter zu optimieren ist die case-clause:

```
case i   in unit für i = 1 , unit für i = 2 ,
            unit für i = 3 , unit für i = 4
        out serial-clause für i < 1 oder i > 4
esac
```

Die case-clause und die conformity-clause (vgl. 4.3.4) stellen Konstruktionen in ALGOL68 dar, bei denen das Komma ' , ' nichts mit der Kollateralität (vgl. 1.3.5) zu tun hat: es wird stets genau eine der Möglichkeiten abgearbeitet, je nachdem, (im Falle einer case-clause) welchen **int**-Wert die enquiry-clause liefert (im letzten Beispiel also *i*) bzw. (im Falle einer conformity-clause) welchen "mode" der **union** der enquiry-clause hat. Die allgemeine Form einer case-clause (bzw. conformity-clause) ist:

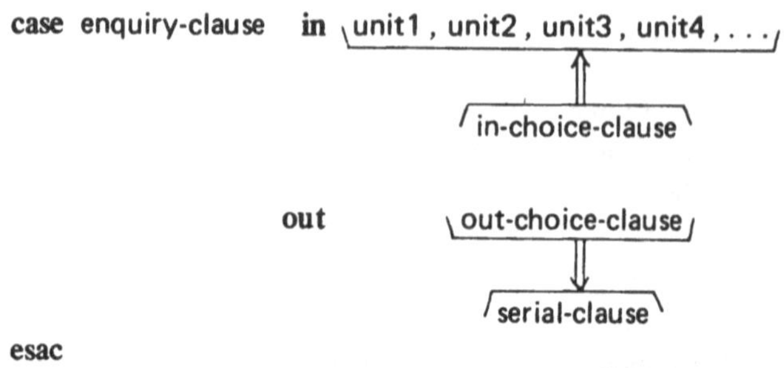

oder kürzer:

```
( enquiry-clause | in-choice-clause | out-choice-clause )
```

Wie bei einer conditional-clause kann die enquiry-clause aus mehr als einem unit bestehen.

Wie bei einer conditional-clause kann die out-choice-clause fehlen oder aber selbst eine neue case-clause (bzw. conformity-clause) sein. In diesem letzten Fall (der bei einer conditional-clause dem Fall c) in 2.5.3 entspricht) kann man **out case** bzw. |(durch **ouse** bzw. |: ersetzen, wobei das **ouse** bzw. |: sein **esac** bzw.) 'schluckt'.

Für die Ineinanderschachtelung gilt allgemein:

```
case enquiry-clause1   in  in-choice-clause1
ouse enquiry-clause2   in  in-choice-clause2
ouse enquiry-clause3   in  in-choice-clause3
                       out out-choice-clause3
esac
```

oder kürzer:

```
(  enquiry-clause1  |  in-choice-clause1
|: enquiry-clause2  |  in-choice-clause2
|: enquiry-clause3  |  in-choice-clause3
                    |  out-choice-clause3
)
```

Durch eine case-clause bzw. conformity-clause werden ranges in folgender Weise bestimmt:

Genau wie bei der conditional-clause sind also in der enquiry-clause deklarierte indicators auch in der in-choice-clause und der out-choice-clause als applied-indicators gültig (vgl. 2.4.2).

2.6.2 Der Wert einer case-clause

Der Wert einer case-clause ist entweder der Wert des ausgewählten unit der in-choice-clause oder der Wert der out-choice-clause, abhängig von dem **int**, den die enquiry-clause liefert. Auch hier müssen in allen Fällen die "aposteriori"-Werte vom gleichen "mode" sein (vgl. 2.2.2 und 4.1.1).

Beispiel:

```
real nfac := case int n; read (n); n + 1
                in 1 , 1 , 2 , 6 , 24 , 120 , 720 ,
                   5040 , 40320 , 362880 , 3628800 ,
                   39916800 , 479001600 ,
                   6227020800 , 24908083200
             ouse n - 14
                in 24908083200 × 15 ,
                   24908083200 × 15 × 16 ,
                   24908083200 × 15 × 16 × 17
              out real pi := 3.141592653589 ,
                         e  := 2.718281828904 ;
                   if n < 0 then print ("undefined: n negativ"); goto alarm
                            else
                            stirling:
                            sqrt (2 × pi × n) × (n / e) ↑ n
                   fi
             esac
```

(Für den Wert eines jump vgl. 4.1.6)

Hierbei sind die units der in-choice-clause1 von einfacher Gestalt, nämlich Konstanten (integral-denotations), die units der in-choice-clause2 sind formulas. Solche units können aber im allgemeinen komplette closed-serial-clauses sein, in welchen declarations, weitere units und labels auftreten dürfen.

Die enquiry-clause1 besteht aus mehreren phrases; die enquiry-clause2 ist eine einfache formula; die out-choice-clause2 ist eine serial-clause.

2.7 Die loop-clause

Mit Hilfe der loop-clause kann der Programmierer bestimmte Programmteile wiederholen.

2.7.1 Der äußere Aufbau der loop-clause

Eine loop-clause hat die folgende allgemeine Form:

```
for control-identifier from start-unit
                         by step-unit
                         to stop-unit
                      while enquiry-clause
do serial-clause od
```

Hierbei gilt folgendes:

control-identifier ist eine ganzzahlige Konstante, genauer: ein identifier, der stets ein **int** erhält;

start-unit, step-unit, stop-unit } sind units, die ein **int** liefern;

enquiry-clause kann aus mehreren phrases bestehen und liefert stets ein **bool**.

serial-clause die serial-clause zwischen **do** und **od** liefert stets einen **void**.

Durch eine loop-clause werden ranges in folgender Weise bestimmt:

for ... **from** ... **by** ... **to** ... **while** ... **do** ... **od**

Der control-identifier ist demnach sowohl in der enquiry-clause (nach **while**) als auch in der serial-clause zwischen **do** und **od** gültig, nicht aber in den start-, step- und stop-units.

In der enquiry-clause deklarierte indicators sind auch in der serial-clause zwischen **do** und **od** gültig (vgl. 2.4.2).

Auch bei einer loop-clause dürfen in der enquiry-clause keine labels auftreten, so daß aus der zu wiederholenden serial-clause nicht in die enquiry-clause zurückgesprungen werden kann.

Beispiel:

Auf einem Eingabemedium steht eine alternierende Folge von Zahlen mit abnehmenden Absolutbeträgen. Man möchte die Summe derjenigen Zahlen bilden, deren Absolutbeträge größer oder gleich einem vorgegebenen **real**-Wert *eps* sind.

real *sum* := *0*; **int** *n*; *read* (*n*); [*1* : *n*] **real** *row*; *read* (*row*);
  for *i* **from** *1* **by** *1* **to** *n*
while real *term* := *row* [*i*] ; **abs** *term* ⩾ *eps*
  do *sum* **plusab** *term* **od** ;

Durch das Paar **do-od** wird die serial-clause in jedem Fall geklammert, auch wenn sie nur (wie etwa im obigen Beispiel) aus einem einzigen unit besteht. Gerade wenn die zu wiederholende serial-clause aus mehreren ineinander geschachtelten closed-units (vgl. 2.1.2) besteht, wird durch diese **do-od**-Klammerung sowohl dem Compiler als auch dem Programmierer die Arbeit dann erleichtert, wenn sie feststellen wollen, wie weit der zu wiederholende Programmteil reicht.

Start-unit, step-unit und stop-unit werden nur einmal und zwar zu Beginn der "elaboration" der loop-clause kollateral berechnet, so daß eine Veränderung ihrer Werte (z. B. durch eine Zuweisung in der enquiry-clause oder in der serial-clause) keinen Einfluß auf den Laufmechanismus der loop-clause hat.

Der control-identifier erhält zu Beginn den Wert des start-unit und wird nach jeder Abarbeitung der serial-clause um den Wert des step-unit so lange erhöht, wie control-identifier ⩽ stop-unit bei positivem step-unit bzw. control-identifier ⩾ stop-unit bei negativem step-unit gilt (wenn nicht vorher schon die enquiry-clause den Wert **false** geliefert hat).

Gilt also control-identifier > stop-unit bei positivem step-unit bzw. control-identifier < stop-unit bei negativem step-unit oder aber liefert die enquiry-clause, die bei jedem Durchgang aufs neue abgearbeitet wird, einmal den Wert **false**, so wird die serial-clause nicht noch einmal abgearbeitet und die "elaboration" der loop-clause selbst ist damit beendet. Übrigens, wenn die enquiry-clause von Anfang an **false** liefert, so wird die serial-clause überhaupt nicht abgearbeitet (vgl. Schlußbeispiel in 3.2.1).

Eine zwischen **do** und **od** stehende serial-clause liefert immer einen **void**, auch wenn sie in einer loop-clause wiederholt abgearbeitet wird. Natürlich liefert dann die loop-clause selbst auch immer einen **void**.

2.7.2 Verschiedene Formen einer loop-clause

In gewissen Fällen kann man einige Teile der loop-clause weglassen. Dies sind im einzelnen die folgenden:

a) Wenn der control-identifier weder in der enquiry-clause noch in der serial-clause zwischen **do** und **od** auftritt, so kann man

   for control-identifier

   weglassen.

b) **from** *1* und **by** *1* können weggelassen werden.

c) Wenn der control-identifier nicht auf eine obere (bzw. untere) Grenze stop-unit abgefragt werden soll, so muß man **to** stop-unit weglassen.

d) **while true** kann weggelassen werden.

Da man jedoch dem Compiler wenigstens mitteilen muß, welches Programmstück wiederholt werden soll, so darf man **do** serial-clause **od** nicht weglassen. Eine loop-clause hat also mindestens die Form:

do serial-clause **od**

In diesem letzten Fall kann der Programmierer die "elaboration" der loop-clause nur noch durch einen Sprung aus ihr heraus beenden.

Außer dieser Minimal-Form kann also eine loop-clause u. a. die folgenden Formen haben:

1)	**while**	enquiry-clause	**do** serial-clause	**od**
2)	**to**	stop-unit	**do** serial-clause	**od**
3)	**by**	step-unit	**do** serial-clause	**od**
4)	**from**	start-unit	**do** serial-clause	**od**
5)	**for**	control-identifier	**do** serial-clause	**od**
	usw.			

Das Beispiel aus dem vorigen Paragraphen 2.7.1 kann man also kürzer schreiben:

real *sum := 0;* **int** *n; read (n);* [*1 : n*] **real** *row; read (row);*
for *i* **to** *n* **while real** *term := row* [*i*] *;* **abs** *term* ⩾ *eps*
do *sum* **plusab** *term* **od** *;*

2.8 Die closed-collateral-clause

Wie wir in 1.3.5 gesehen haben, hat der Programmierer mit Hilfe der closed-collateral-clause die Möglichkeit, mehrere units völlig unabhängig voneinander abarbeiten zu lassen. Gerade dadurch kann er unter Umständen dem Compiler die Gelegenheit geben, eine Code-Optimierung vorzunehmen sowie mehrere Prozessoren einzusetzen.

Die closed-collateral-clause heißt offiziell im Report: collateral-clause.

2.8.1 Der äußere Aufbau der closed-collateral-clause

Eine closed-collateral-clause besteht aus mindestens zwei units, die durch ein and-also-token ' , ' voneinander getrennt sind. Sie ist stets entweder durch *(* und *)* oder **begin** und **end** abgeschlossen.

Beispiel:

(u := n + 1 , v := n + 2 , w := n + 3)

Die drei assignations werden also völlig unabhängig voneinander abgearbeitet und man kann sich vorstellen, daß tatsächlich drei verschiedene Prozessoren sich mit ihnen beschäftigen.

Es sei noch einmal daran erinnert, daß die units keine Nebeneffekte aufeinander ausüben sollten, da diese nicht zu kontrollieren sind (vgl. 1.3.5). Auch dann, wenn keine Code-Optimierung vorgenommen wird und es nur einen Prozessor gibt, bedeutet "collateral elaboration": Nebeneffekte sind hier 'undefined', also in der Programmierpraxis: Nebeneffekte sind hier nicht erlaubt (!).

Die allgemeine Form einer closed-collateral-clause ist:

(unit1 , unit2 , unit3 , unit4 , . . . *)*

beziehungsweise:

begin unit1 , unit2 , unit3 , unit4 , . . . **end**

2.8.2 Der Wert einer closed-collateral-clause

Der Wert einer closed-collateral-clause ist das Gesamtgebilde der Werte ihrer units. Dieses Gesamtgebilde ist dabei stets entweder ein "multiple value" (vgl. 1.4.4) oder ein "structured value" (vgl. 1.4.5). Welches von beiden, wird durch den Kontext bestimmt. Im Fall eines "multiple value" heißt die closed-collateral-clause: row-display, im Fall eines "structured value" heißt sie: structure-display.

Beispiele:

a) **compl** *z* := (*1.2* , *3.4*) ;

b) [*1* : *2*] **real** *littlerow* := (*1.2* , *3.4*) ;

c) [*1* : *3*, *1* : *3*] **real** *square* := ((*0.1* , *0.2* , *0.3*) ,
(*0.4* , *0.5* , *0.6*) ,
(*0.7* , *0.8* , *0.9*)) ;

d) [*1* : *2*] **compl** *complexrow* := ((*1.2* , *3.4*) ,
(*5.6* , *7.8*)) ;

e) [*1* : *4*] **real** *rowoffour* := (*x* ↑ (*y* + *2*) + *a* , *x* ↑ (*y* + *2*) – *a* ,
x ↑ (*y* + *2*) × *a* , *x* ↑ (*y* + *2*) / *a*) ;

In b), c), d) und e) steht auf der rechten Seite ein row-display. In a) steht auf der rechten Seite ein structure-display. In c) sind die units des row-display selbst wieder row-displays, in d) dagegen sind die units structure-displays (da ein **compl** ein "structured value" ist).

In e) hat wegen der Kollateralität ein 'schlauer' Compiler die Möglichkeit zu optimieren (nämlich *x* ↑ (*y* + *2*) nur einmal zu berechnen).

2.9 Der completer

Wir wiesen schon daraufhin, daß in den meisten Fällen der Wert einer serial-clause und damit auch der Wert einer **closed-serial-clause** der Wert ihres letzten unit ist. Es gibt jedoch hiervon eine Ausnahme.
Ob es sich wirklich um eine Ausnahme handelt, hängt davon ab, was man unter 'letztes' unit verstehen will. Versteht man darunter das zuletzt abgearbeitete unit (innerhalb einer closed-serial-clause), so braucht dies nicht das in der textlichen Reihenfolge letzte unit zu sein: man kann mitten in einer closed-serial-clause aus ihr herausspringen.
Es kommt dann häufig vor, daß man den zuletzt berechneten Wert mitnehmen will. Der Wert eines jump ist aber immer ein **void**, ein jump kann also nichts anderes als einen **void** mitnehmen.

Wir brauchen demnach eine neue Konstruktion. In ALGOL68 gibt es dafür den completer: **exit**.

Beispiel:

Vorgegeben seien ein **string** und ein **char**. Einer **bool**-Variablen *b* wollen wir den Wert **true** zuweisen, wenn dieses **char** in dem **string** vorkommt. Darüberhinaus wollen wir den Index ausdrucken, der die Stelle des **char** innerhalb des **string** angibt. Tritt das **char** dagegen in dem **string** nicht auf, so wollen wir *b* den Wert **false** zuweisen.

Man kann dafür das folgende Programm schreiben, welches einen completer verwendet:

```
string s; char c; read (s); read (c);
 bool b := ( int index;
             for i to upb s
              do if c = s [i]
              then index := i; goto present fi
             od ;
   absent:   false exit
   present:  print (index);
             true
           ) ;
```

Hier passiert folgendes:

Wenn *c* in *s* nicht vorkommt (also *c* = *s* [*i*] stets **false** liefert), so verläßt man mit Hilfe des completer **exit** die closed-serial-clause mit dem Wert **false**. Sobald jedoch innerhalb der loop-clause festgestellt worden ist, daß *c* in *s* auftritt, wird aus der loop-clause mit einem jump zu dem label *present:*

gesprungen und der Index wird ausgedruckt. Sodann wird die **closed-serial-clause** mit dem Wert **true** verlassen.

Wie aus dem Beispiel ersichtlich wird, kann man den **completer** als eine versteckte schließende Klammer in einer **closed-serial-clause** ansehen.

Wenn man diesen Sprung-Mechanismus verstanden hat, so wird man auch einsehen, daß nach **exit** stets ein **label** stehen muß, da sonst das dem **exit** folgende unit nie (durch einen Sprung) erreicht werden kann.

2.10 Schlußbemerkung zum Satzbau

Es seien hier noch einmal die wichtigsten Konzepte zusammengefaßt:

a) "serial" – "collateral" (vgl. 1.3.5)

b) declaration – unit (vgl. 2.1.2, 2.2)
 - b1) eine declaration hat eine dienende Funktion:
   - b1a) sie gibt einem indicator eine lokale Bedeutung (sie definiert seine "property")
   - b1b) sie reserviert in vielen Fällen Speicherplatz für einen Wert eines bestimmten "mode"
 - b2) ein unit hat immer einen Wert, dieser kann sein:
   - b2a) **void**, dann können wir von einem statement sprechen (wie in ALGOL60)
   - b2b) **nonvoid**, dann können wir von einem expression sprechen (wie in ALGOL60)

c) closed-unit (vgl. 2.3.3, 2.5, 2.6, 2.8)
 - c1) die closed-serial-clause ist selbst wieder ein unit, so erhalten wir im wesentlichen die Blockstruktur in der Sprache; eine closed-serial-clause hat als unit immer einen Wert, auf diese Weise können große Programmstücke einen Wert liefern
 - c2) die closed-collateral-clause liefert ein Gebilde von Werten (nicht notwendig desselben "mode"); durch die closed-collateral-clause kann dem Compiler Gelegenheit zur Code-Optimierung gegeben werden
 - c3) die conditional-clause und die case-clause liefern immer einen Wert und geben neben der closed-serial-clause die Möglichkeit von Schachtelungen verschiedenster Art
 - c4) die loop-clause liefert stets einen **void**

d) die Sprache ist "orthogonal":
alle Kombinationen, die Bedeutung haben, sind erlaubt.

Teil II
Bausteine der Orthogonalität

3. Mode und identifier

Wir haben bereits bei einigen mode- und identifier-declarations gesehen, wie 'mode-maker' verwendet werden (vgl. 1.4 und 1.1.3).
In diesem Kapitel werden wir uns genauer ansehen, was

ref , [ ] , **struct** und **proc**

im einzelnen leisten (für **long, short** und **union** vergleiche Kap. 4).

Weiter werden wir uns eingehend mit der identifier-declaration beschäftigen, die einem identifier einen Wert eines bestimmten "mode" zuordnet, zu dem der identifier dann Zugriff ("access") hat. Wir werden feststellen, daß die bisher betrachteten declarations für identifier Spezialfälle hiervon sind. Auch die Parameterübergabe beim Aufruf einer Routine entspricht der Abarbeitung von identifier-declarations.

3.1 Die 'mode-maker' ref , [ ] , struct und proc

3.1.1 nonref , refmod und amode

Ein Paar, bestehend aus einer Adresse (**ref amode**) und dem Wert (**amode**), auf den sich diese Adresse bezieht, bezeichnen wir als eine Variable (vgl. 1.2.4 und 1.2.5):

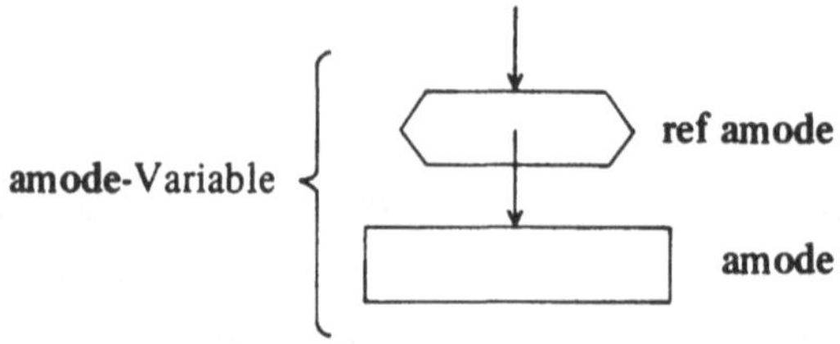

Auch einen identifier (also ein externes Objekt), der Zugriff zu der Adresse eines solchen Paares hat (deren "mode" also **ref amode** ist), nennen wir eine (**amode**-)Variable.

Beispiel:

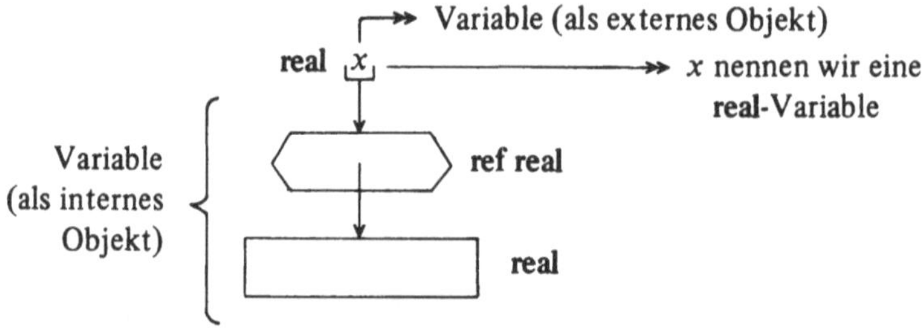

Im Report wird solch eine declaration als variable-declaration bezeichnet.

Wegen der Orthogonalität kann man in ALGOL68 auch 'Ketten' von Referenzen (Adressierungs-Ketten) manipulieren: ein **amode** kann selbst wieder ein **ref othermode** sein, usw. Solche Referenzketten werden wir in folgender Weise darstellen:

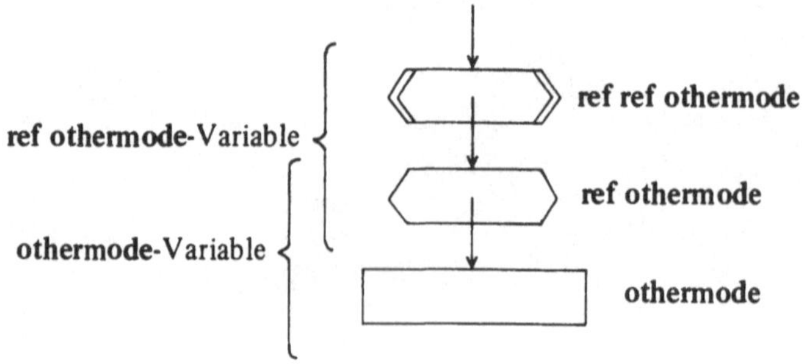

Wir begegnen hier also Variablen auf verschiedenen Referenz-Stufen. Solche Adressierungs-Ketten werden wir in 3.5 weiter betrachten. Vorläufig beschränken wir uns auf Variable der niedrigsten Stufe.

Im folgenden bezeichnen wir mit '**nonref**' irgendeinen Wert, der sich nicht mehr auf einen anderen Wert bezieht, wie z. B.

> **bool** , **real** , [ ] **real** , [,] **real** , **compl** ,
> **man** , **woman** , **fun** , **proc** ([ ] **real**) **int** .

Dagegen werden wir mit '**refmod**' stets einen Wert bezeichnen, der sich auf einen anderen Wert bezieht, wie z. B.

> **ref bool** , **ref real** , **ref** [ ] **real** , **ref** [,] **real** , **ref compl** ,
> **ref man** , **ref woman** , **ref fun** , **ref proc** ([ ] **real**) **int** .

Wollen wir jedoch einen Wert irgendeines beliebigen "mode" (also entweder ein '**nonref**' oder ein '**refmod**') bezeichnen, so schreiben wir '**amode**' ('**amode1**', '**amode2**', usw.).

3.1.2 Reihen ("multiple values")

Ein "multiple value" ist eine Reihe von Elementen desselben "mode" (vgl. 1.4.4). Außer den einzelnen Elementen enthält ein "multiple value" noch einen "descriptor", der die unteren und oberen Grenzen der (ein- oder mehrdimensionalen) Reihe angibt.

Die folgenden Bilder stellen "multiple values" dar:

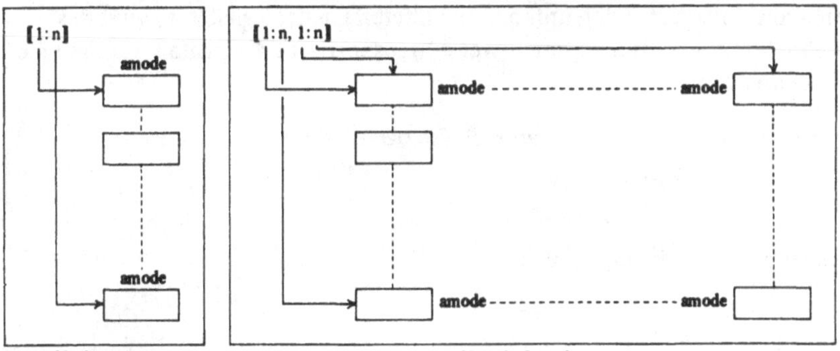

[*1*:*n*]**amode** [*1*:*n*, *1*:*n*]**amode**

Da man einen **amode**-Wert einer **amode**-Variablen zuweisen kann, so kann man auch ein "multiple value" einer [ ] **amode**-Variablen zuweisen.

Beispiel:

> [*1* : *n*] **real** *row1, row2; read (row2) ;*
> *row1 := row2 ;*

Die "elaboration" dieser assignation liefert folgendes Bild:

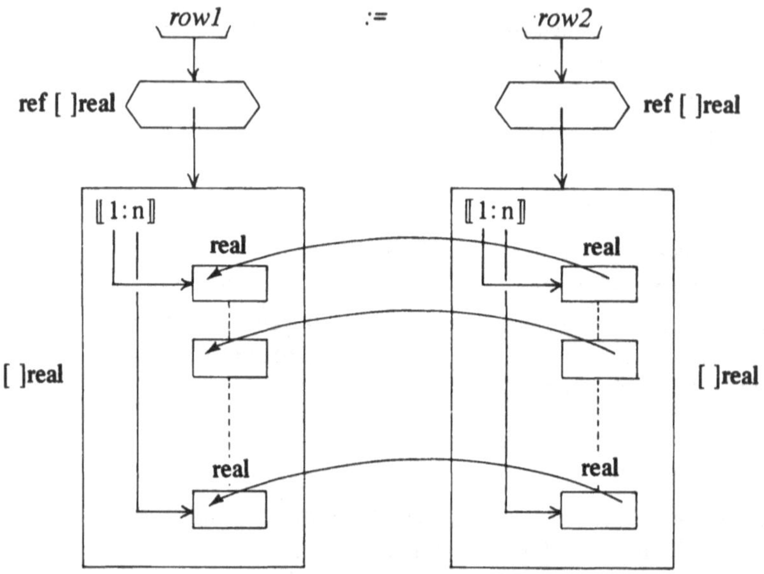

Hierbei werden die "descriptors" links und rechts miteinander verglichen. Sind alle entsprechenden unteren und oberen Grenzen gleich, so wird das rechte "multiple value" elementweise 'transportiert'. Andernfalls erfolgt eine Fehlermeldung.

Es sei hier angemerkt, daß man z. B. die declarations

> [*1* : *n*] **real** *row* ;
> [*1* : *n*, *1* : *n*] **real** *rowrow* ;

kürzer schreiben kann, nämlich

> [*n*] **real** *row* ;
> [*n*, *n*] **real** *rowrow* ;

Ist also eine untere Grenze *1* , so kann diese mit nachfolgendem up-to-symbol ' : ' innerhalb des declarer weggelassen werden.
Wir werden dies jedoch in diesem Buch nie tun.

Ein besonderes "multiple value" ist der **string**. Er ist in der standard-prelude definiert:

> **mode string** = **flex** [*1* : *0*] **char**

Den "descriptor" ⟦1 : 0⟧ (die untere Grenze ist größer als die obere Grenze) nennt man einen "flat descriptor": er beschreibt eine Reihe die (noch) keine Elemente enthält:

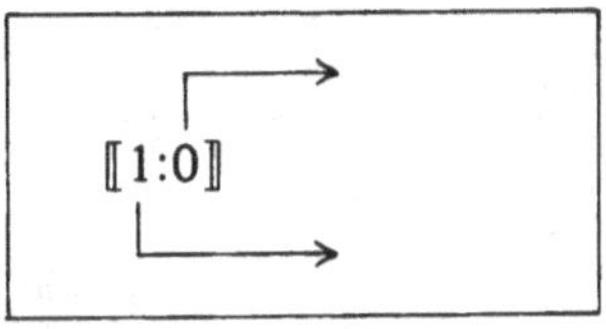

string

Wegen des **flex** ist der **string** ein "multiple value", das 'atmen' kann, d. h., einer **string**-Variablen kann man ein [ ] **char** jeder Länge zuweisen:

string *year ;*
year := *"1968"*

Die "elaboration" liefert das Bild:

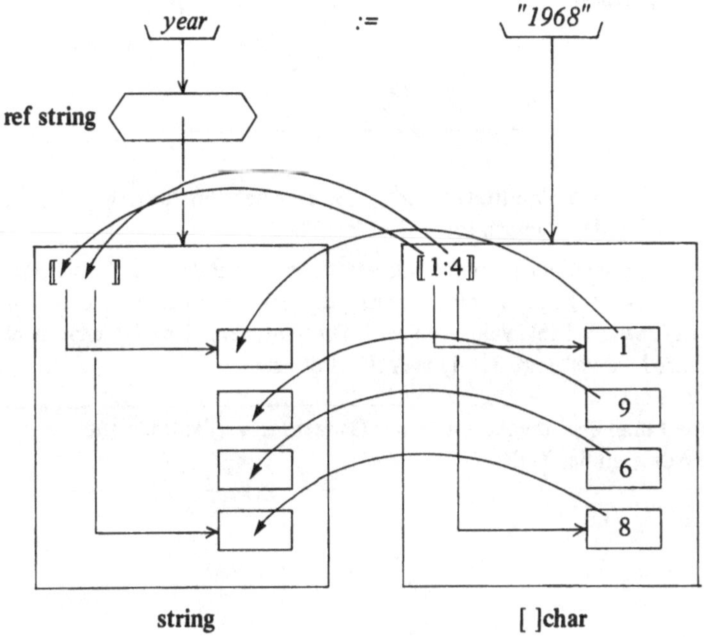

string [ ]**char**

Bei dieser assignation wird der "descriptor" des rechten "multiple value" nach links kopiert. Dadurch entsteht links ein "multiple value" mit der gleichen Anzahl von Elementen. Es kann dann elementweise zugewiesen werden.

Diese Flexibilität einer **string**-Variablen wird durch **flex** in der mode-declaration für **string** zum Ausdruck gebracht.

Wählt man einen Teil aus einem "multiple value" aus, so hat dieser ausgewählte Teil seinen eigenen "descriptor":

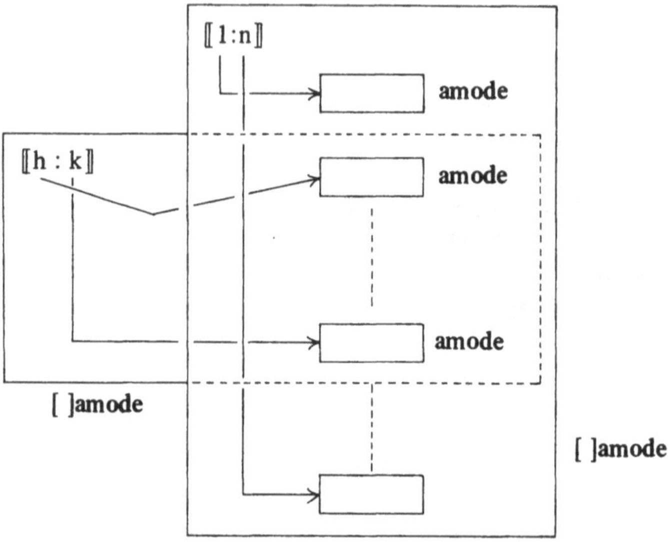

Wir sehen hier zwei "multiple values": das eine hat den "descriptor": ⟦1 : n⟧, das andere hat den "descriptor": ⟦h : k⟧.

Hat ein identifier Zugriff zu der Adresse eines "multiple value", so erhält man durch "slicing" (vgl. 3.1.3) eine Adresse, die sich auf einen Teil (bzw. ein Element) des "multiple value" bezieht. Die allgemeine Regel (sie gilt auch für "structured values", vgl. 3.1.4) in ALGOL68 ist:

verfügt man über die Adresse eines Ganzen, so verfügt man auch über die Adressen der Teile.

Beispiel (vgl. 1.1.4):

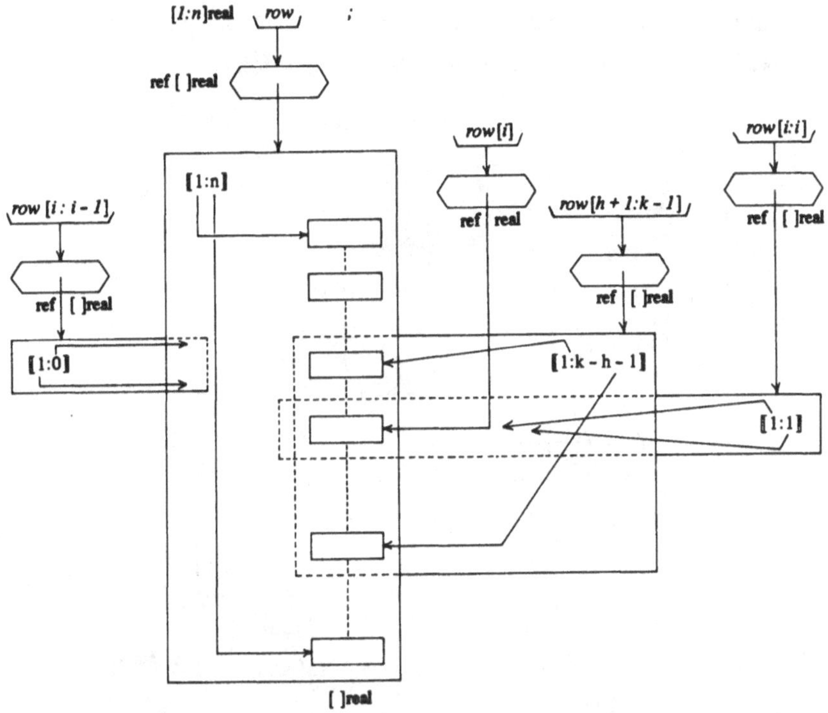

Die untere Grenze der neuen "descriptors" wird dabei stets auf 1 gesetzt, und die obere Grenze wird entsprechend 'verschoben' (vgl. 3.1.3).

Man beachte:

row	ist ein **ref** [ ] **real**-identifier
row [*h + 1 : k - 1*]	ist ein **ref** [ ] **real**-unit
row [*i : i*]	ist ein **ref** [ ] **real**-unit ("descriptor" für 1 Element)
row [*i : i - 1*]	ist ein **ref** [ ] **real**-unit ("flat descriptor")
row [*i*]	ist ein **ref real**-unit (kein "multiple value")

3.1.3 Slices, indexers, trimmers, **at**, **lwb** und **upb**

Konstruktionen wie *row* [*i*] und *row* [*h + 1 : k - 1*] werden in ALGOL68 als slices bezeichnet. Mit Hilfe von slices hat der Programmierer die Möglichkeit, aus einer ein- oder mehrdimensionalen Reihe "subvalues", d. h. einzelne Elemente oder auch Teilreihen von gleicher oder kleinerer Dimension mit möglicherweise geänderten Grenzen auszuwählen.

Um die verschiedenen Arten von slices kennenzulernen, werden wir eine dreidimensionale Reihe betrachten, deklariert in folgender declaration:

[m1 : n1, m2 : n2, m3 : n3] **amode** *cube ;*

Die "elaboration" dieser identifier-declaration ergibt folgendes Bild:

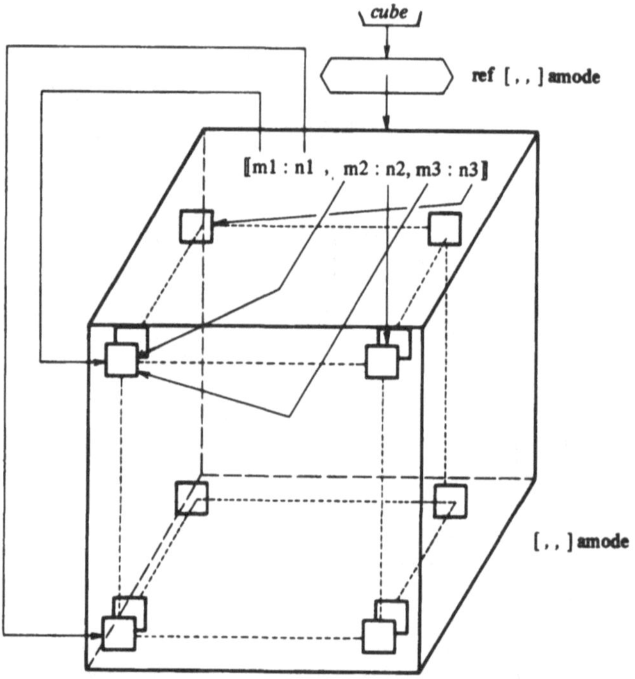

Nach der "elaboration" seiner declaration erhält also *cube* die Adresse, die sich auf ein dreidimensionales "multiple value" vom "mode" [, ,] **amode** bezieht.
Dieses "multiple value" besteht aus (n1 - m1 + 1) × (n2 - m2 + 1) × (n3 - m3 + 1) Elementen vom "mode" **amode** und dem "descriptor" ⟦m1 : n1, m2 : n2, m3 : n3⟧.

Will man nun einzelne Elemente oder Teilreihen aus diesem "multiple value" auswählen, so erreicht man dies durch Benutzung von indexers innerhalb eines slice.
Schreibt man z. B. das slice *cube [i, j, k]* und gilt dabei m1 ⩽ i ⩽ n1, m2 ⩽ j ⩽ n2 und m3 ⩽ k ⩽ n3, so wird das Element [i, j, k] ausgewählt, genauer: *cube [i, j, k]* erhält die Adresse, die sich auf das Element [i, j, k] bezieht; dieses Element ist vom "mode" **amode**. Hierbei sind die indexers *i, j* und *k* jeweils "subscripts", die ein **int** liefern müssen.

Schreibt man dagegen das slice *cube* [*i, j, h : k*], so wird eine eindimensionale Teilreihe ausgewählt und *cube* [*i, j, h : k*] erhält die Adresse, die sich auf diese Teilreihe bezieht. Die "elaboration" von *cube* [*i, j, h : k*] liefert dann folgendes Bild:

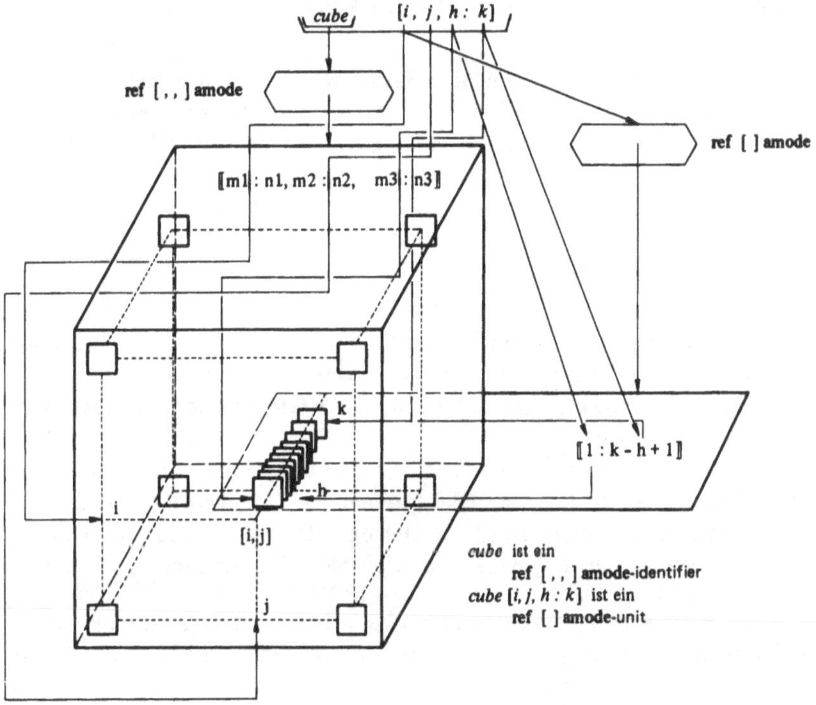

Mit Hilfe des "descriptor" [m1 : n1, m2 : n2, m3 : n3] des [, ,] **amode** wählt *cube* [*i, j, h : k*] die Elemente der angegebene Teilreihe aus. In diesem Beispiel wurden aus der i-ten Scheibe (zweidimensionale Reihe mit n3 - m3 + 1 Zeilen und n2 - m2 + 1 Spalten) innerhalb der j-ten Spalte die Elemente von einschließlich h bis einschließlich k ausgewählt. Es wird dabei geprüft ob:

$$m1 \leqslant i \leqslant n1\ ,\ m2 \leqslant j \leqslant n2\ ,\ m3 \leqslant h \text{ und } k \leqslant n3$$

Für die ausgewählte Teilreihe wird ein neuer "descriptor" erzeugt, und das slice *cube* [*i, j, h : k*] erhält die Adresse, die sich auf die ausgewählte Reihe mit dem neu erzeugten "descriptor" bezieht.

Man muß nun zwei wichtige Punkte beachten:

1) Es ist ein neues "multiple value" entstanden. Dieser neue [ ] **amode** und der ursprüngliche [, ,] **amode** haben zwar die ausgewählten k - h + 1 Elemente gemeinsam, sie sind jedoch selbst voneinander verschieden, weil sie unterschiedliche "descriptors" haben. Jedes slice erzeugt also ein neues "multiple value", obwohl keine neuen Elemente erzeugt werden (!): die **amode**-Elemente bleiben wer und wo sie sind, nur ein neuer "descriptor" wird geboren.

2) Die untere Grenze des neuen "descriptor" wird, wenn nicht anders angegeben (vgl. weiter unten), auf 1 gesetzt und die obere Grenze dementsprechend auf k - h + 1. Der durch *cube* [*i, j, h : k*] erzeugte "descriptor" ist also:

⟦ 1 : k - h + 1 ⟧

Der indexer *h : k* innerhalb von *cube* [*i, j, h : k*] wird auch als trimmer bezeichnet.

Dabei kann ein trimmer aus einer unteren Grenze (im Beispiel *h*) und einer oberen Grenze (im Beispiel *k*) bestehen, die durch das up-to-symbol '*:*' voneinander getrennt sind. Die untere und obere Grenze sind units, die jeweils ein **int** liefern müssen.
Fehlen innerhalb eines trimmer entweder die untere oder die obere Grenze oder fehlen beide (es besteht also der trimmer aus '*:*' allein), so werden zur Auswahl der Elemente die entsprechende untere oder obere Grenze oder beide Grenzen aus dem gegebenen "multiple value" übernommen.

In allen Fällen werden die ausgewählten Elemente von 1 an durchnumeriert. In den Beispielen *cube* [*i, j, h :*] , *cube* [*i, j, : k*] und *cube* [*i, j, :*] hat demnach der zugehörige "descriptor" jeweils die Form:

⟦1 : n3 - h + 1⟧ , ⟦1 : k - m3 + 1⟧ , ⟦1 : n3 - m3 + 1⟧

Neben *cube* [*i, j, :*] kann man auch *cube* [*i, j,*] (also ohne up-to-symbol) schreiben. Auch hier werden zur Auswahl der Elemente die entsprechende untere und obere Grenze aus dem gegebenen "multiple value" übernommen. Jedoch werden die ausgewählten Elemente nicht von 1 an durchnumeriert. Der zu *cube* [*i, j,*] gehörige "descriptor" hat die Form:

⟦m3 : n3⟧

Will andererseits der Programmierer die untere und damit die obere Grenze der ausgewählten Teilreihe selbst bestimmen (d. h. die untere Grenze soll nicht implizit auf 1 gesetzt werden), so kann er dies durch Angabe einer neuen unteren Grenze nach dem trimmer explizit angeben; ihr muß das at-symbol **at** (oder auch @) vorangehen. So hat der zu *cube* [*i, j, h* : *k* **at** *h*] zugehörige "descriptor" die Form:

⟦h : k⟧

In vielen Fällen hat man gerade dies vielleicht haben wollen (und möglicherweise auch erwartet); natürlich gibt es auch andere Möglichkeiten, wie zum Beispiel:

cube [*i, j, h* : *k* **at** *m3*]	"descriptor": ⟦m3 : k − h + m3⟧
cube [*i, j, h* : *k* **at** *0*]	"descriptor": ⟦0 : k − h⟧

Werden durch ein slice zwei- oder höherdimensionale Teilreihen ausgewählt, z. B. durch *cube* [*i, p* : *q, h* : *k*] , *cube* [*i*, **at** *1* ,] , *cube* [*i* , ,] oder *cube* [, ,] , so werden jeweils die einzelnen Grenzen wie oben angegeben berechnet und gesetzt.

Interessant ist vielleicht noch das slice *cube* [**at** *1*, **at** *1*, **at** *1*]; das ursprüngliche "multiple value" (mit "descriptor" ⟦m1 : n1, m2 : n2, m3 : n3⟧) wird bei diesem slice beschrieben durch den "descriptor":

⟦1 : n1 − m1 + 1, 1 : n2 − m2 + 1, 1 : n3 − m3 + 1⟧

Dasselbe kann man durch *cube* [: , : , :] erreichen.

Es wird allen, die jetzt Kopfschmerzen haben, empfohlen, die neue untere Grenze stets durch **at** zu bestimmen (damit man wenigstens die untere Grenze kennt).

Zusammenfassend können wir folgendes sagen:

cube [*i, j, h* : *k*]	ist gleichbedeutend mit	*cube* [*i, j, h* : *k* **at** *1*]
cube [*i, j, h* :]	ist gleichbedeutend mit	*cube* [*i, j, h* : *n3* **at** *1*]
cube [*i, j,* : *k*]	ist gleichbedeutend mit	*cube* [*i, j, m3* : *k* **at** *1*]
cube [*i, j,* :]	ist gleichbedeutend mit	*cube* [*i, j, m3* : *n3* **at** *1*]
cube [*i, j,*]	ist gleichbedeutend mit	*cube* [*i, j, m3* : *n3* **at** *m3*]

Beispiel: (vgl. auch 3.3.1)

Es sei deklariert: [*0* : *m, 0* : *n*] **real** *mat;*

Für eine Berechnung will man die i-te Reihe und j-te Spalte von *mat* elementweise ändern, andererseits braucht man aber die ursprünglichen Werte aller Elemente der Reihe. Dann kann man zwei Reihen deklarieren:

[*0* : *n*] **real** *rowi* := *mat* [*i*,] , [*0* : *m*] **real** *colj* := *mat* [, *j*] ;

Durch Zuweisungen an *rowi* [*j*] bzw. *colj* [*i*] ändert man die kopierte i-te Reihe bzw. j-te Spalte (ohne jedoch die ursprünglichen Elemente zu ändern).

Später kann man, wenn man will, die neue Zeile und Spalte an *mat* zuweisen:

mat [i,] := rowi ; mat [, j] := colj ;

In vielen Fällen kennt man die aktuellen Werte der Grenzen eines "multiple value" nicht, zum Beispiel in einem routine-text, wenn die Reihe als formal-parameter auftritt. In 1.4.6 haben wir schon gesehen, daß es hierfür die beiden Operatoren **lwb** und **upb** gibt; sie können sowohl monadisch als auch dyadisch verwendet werden (vgl. auch 1.3.4). So liefern:

1 **lwb** *cube* , *1* **upb** *cube* , *2* **lwb** *cube* , *2* **upb** *cube* ,
3 **lwb** *cube* und *3* **upb** *cube*

die untere bzw. obere Grenze in der ersten, zweiten bzw. dritten Dimension von *cube*. Statt *1* **lwb** *cube* bzw. *1* **upb** *cube* darf man auch (monadisch) schreiben: **lwb** *cube* bzw. **upb** *cube*; dies ist besonders geeignet für 1-dimensionale Reihen.

3.1.4 Strukturen ("structured values")

Ein "structured value" ist eine 'statische' Anordnung von Elementen, nicht notwendig desselben "mode". In ALGOL68 werden die einzelnen Elemente eines "structured value" als "fields" bezeichnet. Da die Anordnung 'statisch' ist (d. h. die Auswahl der Elemente ist dem Compiler schon in allen Einzelheiten bekannt, es braucht also keine 'runtime'-Berechnung stattzufinden), braucht man zur Auswahl von "fields" keinen "descriptor". Man wählt die Elemente durch field-selectors aus.

Beispiel:

mode employee = **struct** *(* **int** *entrance year* ,
real *salary* , **string** *name) ;*
employee *volunteer := (1974, 0.00, "tom") ;*

Wir erhalten folgendes Bild:

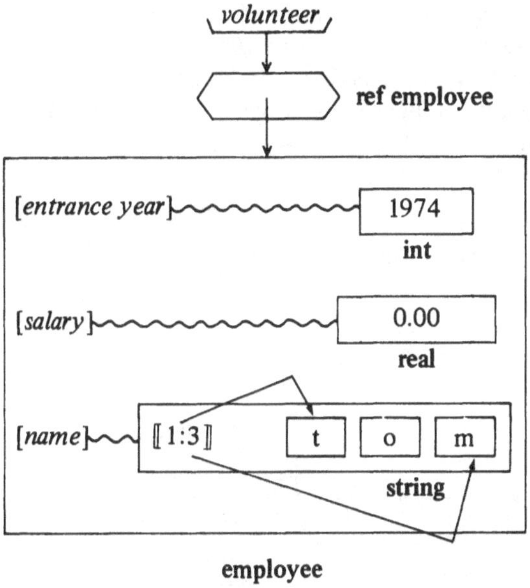

Wie man die einzelnen "fields" auswählt, sieht man in folgenden formulas, die alle den Wert **true** liefern:

entrance year **of** *volunteer = 1974*
salary **of** *volunteer = 0.00*
name **of** *volunteer = "tom"*

Die field-selectors sind keine identifiers, man kann sie also ohne Rücksicht auf schon deklarierte (und noch zu deklarierende) identifiers in einem **struct** verwenden. Innerhalb des **struct** müssen die field-selectors (um Mehrdeutigkeiten zu vermeiden) natürlich voneinander verschieden sein.

Ein **struct** kann als "field" in einem umfassenden **struct** auftreten.

Beispiel:

```
        mode record = struct (      int absence ,
                                        working hours ,
                                   real achievement ,
                                 string rank ,
                               employee person ) ;
        [1 : n] record factory list ;
factory list [i] := ( 0 , 0 , 0.00 , "errandboy", volunteer ) ;
```

Einen (hoffentlich) glücklichen Tag wird Tom haben, wenn wir schreiben:

record *to be considered* := *factory list* [*i*] ;
  if *absence* **of** *tobeconsidered* = 0 **and**
    achievement **of** *tobeconsidered* > *norm*
  then *rank* **of** *tobeconsidered* := "*assistent*";
    salary **of** *person* **of** *tobeconsidered* := 317.63
  else *rank* **of** *tobeconsidered* := "*vacant*";
    name **of** *person* **of** *tobeconsidered* := " "
  fi ;

Wesentlich komplizierter (und interessanter) wird es, wenn wir zum Beispiel betrachten

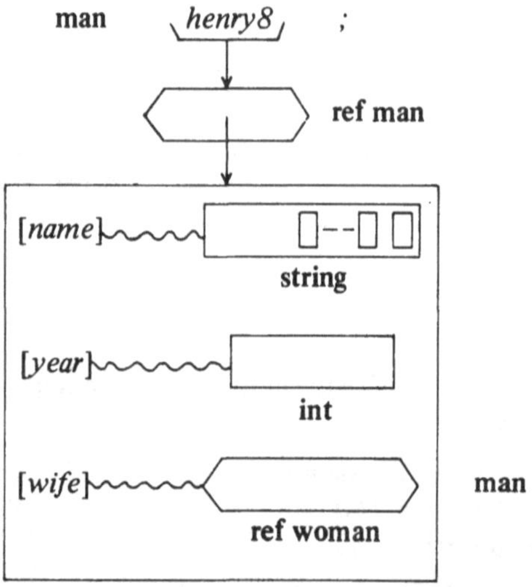

Manchmal muß man *henry8* ein **woman** zuweisen, zum Beispiel:

woman *anna boleyn* ;

Wir wissen schon (vgl. 3.1.2):

verfügt man über die Adresse eines Ganzen, so verfügt man auch über die Adressen der Teile.

Nun ist das *wife*-"field" von *henry8* vom "mode" **ref woman**; die selection *wife* **of** *henry8* liefert also eine Adresse, die sich auf ein **ref woman** bezieht. Das bedeutet, daß der "mode" dieser Adresse **ref ref woman** sein muß. Wir gelangen somit auf natürliche Weise auf eine höhere **ref**-Stufe (vgl. 3.5.4). Die assignation *wife* **of** *henry8* := *anna boleyn* ergibt dann folgendes Bild:

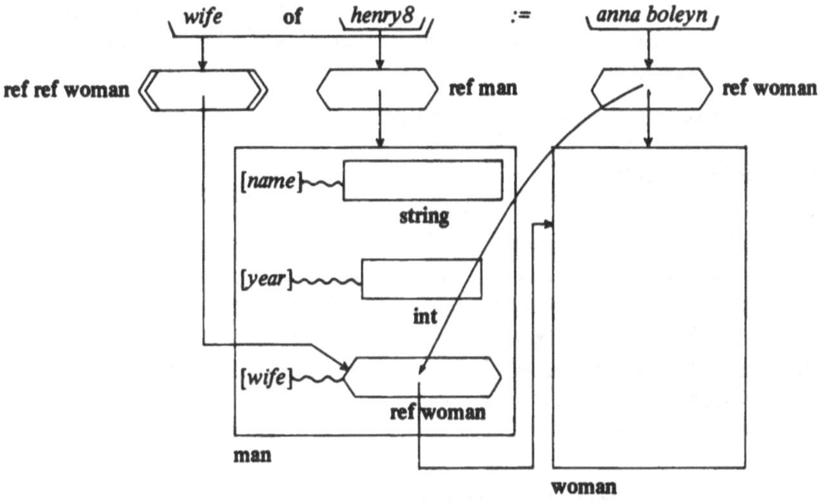

Für Einzelheiten solcher Zuweisungen auf höheren **ref**-Stufen vgl. 3.5.1; für Einzelheiten über die Verknüpfung von 'Listen' vgl. 3.5.4.

3.1.5 Routinen

Wie wir bereits in 1.3.3 erwähnt haben, ist eine Routine ebenfalls ein Wert. Wie für die Werte von Grund-"modes", so haben wir auch für eine Routine eine Art von denotation. Diese heißt in ALGOL68: routine-text. Ein routine-text liefert stets eine Routine, deren "mode" mit '**proc**' beginnt.

Z. B. liefert der routine-text aus 1.4.6 eine Routine vom "mode"

proc ([ ] real) quadr

Ganz allgemein gibt es Routinen mit oder ohne Parameter, und eine Routine liefert nach ihrem Aufruf stets einen Wert (einschließlich eines **void**). Eine Routine kann also einen der folgenden "modes" haben:

a)	**proc void**	kein Parameter, liefert **void**
b)	**proc amode**	kein Parameter, liefert **amode**
c)	**proc (amode1) void**	ein Parameter, liefert **void**
d)	**proc (amode1) amode**	ein Parameter, liefert **amode**
e)	**proc (amode1, amode2) void**	zwei Parameter, liefert **void**
f)	**proc (amode1, amode2) amode**	zwei Parameter, liefert **amode**
g)	**proc (amode1, amode2, amode3) void**	drei Parameter, liefert **void**
h)	**proc (amode1, amode2, amode3) amode**	drei Parameter, liefert **amode**
	und so weiter	

Eine Routine ist stets ein **nonref**, auch dann, wenn sie nach ihrem Aufruf ein **refmod** liefert. Den "mode" einer Routine werden wir mitunter durch **procmod** bezeichnen.

Allgemein kann ein routine-text das folgende Aussehen haben:

a) **void** *:* unit
b) **amode** *:* unit
c) *(***amode1** *formal1)* **void** *:* unit
d) *(***amode1** *formal1)* **amode** *:* unit
e) *(***amode1** *formal1,* **amode2** *formal2)* **void** *:* unit
f) *(***amode1** *formal1,* **amode2** *formal2)* **amode** *:* unit
g) *(***amode1** *formal1,* **amode2** *formal2,* **amode3** *formal3)* **void** *:* unit
h) *(***amode1** *formal1,* **amode2** *formal2,* **amode3** *formal3)* **amode** *:* unit
und so weiter

Das unit nach dem formal-declarer **void** bzw. **amode** muß fähig sein, einen **void** bzw. **amode** zu liefern (also einen Wert von dem "mode", den dieser formal-declarer fordert).

Die identifiers *formal1*, *formal2*, *formal3* usw. (vom "mode" **amode1**, **amode2**, **amode3** usw.) sind die formal-parameters des routine-text.

Ein routine-text ist selbst ein range: die formal-parameters können im unit des routine-text als applied-identifiers verwendet werden.

Die von einem routine-text gelieferte Routine ist ein Stück Objekt-Code. Dieses interne Objekt kann man sich durchaus als eine closed-clause vorstellen, die durch leichte Abänderung aus dem routine-text entsteht:

a) (**void** *(*unit*)*)
b) (**amode** *(*unit*)*)
c) (*(***amode1** *formal1* = ? *;* **void** *(*unit*))*)
d) (*(***amode1** *formal1* = ? *;* **amode** *(*unit*))*)
e) (*(***amode1** *formal1* = ? , **amode2** *formal2* = ? *;* **void** *(*unit*))*)
f) (*(***amode1** *formal1* = ? , **amode2** *formal2* = ? *;* **amode** *(*unit*))*)
und so weiter

Die besonderen Klammern '*(*' und '*)*' sollen andeuten, daß die Routine noch nicht die Gestalt einer vollständigen closed-clause hat: das Fragezeichen '?' vertritt die (noch nicht bekannten) actual-parameters. Die Ausdrücke **void** *(*unit*)* und **amode** *(*unit*)* kennen wir schon als sogenannte casts (vgl. 2.2.2). Ein **cast** zwingt sein unit, einen Wert des angegebenen "mode" zu liefern (vgl. 4.4.3). Jedesmal, wenn die Routine aufgerufen wird, liefert sie solch einen Wert.

Beim Aufruf einer Routine werden die actual-parameters übergeben. Dabei entstehen dann folgende sogenannte identity-declarations:

c, d) **amode1** *formal1* = actual-parameter1 *;*
e, f) **amode1** *formal1* = actual-parameter1 ,
amode2 *formal2* = actual-parameter2 *;*
g, h) **amode1** *formal1* = actual-parameter1 ,
amode2 *formal2* = actual-parameter2 ,
amode3 *formal3* = actual-parameter3 *;*

Eine identity-declaration ist eine der Möglichkeiten der identifier-declaration. In 3.1.8, 3.2 und 3.3 werden wir uns eingehend mit solchen declarations beschäftigen.

Zur vorläufigen Erläuterung einige Beispiele:

In 1.1.3 deklarierten wir ein **fun** als ein **proc** *(***real***)* **real**. Ein routine-text, der einen **fun** liefert, ist:

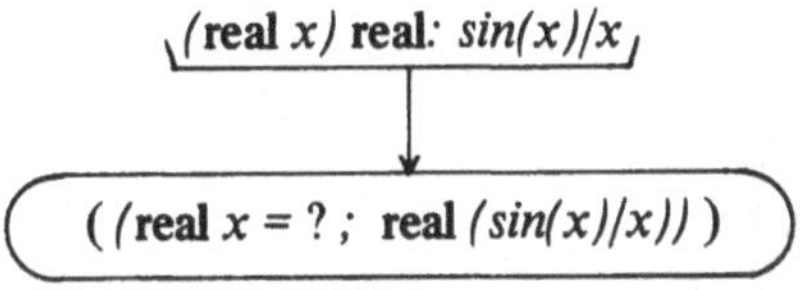

Wird diese Routine mit dem actual-parameter $a \times (u - v)$ aufgerufen, so wird die closed-clause:

*(***real** *x = a × (u - v);* **real** *(sin (x) / x))*

abgearbeitet (vgl. 3.2.4).

Ein routine-text, der die Heirat zwischen **man** und **woman** vornimmt, ist:

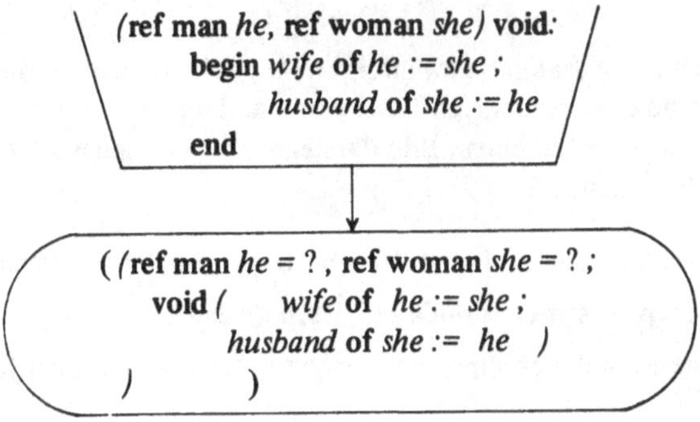

Die "elaboration" von identity-declarations wie

ref man *he = henry8* , **ref woman** *she = anna boleyn ;*

wird in 3.3.2 behandelt.

3.1.6 Definierbarkeit und Gleichheit von "modes"

Aus schon bekannten "modes" (auch wenn sie bereits aus anderen "modes" zusammengesetzt sind) kann man mit Hilfe der mode-declarations neue "modes" definieren.
Dies ist jedoch nicht unbeschränkt möglich.
So gewährleistet die Syntax von ALGOL68, daß wirklich nur solche "modes" definiert werden können, mit welchen die ALGOL68-Maschine auch etwas anfangen kann, d. h. "modes", die eine praktische Bedeutung haben. So sind mode-declarations, die nur Fragen der Weltanschauung oder der Theologie formulieren, jedoch ansonsten keine weitere Bedeutung haben, von vornherein ausgeschlossen. Die Syntax wird zum Beispiel:

a) **mode allah** = **allah** ;

b) **mode what** = **that** ,
mode that = **this** ,
mode this = **what** ;

als Unsinn (d. h. als inkorrekte mode-declarations) ablehnen.

Auch höheren Blödsinn, wie zum Beispiel:

mode universe = *[1 : n]* **universe** ,

mode deep = **struct** *(***amode** *ok,* **deep** *deeper)*

läßt der Compiler nicht zu.

Die Syntax zur Prüfung, ob eine mode-declaration sinnlos ist oder nicht, ist sehr kompliziert (und es ist nur für Spezialisten ein Vergnügen, sie zu meistern). Für den Programmierer gibt es für diese Prüfung jedoch einen einfachen intuitiven Test:

> läßt sich der Wert eines gewünschten "mode" als eine (zusammengesetzte) 'box', ohne perspektivische und andere zeichnerische Kunstgriffe, in endlicher Zeit in einem Bild darstellen, so wird auch der Compiler nichts beanstanden.

Überraschend ist vielleicht, daß im Gegensatz zur mode-declaration

mode deep = **struct** *(***amode** *ok,* **deep** *deeper)*

(man versuche einmal hier, eine entsprechende 'box' zu zeichnen), die mode-declaration

mode surprise = **struct** (**amode** *ok*, **ref surprise** *ok ok*) ;

in jeder Hinsicht einwandfrei und z. B. für die Behandlung von Listen (vgl. 3.5.4) sogar sehr nützlich ist:

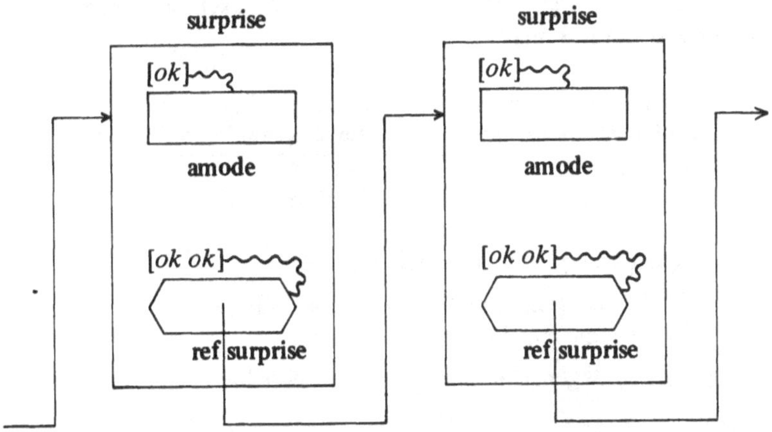

Der **surprise** ist deswegen einwandfrei, weil **ref surprise** und **surprise** zwei verschiedene "modes" sind: ein **surprise** ist ein **struct** mit zwei "fields" (eine 'box', in der zwei andere 'boxes' enthalten sind), ein **ref surprise** ist einfach eine Adresse.

Wir haben übrigens mit **man** und **woman** (auf indirekte Weise) bereits solche 'Überraschungen' erlebt und hatten absolut keine Mühe, die Bilder zu zeichnen.

Eine ähnliche Konstruktion ist

mode strange = **struct** (**amode** *ok1*, **proc strange** *ok2*)

Das Bild läßt sich auch hier ohne Tricks zeichnen. Was man dann zur 'run-time' mit so einem **strange** anfangen will, ist eine ganze andere Frage.

In 1.2.3 haben wir schon darauf hingewiesen, daß man stets entscheiden kann, ob zwei Werte vom gleichen "mode" sind oder nicht. Durch die Syntax von ALGOL68 wird überdies entschieden, ob durch zwei verschiedene mode-declarations der gleiche "mode" definiert worden ist. Trifft dies zu, so werden die entsprechenden mode-indications im weiteren Verlauf des Programms als gleichbedeutend behandelt.

Hat man zum Beispiel die mode-declarations

mode compl = **struct** (**real** *re, im*) ;
mode complex = **struct** (**real** *re, im*) ;
mode xelpmoc = **struct** (**real** *im, re*) ;

so werden durch **compl** und **complex** der gleiche "mode" definiert (als hätte man deklariert: **mode complex = compl**). Jedoch definiert **xelpmoc** einen anderen "mode", obwohl auch **xelpmoc** zwei **real**-"fields" und die beiden field-selectors *re* und *im* enthält, aber in anderer Reihenfolge.

Auch bei komplizierteren "modes" läßt sich der Compiler nichts vormachen, so werden von ihm z. B. nach

```
mode simple  = struct (ref simple selector) ;
mode clumsy = struct (ref  struct (ref simple selector)  selector)
                          └──────────────┬──────────────┘
                                       simple
```

simple und **clumsy** als gleichbedeutend behandelt.

So kann man also, abgeschirmt durch die Syntax, alle diejenigen mode-declarations verwenden, die man für nötig hält.

Ist der Speicher groß genug, so kann man z. B. schreiben:

```
int manymany; read (manymany);
mode humanity = [1 : manymany] human ;
```

Der Compiler (ohne zu wissen, wie groß *manymany* ist) entwickelt diesen "mode" zu:

```
[1 : manymany] union (man, woman)
```

und diesen weiter zu:

```
[1 : manymany] union (struct (string name, int year,
                              ref woman wife),
                      struct (string name, int year,
                              ref man husband,
                              ref [ ] human child)
                     )
```

Solange es noch Material zum Ausbau von Speichern gibt, kann man folgendes versuchen:

```
int many; read (many);
mode history = struct ( [1 : many] humanity struggling people,
                        short real food,
                         long real garbage,
                           int year of selfdestruction) ;
```

Der Compiler entwickelt ohne Rücksicht:

```
struct ( [1 : many] [1 : manymany] union (struct (string name,
                                                  int year,
                                                  ref woman wife) ,
                                          struct (string name,
                                                  int year,
                                                  ref man husband,
                                                  ref [ ]
                                                  union (man, woman)
                                                  child)
                                        ) struggling people,
         short real food,
          long real garbage,
            int year of selfdestruction
       );
```

Die Orthogonalität des "mode"-Konzepts in ALGOL68 kennt keine anderen Beschränkungen als diejenigen, die sich aus logisch-pragmatischen Gründen ergeben und (bei der "elaboration") aus der Möglichkeit, Speicher zur Verfügung zu stellen. Innerhalb dieser Grenzen kann man realisieren, was man braucht.

3.1.7 Slices und selections

Manchmal sind Reihen, deren Elemente selbst wieder Reihen sind, für praktische Anwendungen von Interesse. Zum Beispiel:

mode vecrow = [*1* : *n*] **vector**

Der Compiler entwickelt also diesen "mode" zu:

[*1* : *n*] [*1* : *n*] **real**

Wir wollen nun **vecrow** mit **matrix** vergleichen (vgl. 1.1.3):

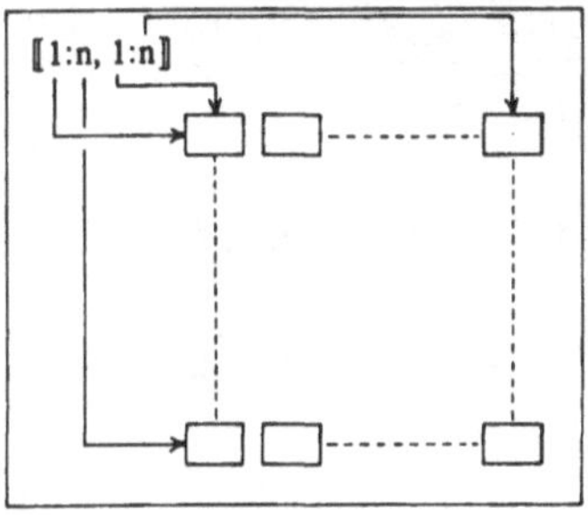

matrix

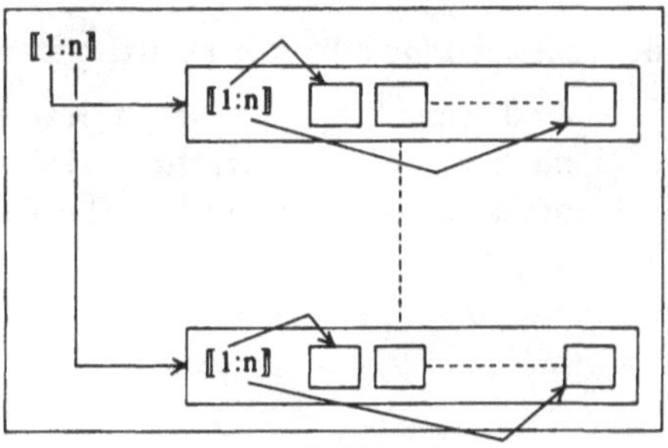

vecrow

Deklariert man dann:

matrix *u* ;	**vecrow** *v* ;

so kann man ein einzelnes Element oder eine Teilreihe auf folgende Weise auswählen:

u [*i, j*], aber nicht *u* [*i*] [*j*] *u* [*i*,], aber nicht *u* [*i*] *u* [, *j*] Wenn man will, kann man hier statt *u* [*i, j*] auch schreiben: *u* [*i*,] [*j*]	*v* [*i*] [*j*], aber nicht *v* [*i, j*] *v* [*i*], aber nicht *v* [*i*,] Auswahl einer 'j-ten' Spalte ist hier nicht möglich.

Betrachten wir nun die beiden Fälle, in denen die einzelnen "fields" einer Struktur selbst "multiple values" bzw. die Elemente eines "multiple value" selbst Strukturen sind.

In diesem Zusammenhang ergibt sich die Frage, ob der Compiler z. B. den Ausdruck:

selector **of** *arow* [*i*]

entweder als selection:

selector **of** *(arow* [*i*] *)*

oder als slice:

(selector **of** *arow)* [*i*]

erkennt, ohne den "mode" von *arow* zu kennen ("mode-independent parsing").

Nach der Syntax von ALGOL68 ist

selector **of** *arow* [*i*]

stets eine selection, damit also gleichbedeutend mit

selector **of** *(arow* [*i*] *)*

Betrachten wir nun die folgenden declarations:

mode compl = **struct** *(***real** *re, im)* ,
mode corow = [*1* : *n*] **struct** *(***real** *re, im)* ,
mode costr = **struct** *(* [*1* : *n*] **real** *re, im)* ;

corow *a;*	**costr** *b;*
Da sich die Adresse von *a* auf eine Reihe bezieht, kann man also das slice *a* [*i*] bilden.	Da sich die Adresse von *b* auf eine Struktur bezieht, kann man also *b* [*i*] nicht schreiben.
Damit kann man dann auch die selection: *re* **of** *a* [*i*] schreiben, also implizit geklammert: *re* **of** *(a* [*i*] *)*	Damit ist also *re* **of** *b* [*i*] (was nur *re* **of** *(b* [*i*] *)* bedeuten könnte) syntaktisch inkorrekt.
Überraschend ist vielleicht , daß *re* **of** *a* syntaktisch korrekt ist. Hierdurch wird eine Reihe ausgewählt, deren Elemente gerade die n "fields" sind, die mit Hilfe des field-selector *re* jeweils aus den n Elementen von **corow** (dies sind also **compls**) ausgewählt werden. Selbstverständlich hat der "descriptor" dieser so ausgewählten Reihe die Gestalt ⟦1 : n⟧.	Nicht überraschend ist jedoch, daß *re* **of** *b* syntaktisch korrekt ist. Es wird hierdurch das erste "field" (also eine Reihe von **reals**) eines **costr** ausgewählt. Diese Reihe hat dann natürlich den "descriptor" ⟦1 : n⟧.
Demnach ist dann auch *(re* **of** *a)* [*i*] erlaubt.	Demnach ist dann auch *(re* **of** *b)* [*i*] erlaubt.
Man überzeuge sich, daß alle drei Formen *(re* **of** *a)* [*i*] *re* **of** *(a* [*i*] *)* und *re* **of** *a* [*i*] syntaktisch korrekt sind und jeweils den gleichen Wert liefern.	

3.1.8 Der äußere Aufbau der identifier-declaration

Eine identifier-declaration kann entweder eine variable-declaration, eine identity-declaration oder eine procedure-declaration sein. Im einzelnen kann eine identifier-declaration einer dieser drei Typen folgendes Aussehen haben:

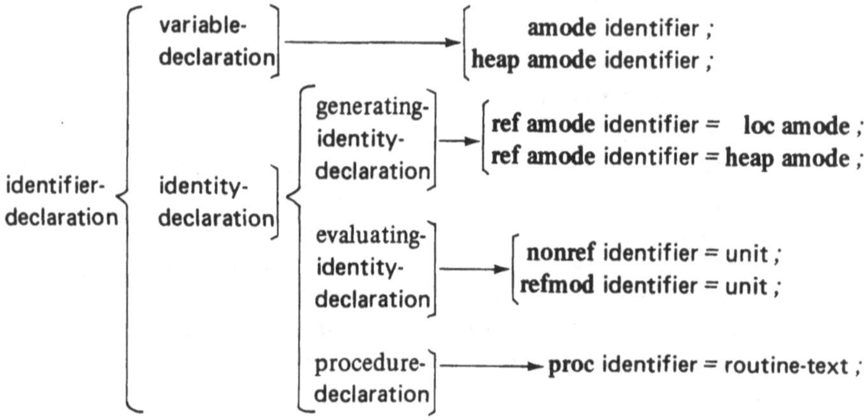

Die Syntax erlaubt noch mehr: es können mehrere identifiers mit einem declarer (vgl. 3.1.9) definiert werden.
Zum Beispiel:

```
      real sum, squm, next;
 heap real hold1, hold2, hold3;
  ref real x = loc real , y = loc real , hold = heap real ;
      real pi = 3.14159 , e = 2.71828 ;
      proc sinx = (real x) real : sin (x) / x ,
         marry = (ref man he, ref woman she) void :
                 (  wife of he  := she ,
                 husband of she := he
                 );
```

Wir unterscheiden (aus didaktischen Gründen) mehr Fälle als syntaktisch nötig sind. So sind die generators **loc amode** und **heap amode** (vgl. 3.4) beide Sonderfälle eines unit. Im Report wird auch nicht zwischen einer generating-identity-declaration und einer evaluating-identity-declaration unterschieden. Überdies sind **nonref** und **refmod** Möglichkeiten des (allgemeinen) **amode**.

Es gibt also (abgesehen von der kollateralen Deklaration mehrerer identifiers) nur eine identity-declaration und diese hat die allgemeine Form:

amode identifier = unit

Außerdem sind variable-declaration und procedure-declaration semantisch in fast jeder Hinsicht gleichwertig mit einer bestimmten Form der identity-declaration. Sie bestehen nur, um bequeme Abkürzungen für die Programmierpraxis zu ermöglichen (die variable-declaration ist außerdem auch schon in dieser Form von ALGOL60 her bekannt).

Zusammenfassend kann man also sagen: Die Bedeutung jeder identifier-declaration läßt sich mit Hilfe der eingerahmten identity-declaration erklären.

Die identity-declaration ist das weitaus wichtigste Konzept der Sprache; wer sie einmal ergründet hat, der versteht ALGOL68.

3.1.9 Die "elaboration" einer identity-declaration

Die syntaktischen Bestandteile der identity-declaration sind:

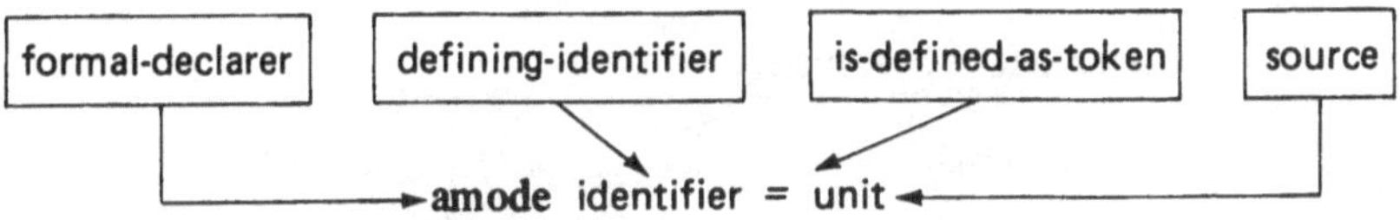

Der formal-declarer ist dabei entweder eine mode-indication oder ein mit Hilfe von 'mode-makers' aus mode-indications zusammengesetzter declarer. Ein declarer spezifiziert stets einen "mode".

Der 'compile-time'-Effekt einer identity-declaration ist folgender: durch den formal-declarer wird der "mode" des Wertes festgelegt, zu welchem der defining-identifier Zugriff ("access") haben soll:

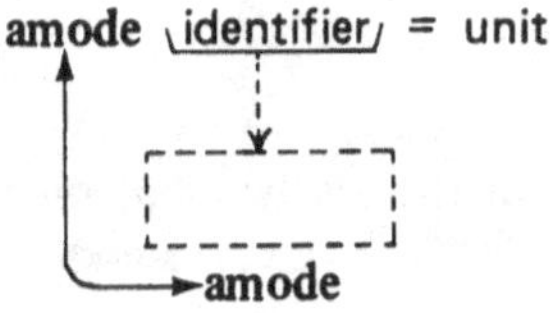

Der Compiler kennt also stets den "mode" des Wertes jedes defining-identifier und (wegen der Identifizierung, vgl. 2.4.2) den "mode" aller applied-identifiers.

Interessanter ist der 'runtime'-Effekt der identity-declaration: Die source soll einen **amode**-Wert liefern. Weil nun der Compiler den "mode" der Werte aller applied-identifiers kennt, so kann er stets feststellen, ob die source (das unit rechts von ' = ') einen **amode**-Wert liefern kann, ob also die identity-declaration syntaktisch korrekt ist.

Zur 'runtime' wird dann die source so abgearbeitet, daß sie tatsächlich einen **amode**-Wert liefert. Dabei sind (wie wir später sehen werden, vgl. 4.4.2) alle impliziten Anpassungsoperationen erlaubt. Wir haben also folgendes Bild:

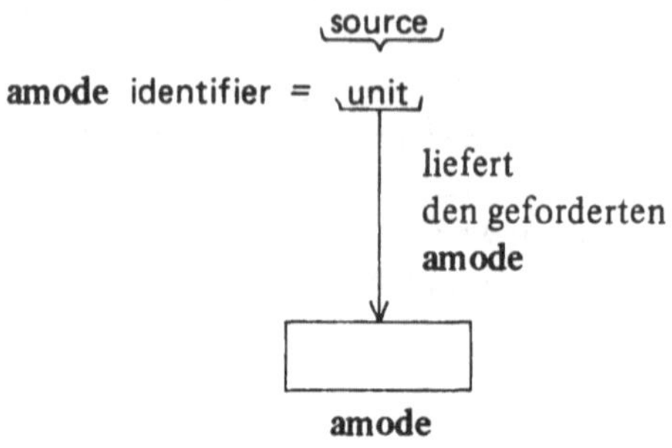

Das Ergebnis der "elaboration" einer identity-declaration ist dann:

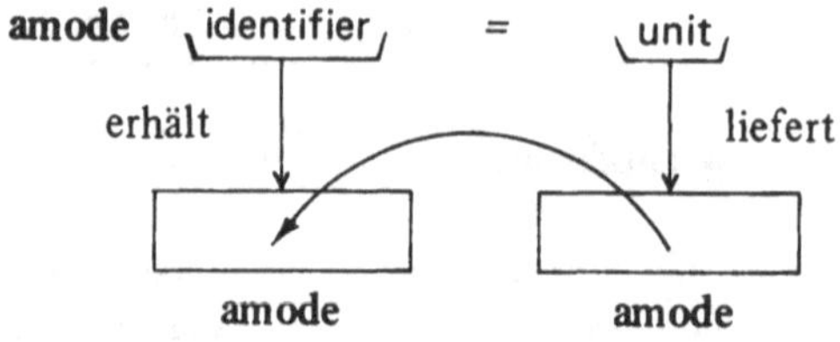

Es wird auf irgendeine Weise (implementationsabhängig) ein neues "locale" im Speicher reserviert (im Bild links). Der von dem unit (der source) gelieferte Wert wird dann in dieses "locale" 'transportiert' und der defining-identifier hat Zugriff zu diesem Wert innerhalb des neuen "locale". Wegen der Identifizierung haben auch alle applied-identifiers Zugriff zu diesem Wert.

Den Wert, den ein identifier somit durch seine identity-declaration erhält, kann man nicht durch Zuweisung ändern. Der identifier ist eine **amode**-Konstante (vgl. 1.2.5):

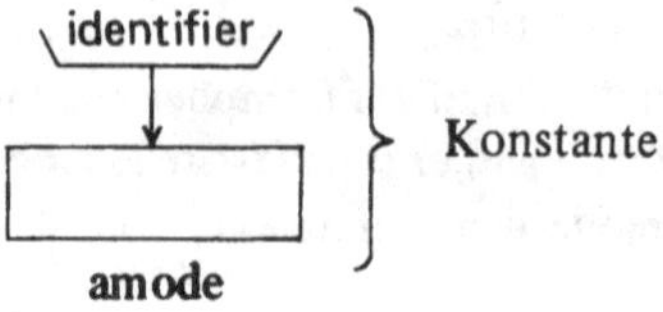

Man beachte jedoch, daß **amode** sehr wohl ein **ref othermode** sein kann; dann ergibt sich folgendes Bild:

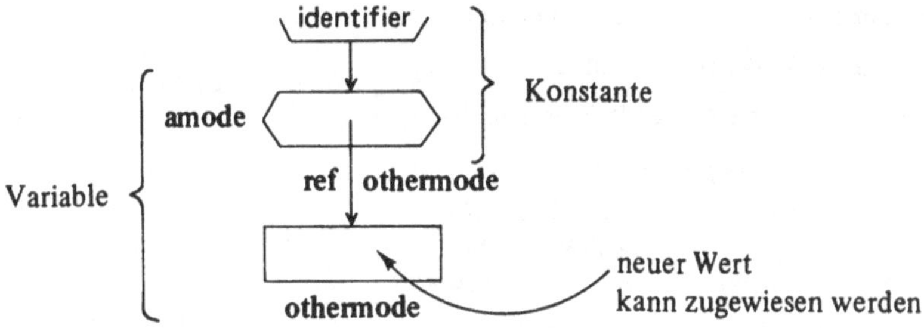

Auch hier kann der **amode (ref othermode)** nicht durch Zuweisung geändert werden. Wohl aber kann der **othermode** durch Zuweisung eines neuen Wertes an den **amode** geändert werden.

Nur durch (wiederholte) "elaboration" seiner identity-declaration kann der defining-identifier "access" zu einem neuen Wert erhalten.

Im folgenden unterscheiden wir die Fälle **mode amode = nonref** und **mode amode = refmod** lediglich aus didaktischen Gründen.

3.2 nonref-declarations

3.2.1 Deklaration von **nonref**-identifiers

Wir betrachten jetzt Deklarationen der Form:

nonref identifier = unit

Einfache (und nützliche) Beispiele sind:

```
 int max int  = 4294967295 ;
real pi       = 3.1415926536 ,
     e        = 2.7182818285 ,
     gamma    = 0.5772156649 ;
compl i       = (0.0, 1.0)
```

Man beachte, daß die identifiers *maxint*, *pi*, *e*, *gamma* und *i* als Konstanten definiert worden sind. Eine Zuweisung an solche Konstanten ist also unmöglich:

pi := 2.7182818285

ist syntaktisch inkorrekt und genau so unsinnig wie zum Beispiel:

3.1415926536 := 2.7182818285

Die identity-declaration **compl** *i = (0.0, 1.0)* ist recht nützlich, weil man mit Hilfe von *i* neben der 'offiziellen' Verknüpfung zweier **real**s zu einem **compl**, nämlich

z := u **i** *v* (vgl. 1.3.4)

die mathematisch vertrautere Schreibweise

$z := u + i \times v$

verwenden kann.

Weitere nützliche Konstanten sind:

real *ln10 = ln (10) , sqrt2 = sqrt (2) , sqrtpi = sqrt (pi) ,*
lnpi = ln (pi) , sqrt2pi = sqrt (2 × pi) ,
planck = $6.6254_{10} - 27$, *avogadro* = $6.0247_{10}23$;

Auch in anderen Programmiersprachen versucht man alle Größen, die man in seinem Programm (oder Programmteil) oft braucht, durch Zuweisung an eine Variable nur einmal zu berechnen. So wird man in ALGOL60 z. B. schreiben:

real *sqrt2pi; sqrt2pi := sqrt (2 × pi);*

In ALGOL68 kann jedoch die Benutzung einer ('lokalen') **nonref**-identity-declaration effizienter sein, weil man zu dem gewünschten Wert direkt (und nicht nur z. B. über einen **ref real**) zugreifen kann.

Beispiel:

```
for i to n
do real u = row [i];
   for j to n
   do real v = row [j];
      real gausz = u × v + exp (- (u - v) ↑ 2 / 2) / sqrt2pi;
      serial-clause co using u, v and gausz co
   od
od
```

Noch zwingender kann diese Überlegung werden, wenn man häufig eine Kopie der i-ten Zeile (j-ten Spalte) eines "multiple value" braucht.

Wie wir wissen, spezifiziert ein formal-declarer einen "mode". Bei der Spezifizierung des "mode" eines "multiple value" spielen nur seine Dimension und der "mode" seiner Elemente eine Rolle, nicht aber die Grenzen. Man macht also nur einen Unterschied zwischen

[ ] **amode** , [,] **amode** , [ ] [ ] **amode** ,
[ ] [,] **amode** , [,] [ ] **amode** , [, ,] **amode** und so weiter

Regel: in einem formal-declarer ist die Angabe der (aktuellen) Grenzen nicht gestattet.

Man schreibt also zum Beispiel (vgl. 3.1.3):

[ ] **real** *irow* = *mat* [*i*,]

Die "elaboration" dieser identity-declaration ergibt dann folgendes Bild:

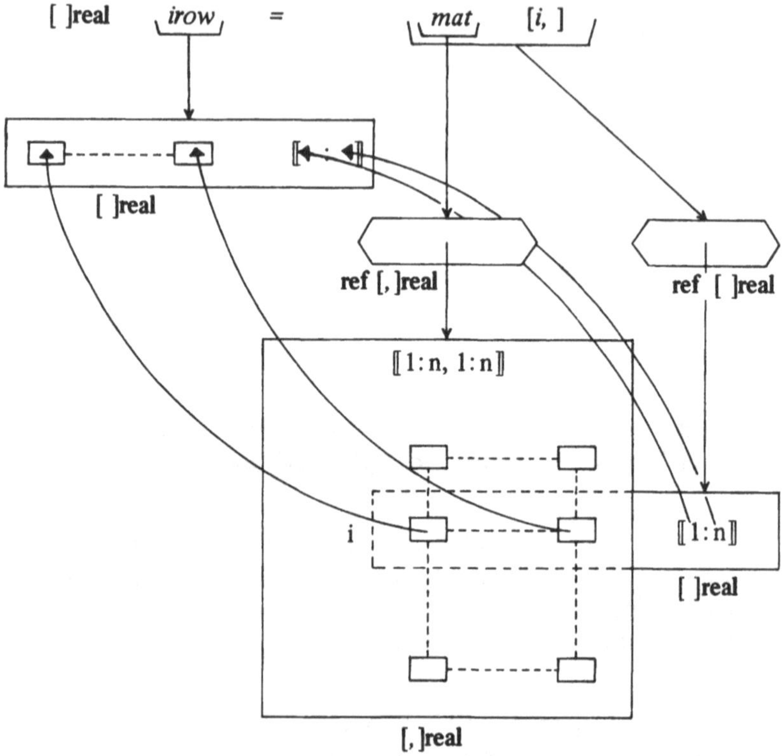

irow hat direkten Zugriff zu einer Kopie der i-ten Zeile des [,] **real**, auf das sich die Adresse von *mat* bezieht.

Man hat nun z. B. durch *irow* [*j*] einen weitaus effizienteren Zugriff zu dem Element [i, j] als durch *mat* [*i*, *j*], da nur ein Paar von Grenzen überprüft zu werden braucht und bei der Indexberechnung keine Multiplikation mehr stattfindet.

Es wird empfohlen, einen identifier immer dann als Konstante (mit Hilfe einer **nonref**-identity-declaration) zu definieren, wenn an ihn kein Wert zugewiesen wird.

In diesem Zusammenhang ist es interessant noch einmal die loop-clause zu betrachten (vgl. 2.7):

for control-identifier **from** start-unit
by step-unit
to stop-unit
while enquiry-clause
do serial-clause **od**

Wir konstruieren nun eine closed-clause die, so effizient wie möglich, in ALGOL68 die Semantik der loop-clause definiert.

Wir nehmen an, der Programmierer wählt als control-identifier *i*. Wir wissen, daß dieses *i* eine ganzzahlige Konstante ist (vgl. 2.7.1).

In der folgenden closed-clause deklarieren wir sechs identifiers, die wir mit Groß-Buchstaben schreiben. Damit bringen wir zum Ausdruck, daß diese identifiers dem Programmierer nicht zur Verfügung stehen (er kennt sie sogar nicht).

```
begin   int START     = start unit,
            STEP      = step unit,
            STOP      = stop unit;
        int COVAR    := START - STEP;
        int STEPKIND = if STEP > 0 then 1
                       elif STEP = 0 then 2 else 3
                        fi ;
REPEAT:     (     int i = COVAR plusab STEP
                        co i is the control-identifier after for co;
                if    case STEPKIND
                        in i ≤ STOP, true, i ≥ STOP
                      esac
               then if enquiry clause
                       co this is the enquiry-clause
                          after while
                       co
                    then serial clause
                       co this is the serial-clause
                          between do and od
                       co ;
                       goto REPEAT
                    fi
                fi
            )
 end
```

3.2.2 Deklaration von Prozeduren

Auch eine Prozedur kann man mit Hilfe einer identity-declaration definieren. Will man zum Beispiel erreichen, daß der identifier *sinx* die Routine erhält, die durch den routine-text:

(**real** *x*) **real** : *sin* (*x*) / *x*

geliefert wird, so kann man schreiben:

proc (**real**) **real** *sinx* = (**real** *x*) **real** : *sin* (*x*) / *x*

Der formal-declarer ist hier also **proc** (**real**) **real**, und die source ist ein routine-text. Ein routine-text beschreibt bereits selbst genau den "mode" seines Wertes (eine ganz bestimmte Routine). Daher ist in diesem Fall der formal-declarer eigentlich überflüssig. Das symbol '**proc**' allein genügt hier schon.

Wenn in einer identity-declaration die source ein routine-text ist, der formal-declarer also nur einen ganz bestimmten **procmode** spezifizieren kann, so gestattet die Syntax in diesem Fall eine Abkürzung: die procedure-declaration.

Beispiel:

proc *sinx* = (**real** *x*) **real** : *sin* (*x*) / *x*

Ihre "elaboration" ist (für die Programmier-Praxis) semantisch völlig gleichwertig mit der obigen identity-declaration. Die "elaboration" einer procedure-declaration können wir durch folgendes Bild klarmachen:

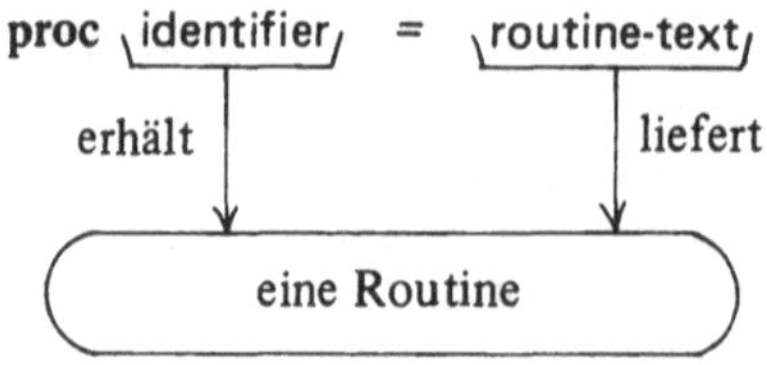

durch den routine-text selbst bestimmt:

proc void
proc amode
proc (**amode1**) **void**
proc (**amode1**) **amode**
usw.

Man beachte, daß die procedure-declaration nur dann erlaubt ist, wenn in einer **procmode**-identity-declaration die source ein routine-text ist (vgl. 3.2.3).

Als Beispiel betrachten wir einen Satz von Prozeduren:

Für ein Programm zur Textbehandlung will man einige handliche Prozeduren zur Verfügung haben, welche die Eingabe nach bestimmten Zeichen absuchen.

a) ein **proc char** :
proc *next* = **char** : (**char** *sym*; *read* (*sym*); *sym*) ;

b) ein **proc void** :
proc *findblank* = **void** : **while** *next* ≠ " "
do skip od ;

c) ein **proc char** :
proc *nexttoblank* = **char** *: (findblank; next) ;*

d) ein **proc** *(***char***)* **void** :
proc *find* = *(***char** *stop)* **void** *:* **while** *next* ≠ *stop*
do skip od *;*

e) ein **proc** *(***char***)* **char** :
proc *nextto* = *(***char** *stop)* **char** *: (find (stop); next) ;*

Wie man diese Prozeduren aufruft und wie insbesondere bei d) und e) die aktuellen Parameter übertragen werden, wird in den folgenden Paragraphen behandelt.

3.2.3 Prozeduraufruf ohne Parameter

Nach "elaboration" der procedure-declaration a) des vorigen Paragraphen hat *next* Zugriff zu einer Routine vom "mode" **proc char**:

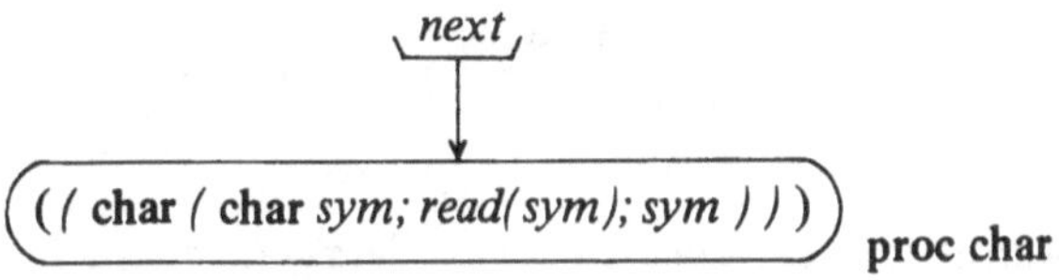

Der Aufruf der Routine ist semantisch gleichwertig mit der "elaboration" der closed-clause *(***char** *(***char** *sym; read (sym); sym))* . Wir erhalten also folgendes Bild:

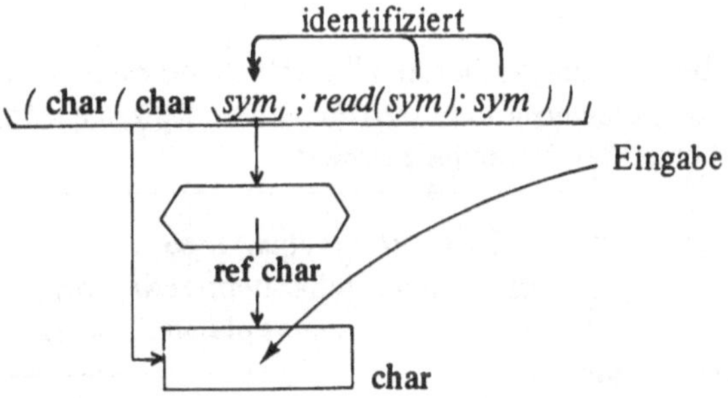

Jeder Aufruf von *next* liefert also den nächsten **char** vom Eingabemedium.

Ein Aufruf von *next* findet z. B. bei dem Aufruf der Prozedur *findblank* statt; denn der Aufruf von *findblank* geschieht durch die "elaboration" der closed-clause:

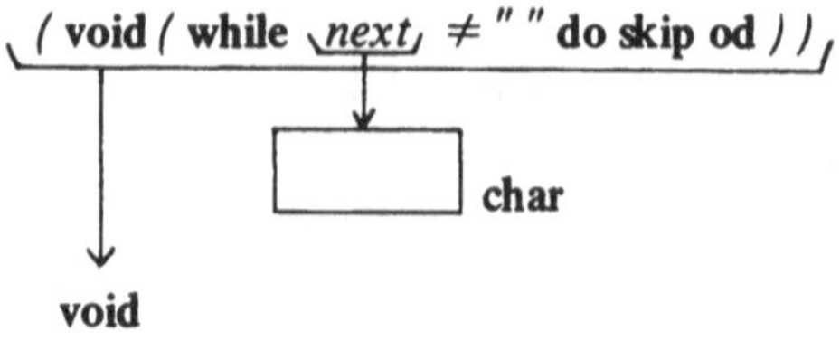

Bei dem Aufruf von *findblank* wird *next* so lange aufgerufen, bis ein 'blank' geliefert wird; der Aufruf von *findblank* selbst liefert dagegen einen **void**.

Sowohl ein Aufruf von *findblank* als auch von *next* findet beim Aufruf von *nexttoblank* statt. Dies geschieht durch die "elaboration" der closed-clause:

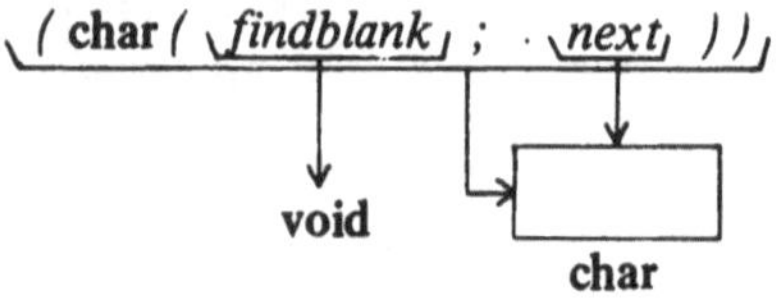

Durch den Aufruf von *nexttoblank* wird der dem gefundenen 'blank' folgende **char** (auf dem Eingabemedium) geliefert.

Zusammenfassung:

> Der Aufruf einer **proc void**-Routine bzw. einer **proc amode**-Routine wird durch die "elaboration" einer closed-clause gegeben, die durch leichte Abänderung aus dem entsprechenden routine-text entsteht (vgl. a) und b) in 3.1.5).

Wichtig ist dabei, daß die "elaboration" dieser closed-clause in der Umgebung (range) der procedure-declaration stattfindet und nicht in der Umgebung des Aufrufs. Wir betrachten folgendes Beispiel:

```
begin  int count := 0  co this is count1 co ;
       proc nextcount = char : (char sym; read (sym);
                                count plusab 1; sym) ;      identi-
                                                            fiziert
       serial-clause ;
       begin  int count := 0 co this is count2 co ;
              char symbol := nextcount ;
              serial-clause
         end ;
         serial-clause
  end
```

Der Aufruf von *nextcount* geschieht durch die “elaboration” der closed-clause *(***char** *(***char** *sym; read (sym); count* **plusab** *1; sym))* in der Umgebung (range), in der *count*1 gilt. Der Aufruf erhöht also *count*1 und ändert *count*2 nicht!

3.2.4 Prozeduraufruf (‘call by value’)

Durch die procedure-declaration d) von 3.2.2 hat *find* Zugriff zu einer Routine vom “mode” **proc** *(***char***)* **void**:

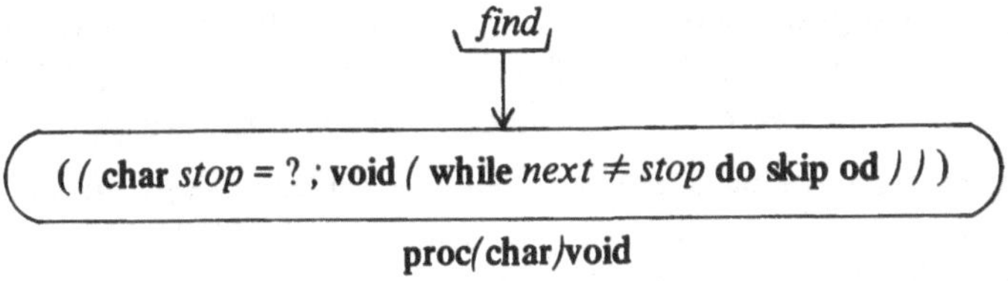

Betrachten wir nun den call *find ("a")*.

Die Parameterübergabe geschieht so, als ob an die Stelle von ? der aktuelle Parameter *"a"* tritt. Die “elaboration” des call *find ("a")* geschieht danach durch die “elaboration” der closed-clause:

Es ist also die identity-declaration:

char *stop = "a"*

welche die Parameterübergabe vornimmt. Dadurch erhält *stop* den **char**-Wert des aktuellen Parameter *"a"*. In der formula *next ≠ stop* wird der (auf dem Eingabemedium) nächstfolgende **char** mit dem Wert von *stop*, also mit dem aktuell übertragenen Wert von *"a"* verglichen.

Ein Aufruf von *find* findet z. B. bei der “elaboration” des call *nextto ("a")* statt, d. h. bei der “elaboration” der folgenden closed-clause:

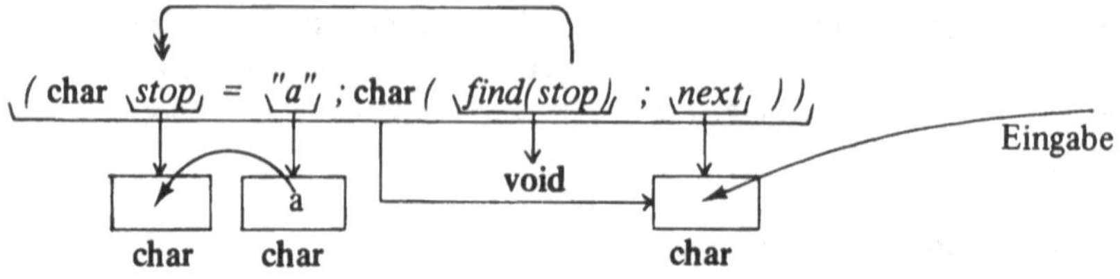

Die "elaboration" von *nextto ("a")* liefert demnach den **char**, der auf dem Eingabemedium dem zuerst gefundenen *"a"* unmittelbar folgt. Man beachte, daß der aktuelle Wert von *"a"* zunächst an *nextto* und sodann (bei der "elaboration" von *nextto ("a")*) weiter an *find* übertragen wird.

Auch hier werden die zu *nextto* bzw. *find* gehörenden closed-clauses in der Umgebung (range) der procedure-declarations abgearbeitet. Der aktuelle Parameter jedoch wird in der Umgebung (range) des call berechnet.

Es lohnt sich, folgendes Beispiel genau zu studieren:

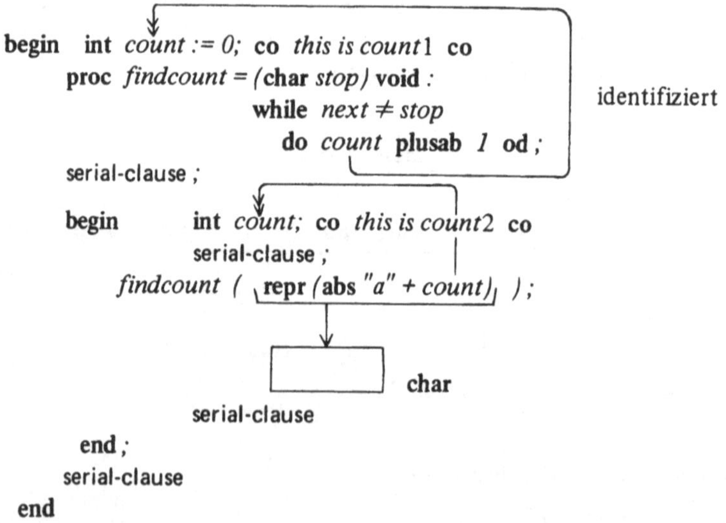

Der aktuelle Parameter **repr** *(***abs** *"a" + count)* wird in der Umgebung von *count*2 abgearbeitet, die "elaboration" der zu *findcount* gehörenden closed-clause dagegen findet in der Umgebung von *count*1 statt.

Wenn der formal-declarer ein **nonref** fordert (wie es in den bisherigen Beispielen der Fall war), so kann man (wie in anderen Programmiersprachen) von einem 'call by value' sprechen.

3.3 refmod-declarations

3.3.1 Deklaration von **refmod**-identifiers

Wir betrachten jetzt Deklarationen der Form:

refmod identifier = unit

Die "elaboration" einer **refmod**-identity-declaration liefert folgendes Bild (vgl. 3.1.9):

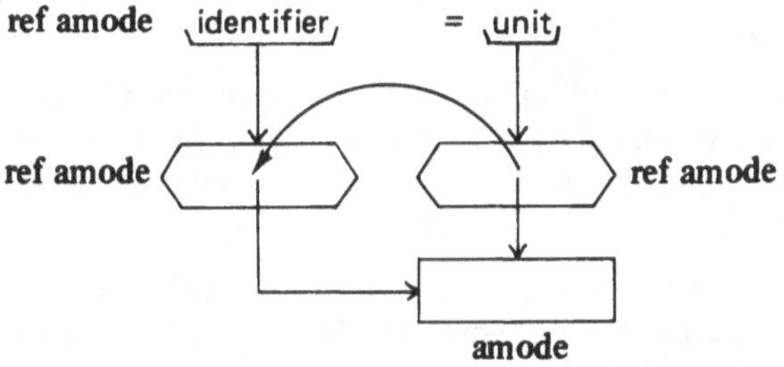

Das Ergebnis einer **refmod**-identity-declaration ist sehr bemerkenswert: nach ihrer "elaboration" hat der defining-identifier Zugriff ("access") zu der Adresse eines anderen Wertes im Speicher, d. h. zu einer Variablen.

Beispiel:

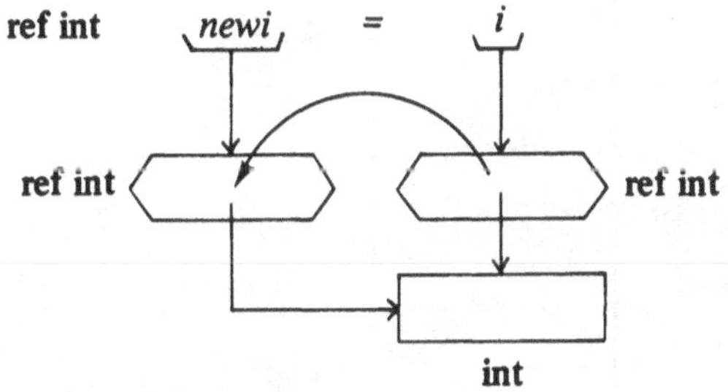

Jede Zuweisung eines **int**-Wertes an die Adresse von *i* bedeutet gleichzeitig eine Zuweisung desselben **int**-Wertes an die gleiche Adresse von *newi* und umgekehrt.

In FORTRAN und verwandten Sprachen wird so ein Sachverhalt wohl 'equivalence' genannt: verschiedene identifiers liefern die gleiche Adresse. ALGOL60 kennt diese Möglichkeit in dieser expliziten Form nicht.

Dieser für die Programmierung wichtige Sachverhalt folgt unmittelbar aus dem allgemeinen Konzept der identity-declaration und seiner "elaboration". Es bedarf also keiner Einführung eines neuen Konzeptes.

Man kann sogar sagen: ALGOL68 kennt nur eine identity-declaration: die declaration einer Konstanten.

In

int *new0* = *0*

erhalten *new0* und *0* beide Zugriff zu dem gleichen **int**-Wert,
in

ref int *newi* = *i*

erhalten *newi* und *i* beide Zugriff zu dem gleichen **ref int**-Wert.

Da sich aber ein **ref amode**-Wert auf einen **amode**-Wert bezieht, sind die Konsequenzen der **ref amode**-identity-declaration ziemlich weitreichend.

In 3.2.1 betrachteten wir die identity-declaration

[ ] **real** *irow* = *mat* [*i*,]

Hierdurch erhält *irow* eine Kopie der i-ten Reihe der **matrix**, auf die sich die Adresse von *mat* bezieht. Dies ist z. B. immer dann nützlich, wenn man zu einem bestimmten Zeitpunkt die i-te Reihe retten will bevor man durch nachfolgende Zuweisungen gerade diese i-te Reihe ändert.

Sehr oft benötigt man jedoch nur die Adresse, die sich auf die i-te Reihe bezieht. Man braucht dann die einzelnen Elemente nicht zu kopieren (man spart also Speicherplatz und Zeit, die man für den Wert-Transport benötigen würde). Dann kann man schreiben:

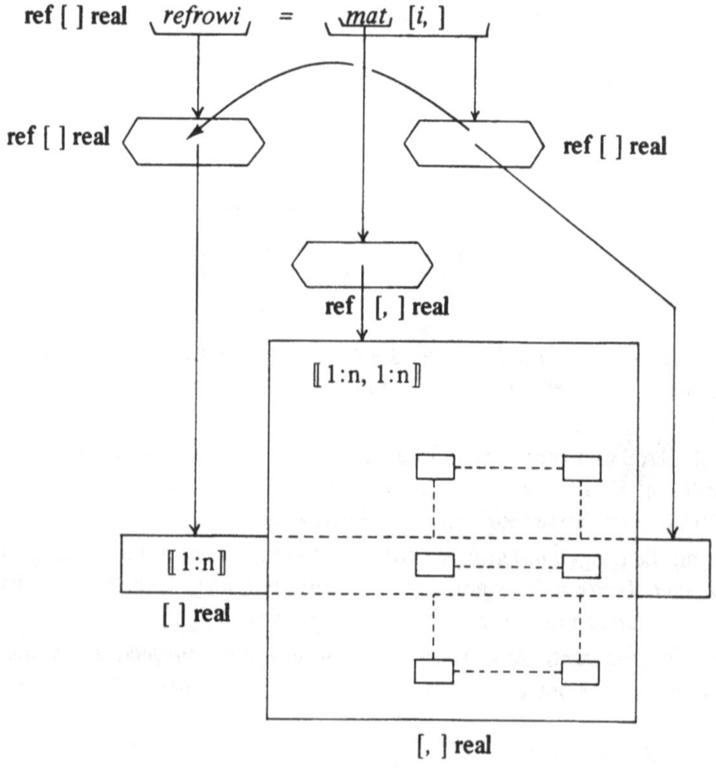

Man beachte, daß hier sowohl *refrowi* [*j*] als auch *mat* [*i, j*] zu der Adresse des Elementes [*i, j*] Zugriff haben. Durch *refrowi* [*j*] braucht man nur eine Indizierung, dieser Zugriff ist also effizienter als durch *mat* [*i, j*] (vgl. auch 3.2.1).

Man vergleiche:

durch [ ] **real** *irow* = *mat* [*i,*] erhält *irow* ohne Vermittlung einer Adresse Zugriff zu einer Kopie der i-ten Reihe von *mat*;

durch **ref** [ ] **real** *refrowi* = *mat* [*i,*] erhält *refrowi* Zugriff zu der Adresse der i-ten Reihe, die Reihe selbst wird nicht kopiert. Eine Zuweisung an *refrowi* bedeutet zugleich auch eine Zuweisung an *mat* [*i,*] und umgekehrt.

3.3.2 Prozeduraufruf ('call by reference')

Innerhalb einer procedure-declaration kann der formal-declarer im routine-text selbstverständlich auch einen **ref amode** spezifizieren.

Man hat damit die Möglichkeit, innerhalb der so definierten Routine über den formalen Parameter einer außerhalb der Routine deklarierten Variablen einen neuen **amode**-Wert zuzuweisen.

Beispiel:

ein **proc** (**ref char**) **void** (vgl. 3.2.2):
proc *findput* = (**ref char** *stop*) **void** :
(**while** *next* ≠ *stop* **do skip od** ;
stop := *next*)

Die "elaboration" des call *findput* (*symbol*) ist gleichbedeutend mit der "elaboration" der closed-clause (vgl. auch 3.2.4):

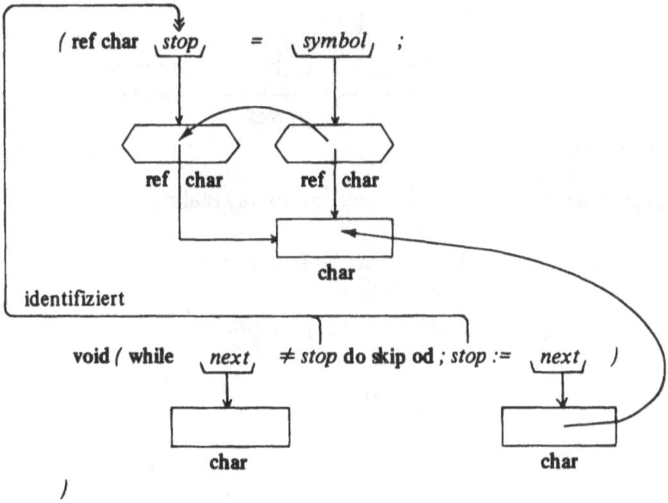

Man beachte hierbei, daß durch die assignation *stop* := *next* über *stop* der beim Aufruf von *next* gelieferte **char** dem aktuellen Parameter *symbol* zugewiesen wird. Dies ermöglicht die identity-declaration

ref char *stop* = *symbol*

Will man einer Routine ein [ ] **amode** (also ein "multiple value") übergeben, so ist es in fast allen Fällen angebracht, den formal-declarer der Routine so anzugeben, daß er einen **ref** [ ] **amode** und nicht einen [ ] **amode** spezifiziert. Bei der Übergabe werden dann nicht die Elemente des "multiple value" kopiert, sondern nur eine einzige Adresse (nämlich die, die sich auf das "multiple value" bezieht).

So ist es also angebracht in dem Beispiel von 1.4.6 statt

proc *compute* = ([ ] **real** *r*) **quadr** : (serial-clause)

besser

proc *bettercompute* = (**ref** [ ] **real** *r*) **quadr** : (serial-clause)

zu schreiben.

Man beachte, daß der Effekt der beiden Prozeduren der gleiche ist (sogar ohne Änderung des 'Prozedur-Rumpfes'). Effizienter jedoch ist *bettercompute*. Bei der Parameterübergabe wird nicht die ganze Reihe, sondern nur deren Adresse kopiert:

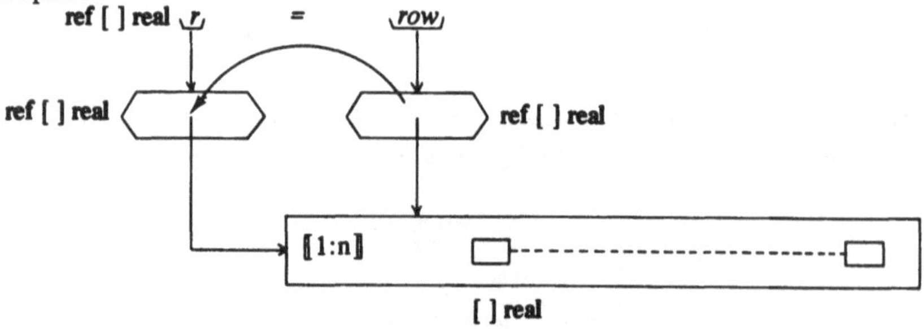

Noch ein Beispiel:

```
proc max = (ref [ ] real r, ref int imax) real :
              ( for i
                from (imax := lwb r) + 1
                  to upb r
                  do   if r [i] > r [imax]
                     then imax := i
                        fi
                  od ;
                  r [imax]
              )
```

Auch eine Trauung können wir nun in allen Einzelheiten verstehen:

proc *marry* = *(***ref man** *he,* **ref woman** *she)* **void** *:*
(*wife* **of** *he := she ;*
husband **of** *she := he*
)

Wir betrachten die Heirat:

marry (henry8 , anna boleyn)

also die "elaboration" der closed-clause:

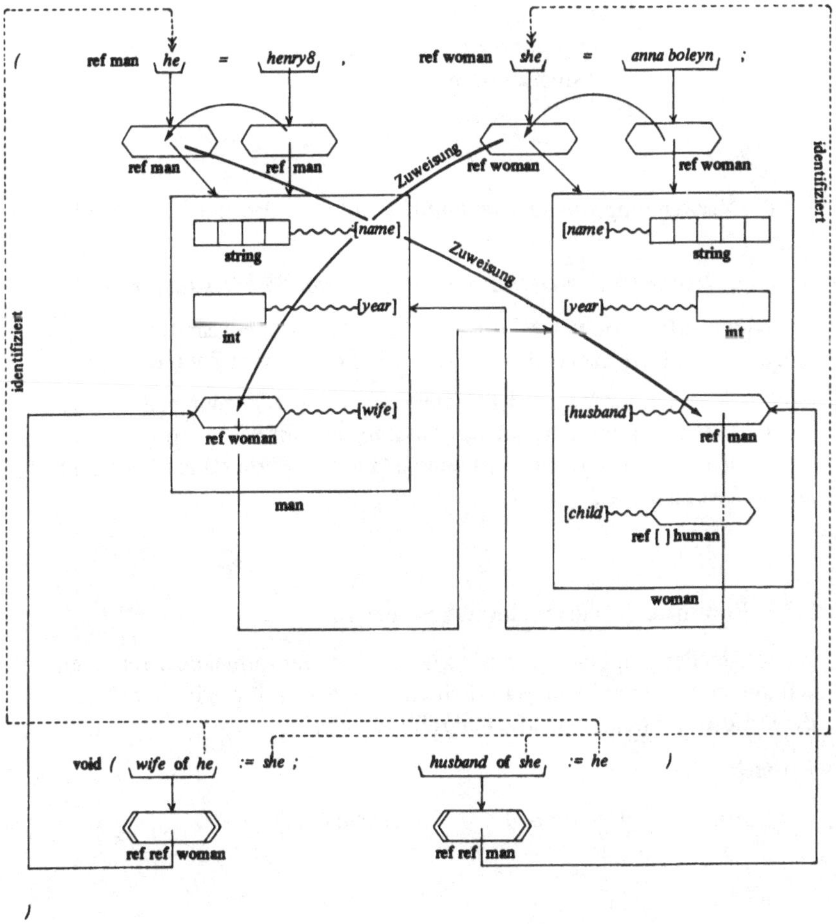

Eine nützliche Anwendung eines **refmod**-formal-declarer ist auch der **proc** *(***ref int***)* **real** *nextrandom*, der in der standard-prelude wie folgt definiert ist. Dabei ist der durch die Zeichen **C** eingeschlossene Kommentar durch Objekt-Code ersetzt zu denken, der genau dasjenige leistet, was der Kommentar mit Worten beschreibt.

```
proc nextrandom = (ref int a) real :
     (a := C  the next pseudo-random integral value after a from a
              uniformly distributed sequence on the interval
              [ 0, max int ]
           C  ;
           C  the real value corresponding to a according to some
              mapping of integral values [ 0, max int ] into real values
              [ 0 , 1 ), i. e. such that 0 ≤ x < 1 , such that the
              sequence of real values produced preserves the properties
              of pseudo-randomness and uniform distribution of the
              sequence of integral values
           C
     )
```

Für die Verwendung von *nextrandom* braucht man also eine **int**-Variable, zum Beispiel:

int *lastrandom; read (lastrandom); nextrandom (lastrandom);*

Bei jedem Aufruf von *nextrandom* wird nun *lastrandom* geändert, und *lastrandom* durchläuft dabei eine stochastische Folge ganzer Zahlen;

nextrandom (lastrandom) erhält dann einen entsprechenden **real**-Wert zwischen *0* und *1* (zum Beispiel: *lastrandom/(maxint + 1)*). So kann man u. a. nach jedem Aufruf mit dem Wert von *lastrandom* Würfelzahlen bilden durch *lastrandom* **mod** *6 + 1*.

3.3.3 Routinen, die einen **refmod**-Wert liefern

Im vorigen Paragraphen haben wir gesehen, daß der formal-declarer einen **refmod** spezifizieren kann. Natürlich kann man auch Prozeduren deklarieren, deren Routinen beim Aufruf einen **refmod** liefern.

Beispiel:

```
proc x or y = ref real :   if nextrandom (n) < 0.5
                          then x
                          else y
                          fi
```

Die Prozedur *xory* erhält Zugriff zu einem **proc ref real**, d. h. zu einer Routine ohne Parameter, die bei ihrem Aufruf als Ergebnis ein **ref real** liefert.

Ein Aufruf dieser Prozedur kann die linke Seite einer assignation sein, etwa:

x or y := sqrt (pi)

Hierdurch wird entweder der Adresse von *x* oder der Adresse von *y* die Quadratwurzel aus *pi* zugewiesen.

Beispiel:

```
     Es sei deklariert:   real one, two, three, four, five, six;
                           int dice ;
     proc throw = (ref int n) ref real :
                        case nextrandom (n); n mod 6 + 1
                          in one , two , three , four , five , six
                        esac ;
```

Auch hier können wir den Aufruf als linke Seite einer assignation schreiben:

throw (dice) := sqrt (pi)

Man kann sogar (syntaktisch korrekt) schreiben:

throw (dice) := x or y

oder auch

x or y := throw (dice)

Man erinnere sich, daß in einer assignation linke und rechte Seite kollateral abgearbeitet werden. Daher weiß man nicht, welcher Aufruf von *nextrandom* zuerst vorgenommen wird. Es kann aber sein, daß gerade diese Unsicherheit bei stochastischer Auswahl nicht stört.

Wir betrachten noch folgendes Schlußbeispiel:

Es sei deklariert:

int *k, n ; read (n) ; [1 : n]* **real** *myrow; read (myrow) ;*

Wir wollen nun eine Prozedur *max* deklarieren, die als Ergebnis die Adresse des größten Elementes eines [ ] **real** liefert. Außerdem soll einem aktuellen Parameter vom "mode" **ref int** der "subscript" dieses größten Elementes zugewiesen werden, so daß man zum Beispiel schreiben kann:

max (myrow, k) : = 0

Nach dieser assignation weiß man nicht nur, daß dem größten Element der Wert von *0* zugewiesen wurde, sondern auch (durch die Variable *k*), welches dieses größte Element ist.

Die Prozedur *max* kann folgendermaßen deklariert werden:

```
proc max = (ref [ ] real row, ref int imax) ref real :
           ( imax := lwb row;
             for i from imax + 1 to upb row
             do
                 if row [i] > row [imax] then imax := i fi
             od ;
             row [imax]
           )
```

In dieser Routine wird innerhalb der loop-clause bei jedem Schritt der Vergleich *row* [*i*] > *row* [*imax*] durchgeführt. Dabei finden 2n Indexberechnungen statt.

Da die Auswahl von Elementen durch Indizierung recht zeitaufwendig sein kann, sollte man sie dort vermeiden, wo sie nicht unbedingt erforderlich ist.

Bei der Suche nach dem größten Element aus einer Reihe kommt man durchaus mit weniger Indexberechnungen aus als in dem routine-text angegeben.

Wenn wir annehmen, daß die Reihe nicht schon (zufällig) in aufsteigender Folge geordnet war, liefert der folgende routine-text eine effizientere Routine.

```
proc max = (ref [ ] real row, ref int imax) ref real :
           ( int upbrow = upb row;
             imax := lwb row;
             nextloop:
               ( real rowimax = row [imax] ;
                   for i
                 from imax + 1
                   to upbrow
                   do
                         if row [i] > rowimax
                      then imax := i; nextloop
                         fi
                   od
               ) ;
             row [imax]
           )
```

3.4 Generators (Erzeugung von Variablen)

3.4.1 **loc** und **heap**

Die bisher behandelten identity-declarations erfüllten stets zwei Aufgaben:

1) durch die "elaboration" einer identity-declaration erhält der in ihr auftretende identifier einen bestimmten Wert;
2) es wird (schon für den Compiler) festgelegt, welchen "mode" dieser Wert des identifier hat.

Von einer identifier-declaration erwartet man darüberhinaus oft noch ein drittes:

3) die Erzeugung einer neuen Variablen im Speicher.

Dies kennt man von anderen Programmiersprachen, z. B. wenn man in ALGOL60 **real** *x, y* schreibt.

Für diese Erzeugung gibt es spezielle units, nämlich die generators. Hiervon gibt es zwei Arten:

a) local-generator : **loc amode**
b) heap-generator : **heap amode**

Wir werden sehen, daß generators nicht nur als Bestandteil einer identity-declaration auftreten können (vgl. 3.5.4).

Die Lebensdauer (der "scope", vgl. 1.2.6) der Adresse einer durch den local-generator erzeugten Variablen ist identisch mit der Abarbeitungszeit des kleinsten range, in dem die Erzeugung der Variablen stattfand, wenn in diesem range mindestens eine mode-declaration oder eine identifier-declaration oder eine operation-declaration enthalten ist. Ist in diesem range keine derartige declaration enthalten, so existiert die Adresse der erzeugten Variablen weiter im umfassenden range. Sie überlebt auch die Abarbeitungszeit dieses range, wenn hier ebenfalls keine der angegebenen declarations auftreten usw.

Wird z. B. innerhalb einer loop-clause in der serial-clause zwischen **do** und **od** eine Variable erzeugt und ist in dieser serial-clause keine der genannten declarations enthalten, so existiert die Adresse weiter in der enquiry-clause nach **while**. Wenn auch hier keine solche declaration auftritt, existiert die Adresse mindestens noch in dem kleinsten range, der die gesamte loop-clause enthält (vgl. in 3.5.4 die loop-clause zum Aufbau einer Dreiecksmatrix).

Hat man jedoch eine Variable durch den heap-generator erzeugt, so existiert ihre Adresse immer so lange, wie sie innerhalb des Programms benötigt wird, unabhängig davon, ob in dem kleinsten range, in dem diese Erzeugung stattfand, (oder in ihn umfassenden ranges) declarations der oben angegebenen Art enthalten sind oder nicht. Ein Beispiel hierfür findet man in 3.5.4 bei der Deklaration einer Prozedur zum Aufbau einer Liste.

Entsprechend den beiden Arten von generators gibt es in ALGOL68 zwei Möglichkeiten, den Speicher zu verwalten:

a) "stack"
b) "heap"

Der "stack" wird nach der Methode des 'Last-In-First-Out' ('LIFO') verwaltet: die zuletzt auf dem "stack" erzeugten Werte sind diejenigen, die man zuerst wieder vergessen kann.

Der "heap" dagegen wird so verwaltet, daß in ihm möglicherweise Werte länger erreichbar bleiben, als andere Werte, die früher erzeugt wurden. In diesem Speicherbereich können also Löcher entstehen, Zwischenräume von Werten, die nicht mehr benötigt werden.

Der local-generator erzeugt eine Variable auf dem "stack", der heap-generator dagegen erzeugt eine Variable im "heap". Da in dem "heap" zur Speicherbereinigung (Löcherbeseitigung) recht aufwendige Techniken der 'garbage-collection' ('Müll-Aufsammlung') angewendet werden müssen, so wird man heap-generators nur dort verwenden, wo sie tatsächlich unvermeidlich sind.

Wichtig ist für uns, daß die generators **loc amode** und **heap amode** sich nur darin voneinander unterscheiden, daß durch sie Variable verschiedener Lebensdauer erzeugt werden. In jeder anderen Hinsicht besteht zwischen ihnen kein Unterschied.

Die "elaboration" eines generator (**loc amode** bzw. **heap amode**) leistet stets zweierlei:

3a) es wird ein "locale" für einen **amode**-Wert auf dem "stack" bzw. im "heap" reserviert,

3b) der generator als externes Objekt erhält die Adresse dieses reservierten "locale" als Wert.

Durch die "elaboration" eines generator wird also eine Variable erzeugt.

Dies können wir im Bild folgendermaßen darstellen:

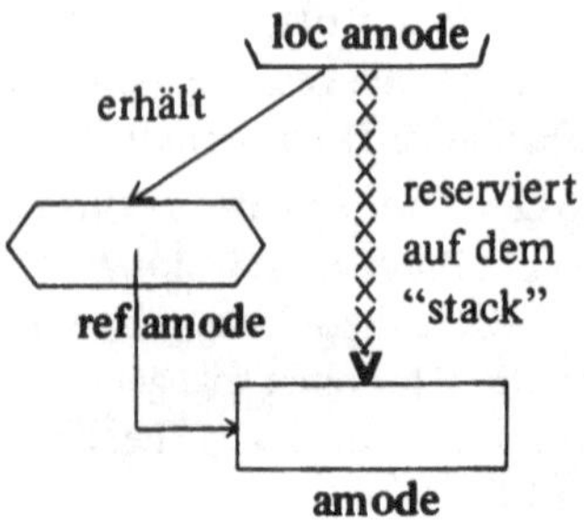

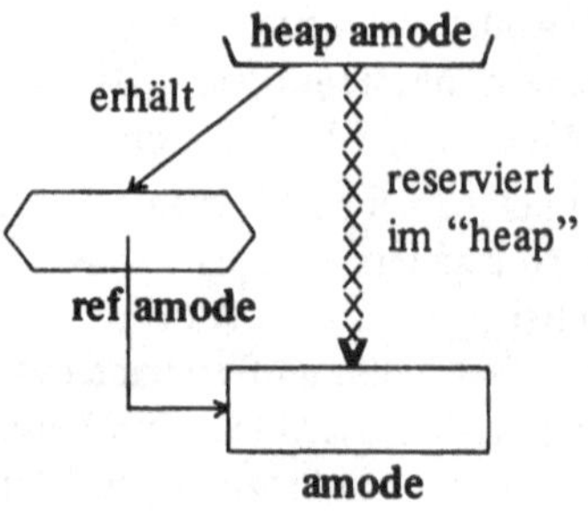

Ein generator ist ein sehr dynamisches unit, das man von der Wirkungsweise her etwa mit einem Schaufelbagger vergleichen kann: wird die "elaboration" eines generator mehrmals hintereinander vorgenommen, so wird jedesmal aufs neue Baugrund (ein "locale") reserviert. Weil ein generator ein unit ist, so könnte man sogar schreiben:

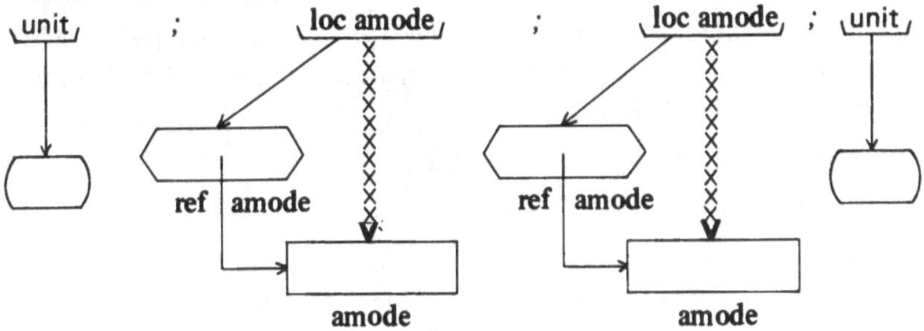

Dabei kann man jedoch mit dem Schaufelbagger (also dem generator) allein nichts anfangen; der von ihm reservierte Baugrund ("locale") liegt brach und kann nicht genutzt werden, weil es keinen Bauherren gibt, der sich für die Adresse des neuen "locale" interessiert. Nach dem Passieren des go-on-symbol gibt es kein externes Objekt, das zu der Adresse der gerade eben erzeugten Variablen Zugriff hat; sie wird nicht weiter betrachtet (sogar weggeworfen), man vergleiche hierzu 4.1.5.

Wie man den reservierten Baugrund nutzen kann, wird in dem nächsten Paragraphen gezeigt (vgl. auch 3.5.4).

3.4.2 Deklaration von Variablen

Wie wir bereits in 3.1.8 gesehen haben, nennen wir eine identifier-declaration eine generating-identity-declaration, wenn das unit auf der rechten Seite ein generator ist. Da nun ein generator stets einen **ref amode** liefert, so hat solch eine generating-identity-declaration stets die Form:

ref amode identifier = **loc amode**
bzw. **ref amode** identifier = **heap amode**

Nun kann also der reservierte Baugrund genutzt werden. Der identifier tritt hier als 'Bauherr' auf, wie die "elaboration" zeigt:

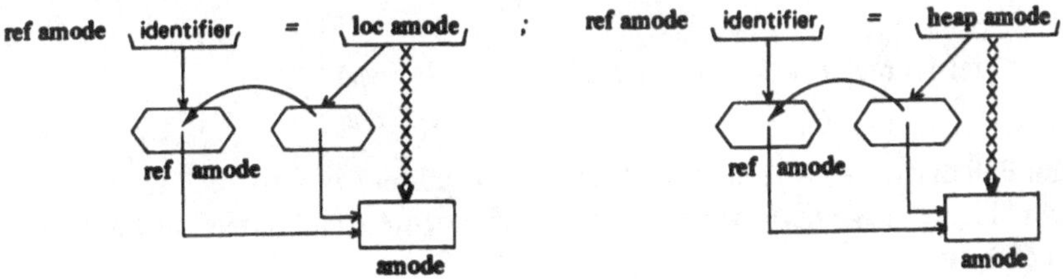

Es hat demnach der identifier Zugriff ("access") zu der Adresse der durch den generator erzeugten Variablen (auf dem "stack" bzw. in dem "heap").

Wie wir in 3.1.1 verabredet haben, ist der so deklarierte identifier (als externes Objekt) eine **amode**-Variable (also ein **ref amode**-identifier). Dieser Variablen können dann in nachfolgenden assignations **amode**-Werte zugewiesen werden.

Will man für mehrere Variable "locales" zur Aufnahme von Werten desselben "mode" reservieren, so kann man dies in einer einzigen generating-identity-declaration tun, zum Beispiel:

ref real *x* = **loc real** , *y* = **loc real**

Hierdurch hat man zwei **real**-Variable *x* und *y* deklariert.

Diese Schreibweise ist jedoch für den Programmierer recht unbequem, besonders bei Deklaration mehrerer Variablen. Daher hat man in ALGOL68 die Möglichkeit (wie wir schon oft gesehen haben), eine Variable auch in einer variable-declaration zu deklarieren:

loc amode identifier   oder kürzer: **amode** identifier

bzw. **heap amode** identifier

Die variable-declaration ist also syntaktisch dadurch gekennzeichnet, daß in ihr das is-defined-as-token '=' nicht auftritt.

Mehrere Variable können dann auch in einer einzigen variable-declaration deklariert werden, zum Beispiel:

real *x*, *y*

statt

ref real *x* = **loc real** , *y* = **loc real**

Eine generating-identity-declaration und die entsprechende variable-declaration sind semantisch gleichwertig bis auf eine Ausnahme:

Beispiel:

Es sei **int** *n* := *10* .

Man vergleiche

(a) [*1* : *n* **plusab** *1*] **real** *row1* , *row2* ;

und

(b) **ref** [ ] **real** *row1* = **loc** [*1* : *n* **plusab** *1*] **real** ,
row2 = **loc** [*1* : *n* **plusab** *1*] **real** ;

Im Fall der variable-declaration (a) wird sowohl für *row1* als auch für *row2* ein "locale" reserviert, welches genau 11 Elemente vom "mode" **real** aufnehmen kann.

Dagegen kann es im Fall (b) durchaus möglich sein (wegen der kollateralen Abarbeitung, vgl. 1.3.5), daß die reservierten "locales" 11 bzw. 12 Elemente oder 12 bzw. 11 Elemente oder beide 12 Elemente aufnehmen können.

Die "elaboration" einer variable-declaration können wir auf folgende Weise in einem Bild darstellen:

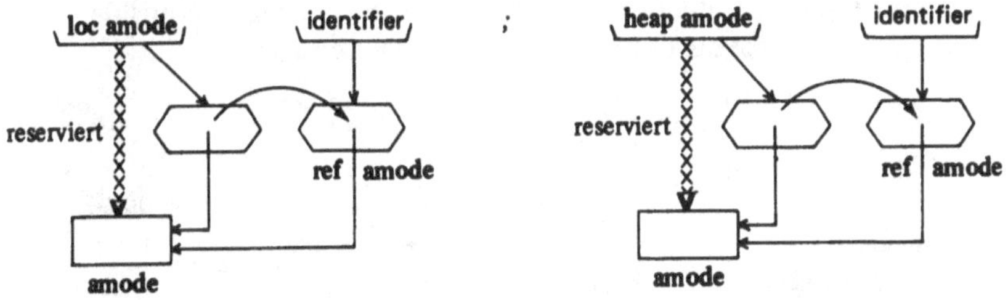

Wenn wir für **amode** den declarer [*1* : *n*] **real** einsetzen und zugleich drei identifiers deklarieren, so erhalten wir folgendes Bild:

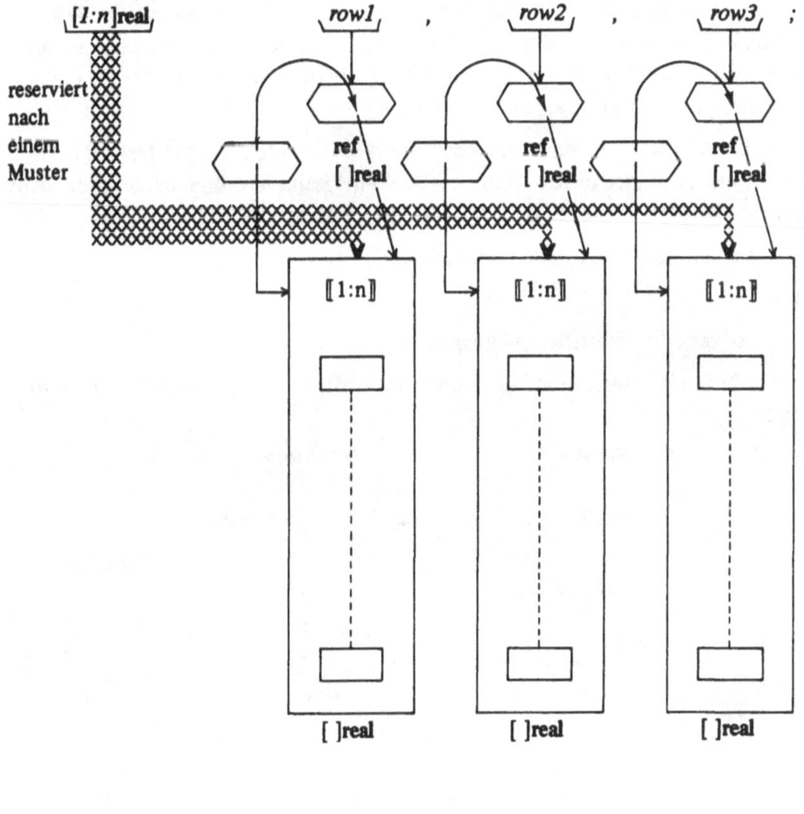

Hier werden also durch einen einzigen generator (**loc** [*1* : *n*] **real**) die erforderlichen "locales" im Speicher reserviert. Alle "locales" richten sich nach einem Muster. Der "descriptor" wird hier also nur einmal berechnet. Daher wird so ein generator im Report als sample-generator bezeichnet.

3.4.3 Initialisierung von Variablen

Da ein generator stets die Adresse einer im Speicher erzeugten Variablen liefert, kann er selbst die destination einer assignation sein:

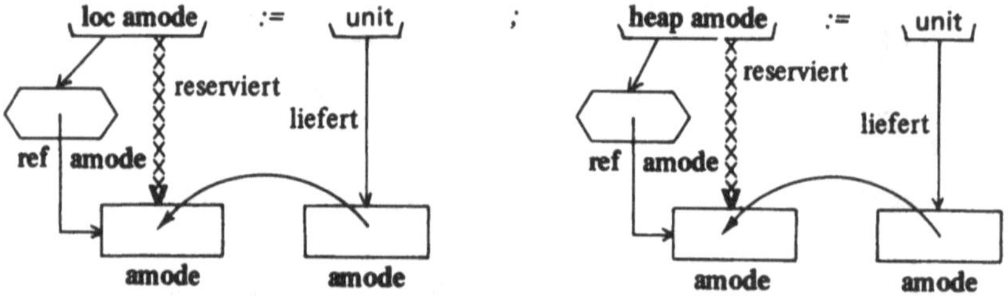

Solch eine assignation ist zwar syntaktisch (und auch semantisch) korrekt, aber man kann mit ihr allein wenig anfangen: in das neu reservierte "locale" wird (aus einem anderen "locale") ein bestimmter Wert transportiert. Jedoch gibt es keinen identifier, der die Adresse des neu reservierten "locale" erhält. Die ganze assignation hängt in der Luft, so wie das alleinige Auftreten eines generator im Programmtext (vgl. 3.4.1).

Wir erinnern uns aber, daß eine assignation selbst einen Wert liefert (vgl. 1.3.1): die Adresse, die ihre destination liefert. Somit kann also eine assignation selbst als unit auf der rechten Seite einer identity-declaration auftreten:

ref amode identifier = **loc amode** := unit

bzw.

ref amode identifier = **heap amode** := unit

Nun haben wir eine vernünftige Konstruktion erhalten, wie ihre "elaboration" zeigt:

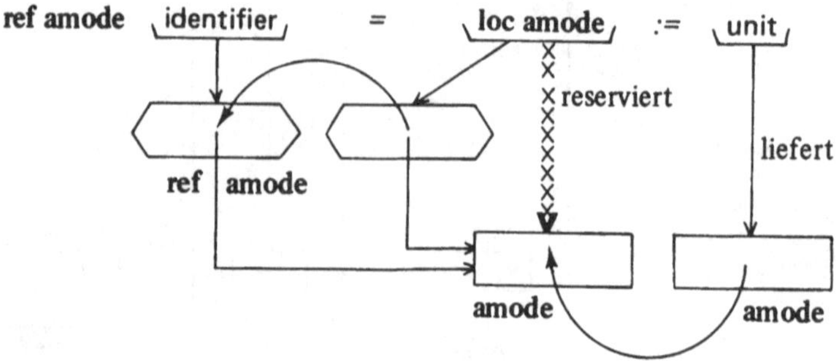

Wir haben somit den identifier als eine Variable deklariert und ihm darüberhinaus gleich einen bestimmten Wert zugewiesen. Auch hier kann man mehrere Variable in einer einzigen identity-declaration mit Werten desselben "mode" initialisieren, zum Beispiel durch

ref real *x* = **loc real** := *3.1415* , *y* = **loc real** := *2.7183*

Für diejenigen, die sich noch immer darüber wundern, daß eine assignation als Wert die Adresse ihrer destination liefert, sei hier angemerkt: die Initialisierung von neudeklarierten Variablen (so wie eben angegeben) ist nur möglich, da die assignation auf der rechten Seite der identity-declaration eine Adresse liefert.

Da die Initialisierung von neudeklarierten Variablen nach der bisher betrachteten Weise für den Programmierer jedoch viel Schreibarbeit bedeutet, so kann man die Initialisierung auch in einer variable-declaration vornehmen:

loc amode identifier := unit   oder   **amode** identifier := unit

bzw.

heap amode identifier := unit

Ihre "elaboration zeigt folgendes Bild:

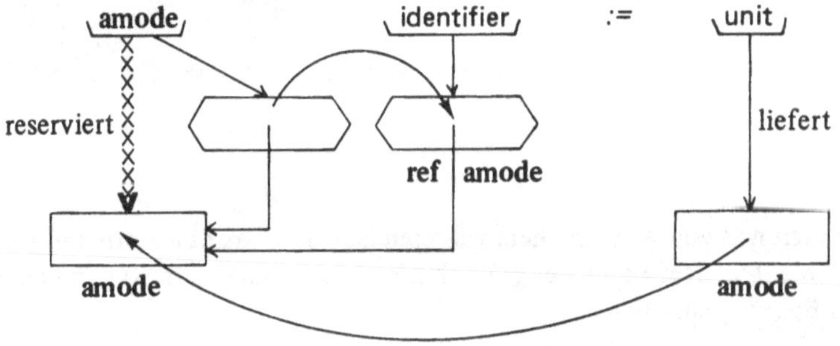

Beispiele:

int *i* := *0* ; **real** *x* := *3.14152653589* ;
[*1* : *4*] **real** *little row* := (*0, 0, 0, 0*) ; **compl** *z* := (*x, y*) ;

Auch hier können in einer einzigen variable-declaration mehrere Variable initialisiert werden, zum Beispiel:

real *x* := *3.1415* , *y* := *2.7183* , *u* := *0.0* , *v* := *1.0* ,
eps := *0.1e - 300* ;

Man beachte jedoch, daß

real *x* := *3.1415*, *eps* = *0.1e - 300*;

syntaktisch inkorrekt ist, da in einer identifier-declaration der declarer (hier **real**) nicht gleichzeitig als sample-generator und als formal-declarer auftreten darf.

Daß das Auftreten eines generator und auch einer assignation der Form **loc amode** := unit bzw. **heap amode** := unit nicht nur innerhalb einer identity-declaration sinnvoll ist, zeigt folgendes Beispiel:

Wir haben in 3.3.3 eine Prozedur deklariert, die die Adresse des größten Elementes eines [ ] **real** liefert und überdies einem aktuellen Parameter vom "mode" **ref int** den Index ("subscript") dieses größten Elementes zuweist. Diese Prozedur *max* kann man auch aufrufen, wenn man außerhalb der Routine an dem Index des größten Elementes gar nicht interessiert ist. Man kann dann einfach schreiben:

max (myrow , **loc int** *) := 0*

Die Parameterübergabe wird dann vorgenommen durch die identity-declaration:

ref int *imax* = **loc int**

Wir können nun die Prozedur noch so abändern, daß von derjenigen Stelle an gesucht wird, die durch die aktuell übertragene Variable bestimmt wird:

```
proc newmax = ( ref [ ] real row , ref int indx) ref real :
                ( for i from indx + 1 to upb row
                  do
                      if row [i] > row [indx] then indx := i fi
                  od ;
                  row [indx]
                ) ;
```

Will man nun von *k* ab suchen, will man jedoch *k* nicht ändern und ist man auch nicht an dem Index des größten Elementes interessiert, so kann man zum Beispiel schreiben:

newmax (myrow , **loc int** *:= k) := 0*

Hier wird dann die Parameterübergabe vorgenommen durch die identity-declaration:

ref int *indx* = **loc int** := *k*

Diese Möglichkeit der Verwendung eines generator als aktueller Parameter ergibt sich ganz zwangsläufig aus dem "orthogonal design" der Sprache.

3.4.4 Deklaration von **ref procmode**-identifiers

Da wir in ALGOL68 generell **amode**-Variable deklarieren können, so können wir also z. B. für **amode** auch einen **ref procmode**-declarer einsetzen.

Betrachten wir dazu die folgende mode-declaration:

mode fun = **proc** *(***real***)* **real**

Dann können wir eine **fun**-Variable deklarieren:

fun *f* ;

Ihre "elaboration" zeigt folgendes Bild:

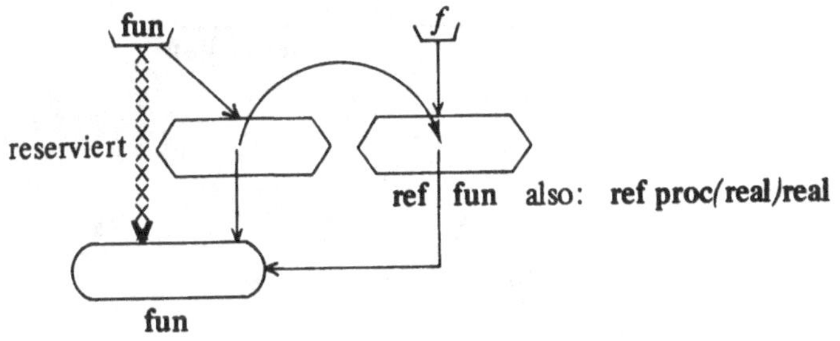

Hier wird also durch den (sample-)generator ein "locale" zur Aufnahme von Routinen (vom "mode" **fun**) reserviert. Der Speicherplatz für solch ein "locale" wird natürlich nicht so groß, daß er vollständige Routinen aufnehmen kann (diese sind ja zum Zeitpunkt der "elaboration" der variable-declaration noch gar nicht bekannt). Es braucht nur soviel Speicherplatz reserviert zu werden, wie für den Eintritt in die Routinen benötigt wird. So zum Beispiel Speicherplatz für die Parameterbehandlung sowie für die Adressen der Routinen, die selbst irgendwo im Objekt-Code zu finden sind. Bis auf einen festen, implementationsabhängigen Teil wird dieser Speicherplatz vollständig durch den "mode" der Routine (hier also **proc** (**real**) **real**) bestimmt.

Der Variablen *f* kann man nun **fun**s zuweisen, z. B. die Routinen, die die Standard-Prozeduren *sqrt* und *sin* erhalten. Schreibt man dann die assignation

f := *sqrt* oder *f* := *sin*

so hat der nachfolgende call

f (*x*)

den gleichen Effekt wie

sqrt (*x*) oder *sin* (*x*)

Schreibt man etwa

f := **case** *i* **in** *sqrt* , *exp* , *ln* , *cos* , *arccos* ,
sin , *arcsin* , *tan* , *arctan*
esac

so ist der Effekt von *f* (*x*) klar.

Desweiteren kann man eine Reihe von **funs** deklarieren, zum Beispiel:

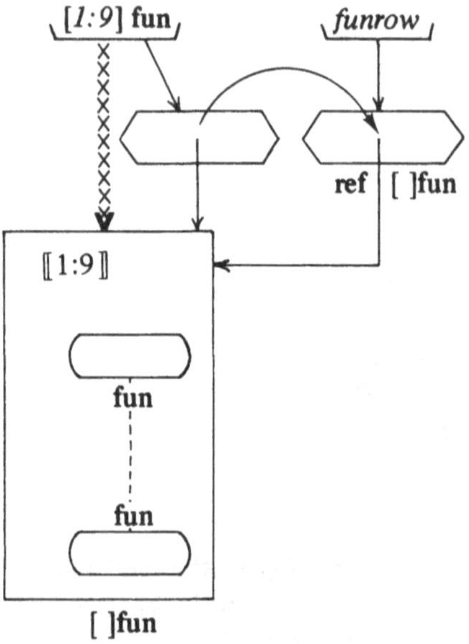

Wir können dann zuweisen:

funrow := (sqrt, exp, ln, cos, arccos, sin, arcsin, tan, arctan)

Die source ist hier ein row-display von **funs**.

Durch den call

funrow [i] (x)

wird sodann das i-te **fun**-Element mit dem aktuellen Parameter *x* aufgerufen.

3.4.5 Rekursive Routinen

Wenn eine Routine aufgerufen wird, so können bei der "elaboration" ihrer entsprechenden closed-clause (vgl. 3.2.4 und 3.3.2) weitere Routinen aufgerufen werden. In ALGOL68 (wie in fast allen modernen Programmiersprachen) besteht dabei die Möglichkeit, daß auf direkte oder indirekte Weise eine Routine sich selbst wieder aufruft.

Wird dann solch eine rekursive (sich selbst aufrufende) Routine aufgerufen, so findet während der "elaboration" ihrer closed-clause die "elaboration" derselben closed-clause möglicherweise in verschiedenen Rekursionstiefen statt. Ihre "elaboration" wird also mehrmals in sich selbst vorgenommen. Man könnte auch sagen: die closed-clause kann sich selbst aufs neue beleben.

Betrachten wir nun, was bei solch einer Wiederbelebung in einer bestimmten Rekursionstiefe passiert:

Zunächst werden "locales" zur Aufnahme der Werte der aktuellen Parameter sowie der lokalen Werte der Routine auf dem "stack" reserviert. Dabei verliert die closed-clause den Zugriff zu den in ihrem (noch nicht vollendeten) Vorleben reservierten "locales". Hat nun die closed-clause ihr neues Leben einmal vollendet, so kehrt sie zu ihrem Vorleben zurück. Es verschwinden dann die zuletzt reservierten "locales" von dem "stack", und sie findet die zu ihrem Vorleben gehörenden "locales" auf dem "stack" wieder vor.

Man beachte, daß dieses Vorgehen beim Aufruf einer rekursiven Routine genau dem 'Last-In-First-Out'-Prinzip der "stack"-Verwaltung entspricht (vgl. 3.4.1). Der Programmierer jedoch braucht sich um diese Verwaltung nicht zu kümmern, sie wird ihm vom 'runtime'-System abgenommen. Dies ist für ihn sehr angenehm, gerade bei der Lösung von Aufgaben, bei der er sonst die Organisation eines "stack" in seinem Programm selbst vornehmen müßte. Allerdings muß der Programmierer sich darüber im klaren sein, daß der Aufruf einer rekursiven Routine zu erheblicher Ineffizienz führen kann (eben weil sie sich mehrmals selbst aufruft). Deshalb sollte er prüfen, ob er die gewünschte Prozedur nicht auf einfache Weise auch iterativ deklarieren kann, obwohl die rekursive Deklaration meistens die elegantere ist.

Zum Beispiel betrachten wir den Euklidischen Algorithmus zur Bestimmung des größten gemeinsamen Teilers zweier ganzer Zahlen:

rekursiv:

```
proc euclid = (int m, n) int :
        if n = 0
     then abs m
      else euclid ( n , m  mod  n )
        fi ;
```

iterativ:

```
proc euclid = (int m, n) int :
     (  int dividend := m,  divisor := n ;
      while int remainder = dividend mod divisor ;
                 remainder ≠ 0
         do dividend := divisor ;
                divisor := remainder
         od ;
         divisor
     ) ;
```

Man sieht hier deutlich, daß die Reservierung von "locales" sowie der Transport von Werten in diese "locales" bei der iterativen Formulierung explizit angegeben werden muß. Bei der rekursiven Formulierung dagegen geschieht dies völlig implizit.

Die folgende, auf den ersten Blick trivial erscheinende Aufgabe läßt sich auf sehr instruktive Weise mit Hilfe einer rekursiven Prozedur lösen:

> Auf einem Eingabemedium sei eine nicht bekannte Anzahl von ganzen Zahlen $\neq 0$ gegeben, denen eine 0 als Abschluß folgt.
> Man deklariere eine Prozedur, welche die gegebenen Zahlen einliest und sie anschließend in umgekehrter Reihenfolge ausdruckt.

```
proc printreverse = void :
                    ( int n; read (n) ;
                      if n ≠ 0 then printreverse fi ;
                     print (n)
                    )
```

Kann man das 'LIFO'-Prinzip der "stack"-Verwaltung beim Aufruf einer rekursiven Prozedur deutlicher machen?
Beim Aufruf von *printreverse* werden die zuletzt eingelesenen Zahlen zuerst wieder ausgedruckt.

Wer Lust hat, kann einmal versuchen, die folgende rekursive Prozedur iterativ zu deklarieren:

```
proc ackermann = (int m, n) int :
        if m = 0 then n + 1
      elif  n = 0 then ackermann ( m - 1 , 1 )
                  else ackermann ( m - 1 , ackermann ( m , n - 1 ) )
        fi ;
```

Wer dies nicht geschafft hat, sollte auch nicht allzu lange darüber nachdenken, wie sich *ackermann* selbst belebt, zum Beispiel durch den Aufruf

ackermann (6, 8)

3.5 Weitere refmod-Deklarationen

Hat man eine Variable deklariert, deren Adresse sich auf eine Struktur mit **ref amode**-"fields" bezieht, so gelangt man bei der Auswahl dieser "fields" auf natürliche Weise auf eine höhere **ref**-Stufe (vgl. 3.1.4). In diesem Paragraphen wollen wir uns mit solchen höheren **ref**-Stufen auf systematischere Weise beschäftigen.

3.5.1 Das Konzept eines 'pointer'

Betrachten wir die generating-identity-declaration

ref ref amode identifier = **loc ref amode**

Es wird auf dem "stack" ein "locale" zur Aufnahme einer (**ref amode**) Adresse reserviert. Der identifier erhält dann die Adresse dieses "locale":

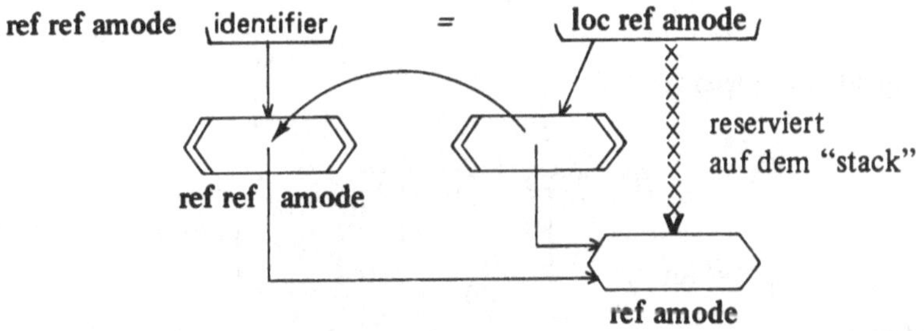

Wir erhalten also eine Variable auf einer höheren **ref**-Stufe. Solch eine Variable wird oft als 'pointer' bezeichnet.

Den gleichen Effekt können wir selbstverständlich (und auch kürzer) erreichen durch die variable-declaration

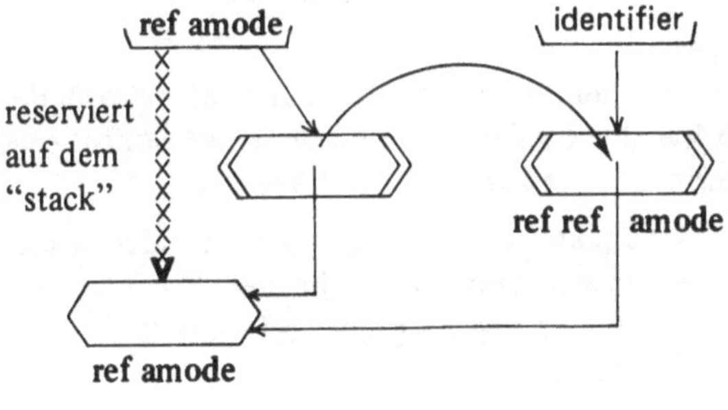

Sei zum Beispiel folgendes deklariert:

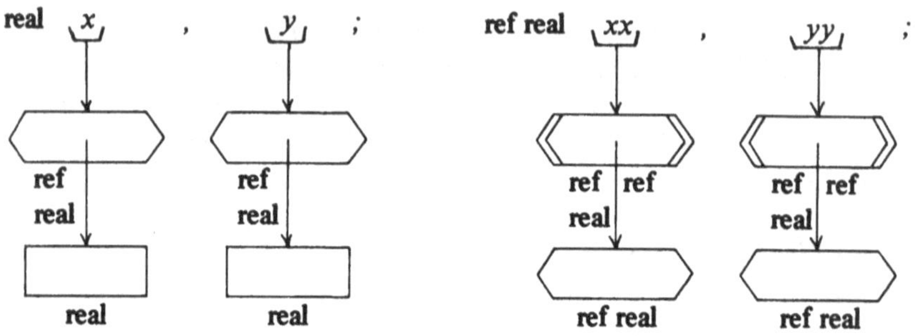

Betrachten wir nun nach

x := 3.1415

die assignation

xx := x

so ergibt sich folgendes Bild:

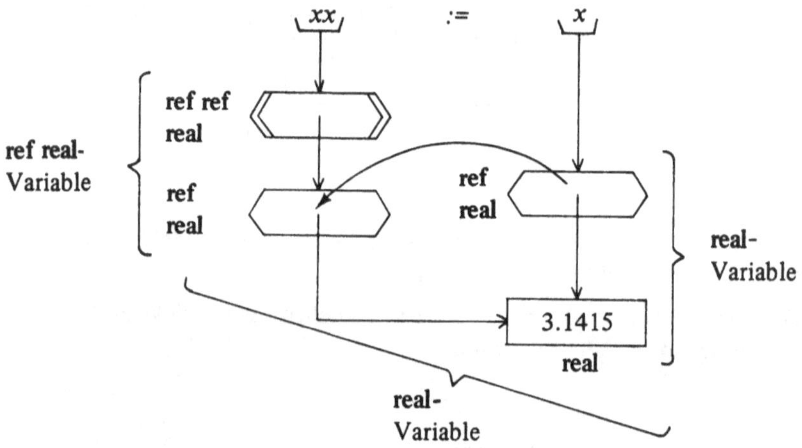

Also, *xx* erhält ein **ref ref real**, der sich auf einen **ref real** bezieht. Wir begegnen hier Variablen auf zwei verschiedenen **ref**-Stufen: einer **ref real**-Variablen (einem 'pointer') und einer **real**-Variablen.

Dies wird oft als indirekte Adressierung bezeichnet. Man beachte, daß bei der "elaboration" einer assignation (so auch bei der obigen *xx := x*) der Wert-Transport immer auf der höchstmöglichen **ref**-Stufe stattfindet, die stets durch die destination bestimmt wird.

Betrachten wir weiter

y := sqrt (xx)

Hier wird der Adresse von *y* der **real**-Wert zugewiesen, den die Routine von *sqrt* bei ihrem Aufruf liefert:

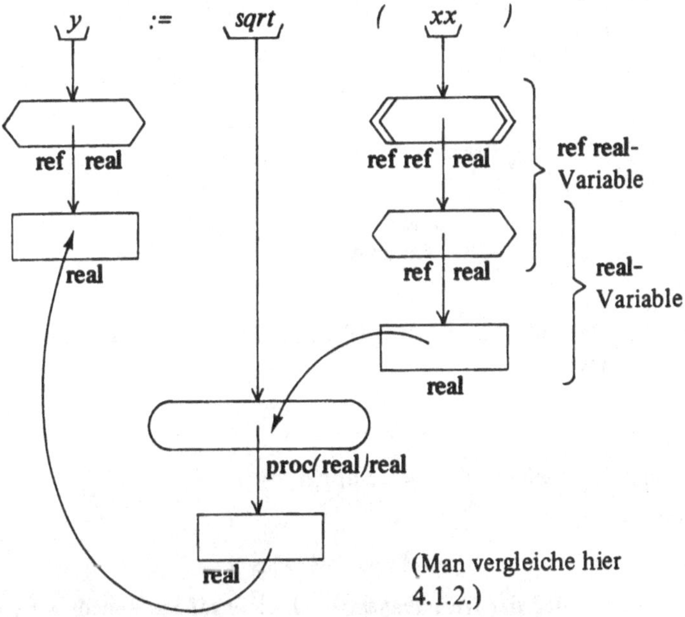

(Man vergleiche hier 4.1.2.)

Nach der assignation *xx := x* ist

y := sqrt (xx)

gleichbedeutend mit

y := sqrt (x)

Hätten wir jedoch zuerst geschrieben

xx := y

so wäre dagegen

y := sqrt (xx)

gleichbedeutend mit

y := sqrt (y)

Betrachten wir zum Schluß noch die assignation

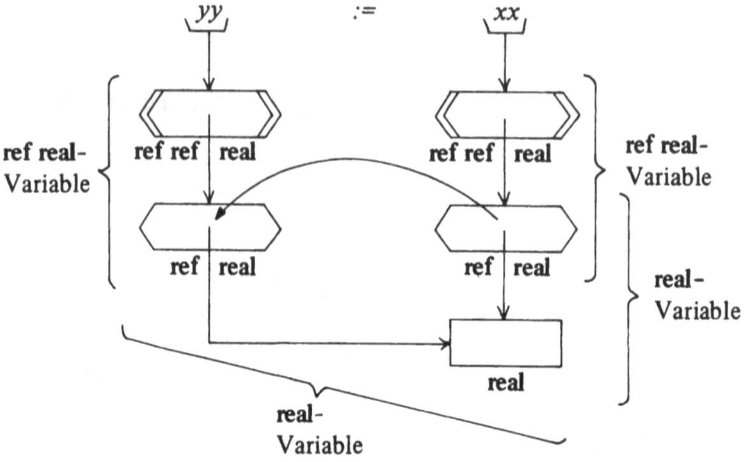

Man beachte, daß auch hier der Wert-Transport auf der höchsten **ref**-Stufe vorgenommen wird.

3.5.2 Der cast

Wie wir in 3.5.1 gesehen haben, wird durch

yy := *xx*

dem **ref ref real** von *yy* ein **ref real** zugewiesen.

Will man jedoch, daß der Wert-Transport auf einer **ref**-Stufe niedriger vorgenommen wird, so müssen wir die destination *yy* zwingen, einen **ref real** zu liefern. Wie wir schon in 2.2.2 gesehen haben, können wir dies mit Hilfe des cast (vgl. 4.4.3) erreichen:

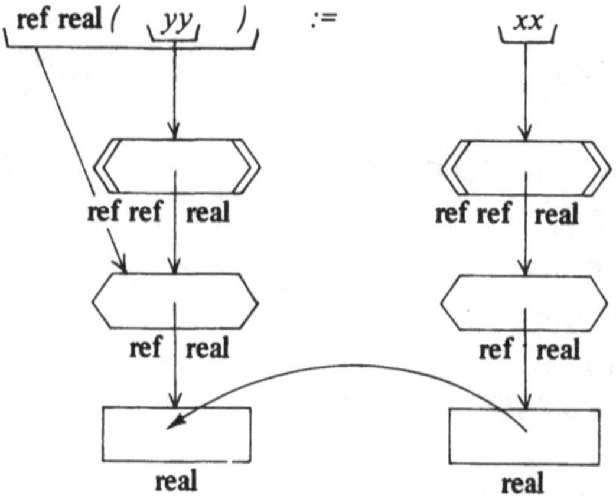

Es wird hier keine Adresse transportiert, sondern es wird dem **ref real**, auf den sich der **ref ref real** von *yy* bezieht, ein **real**-Wert zugewiesen.
Dies könnten wir natürlich auch dadurch zum Ausdruck bringen, daß wir schreiben:

ref real *(yy) :=* **real** *(xx)*

Die Benutzung des cast auf der rechten Seite einer assignation ist jedoch überflüssig, da vom Kontext der assignation her schon klar ist, was geschehen soll (vgl. 4.1.2 und 4.4.3).

Zum guten Verständnis beachte man noch, daß nach den assignations

yy := x ; xx := y

die obige assignation **ref real** *(yy) := xx* gleichbedeutend ist mit

x := y

3.5.3 Die identity-relation

Da in ALGOL68 Adressen selbst Werte sein können, so kann man fragen, ob zwei Adressen, die sich auf Werte desselben "mode" beziehen, gleich sind oder nicht.
Zur Beantwortung dieser Frage können nicht die Operatoren '=' und '≠' benutzt werden, da durch sie (standardmäßig) nur **nonref**-Werte verglichen werden. Sie stehen deswegen nicht mehr für den Adressenvergleich zur Verfügung. Für den Adressenvergleich sind überhaupt keine Operatoren vorhanden (und auch nicht nötig), da er in der Sprache für Adressen von beliebigem "mode" gegeben ist, genauso wie die Zuweisung für Werte von beliebigem "mode".

Für den Adressenvergleich haben wir die identity-relation. Ihre allgemeine Form ist entweder:

unit1 **is** unit2 (**is**: identity-relator)	bzw.	unit1 *:=:* unit2 (*:=:*: identity-relator)

oder

unit1 **isnt** unit2 (**isnt**: identity-relator)	bzw.	unit1 *:≠:* unit2 (*:≠:*: identity-relator)

Hierbei müssen sowohl unit1 als auch unit2 jeweils einen **ref amode** liefern. Wenn sie dies nicht können, so ist die identity-relation syntaktisch inkorrekt, und es erfolgt eine Fehlermeldung des Compilers.

Dabei wird der Adressenvergleich stets auf der höchstmöglichen **ref**-Stufe vorgenommen, auf der die Adressen denselben **refmod** haben.

Eine identity-relation liefert immer einen **bool**. Es werden unit1 und unit2 kollateral abgearbeitet. Sind die von ihnen gelieferten Adressen gleich, so liefert die identity-relation der Form unit1 **is** unit2 den Wert **true**. Sind sie dagegen ungleich, so liefert sie in dieser Form **false**. Für die identity-relation mit **isnt** gilt genau das Umgekehrte.

Dabei sind zwei (**ref amode**) Adressen gleich, wenn sie beide die Adresse eines einzigen "locale" bestimmen.

Die "elaboration" einer identity-relation können wir im Bild folgendermaßen zum Ausdruck bringen:

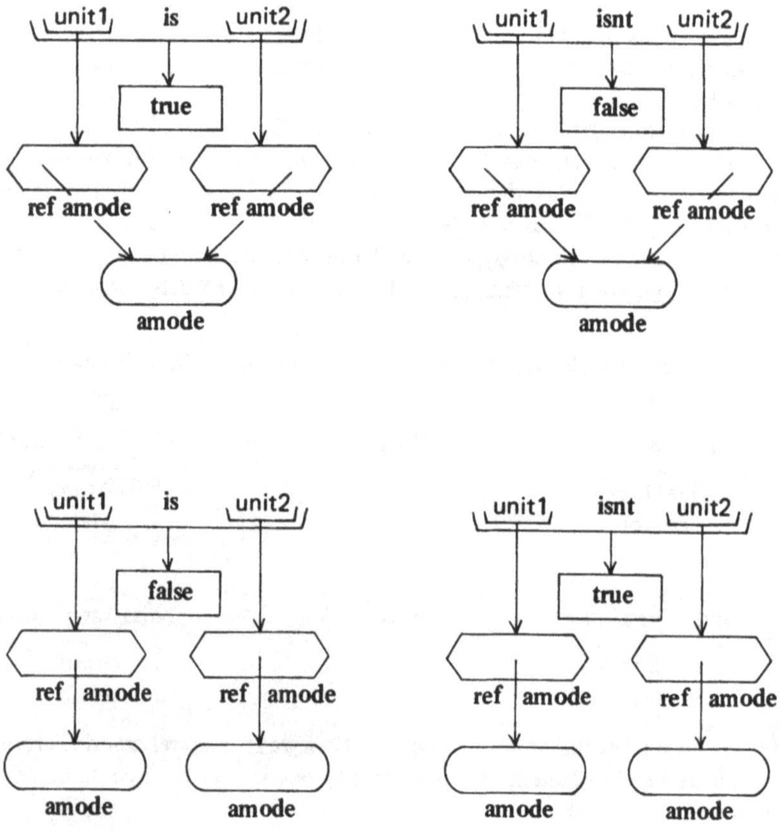

Betrachten wir nun zum Beispiel die folgende assignation

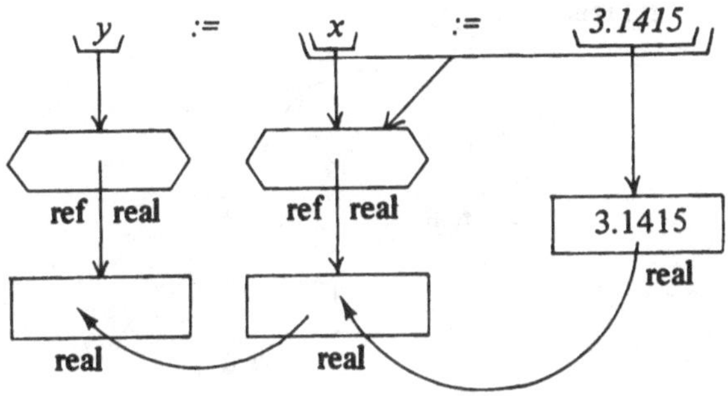

Nach dieser "elaboration" liefert dann zwar die formula

$y = x$

den Wert **true**, jedoch liefert die identity-relation

y **is** *x*

stets den Wert **false**, wie ihre "elaboration" zeigt:

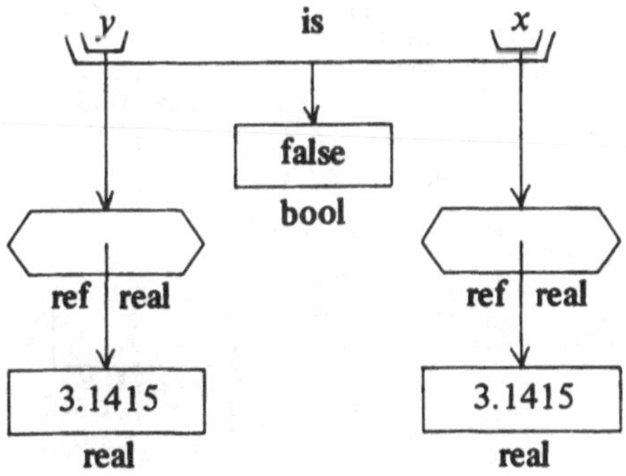

Die beiden **ref real**-Adressen von *x* und *y* sind voneinander verschieden, obwohl die **real**-Werte, auf die sie sich beziehen, gleich sind; denn diese sind in verschiedenen "locales" untergebracht. Die Werte, auf die sich die **ref reals** von *x* bzw. *y* beziehen, spielen dabei keine Rolle: die identity-relation *y* **is** *x* liefert **false**, weil durch die variable-declaration **real** *x*, *y* zwei verschiedene "locales" zur Aufnahme von **real**-Werten reserviert und damit zwei verschiedene Variable erzeugt worden sind (vgl. 3.4.1).

Bemerkenswert ist nun, daß nach der identity-declaration

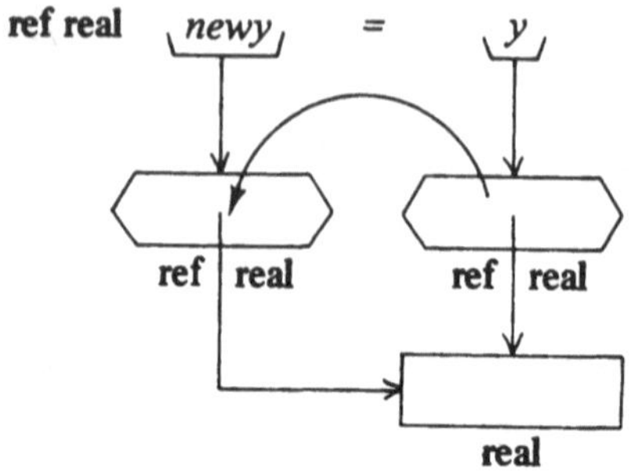

die identity-relation *newy* **is** *y* den Wert **true** liefert. Es wurde durch **ref real** *newy* = *y* kein neues "locale" zur Aufnahme eines **real**-Wertes reserviert und also auch keine Variable erzeugt.

Wir betrachten nun die assignation

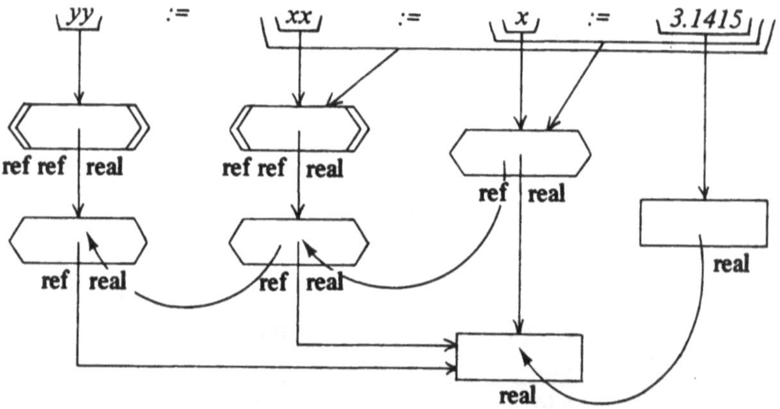

Nun liefert zwar die identity-relation

yy **is** *xx*

den Wert **false**, jedoch liefern die identity-relations

xx **is** *x* und *yy* **is** *x*

den Wert **true**; denn auf der höchstmöglichen **ref**-Stufe, auf der derselbe **refmod** (hier **ref real**) gefunden wird, sind die Adressen gleich (vgl. hierzu 4.4.4).

Es ist klar, daß dann auch

xx **is ref real** *(yy)* und **ref real** *(xx)* **is** *yy*

true liefern werden.

An dieser Stelle sei noch auf folgendes hingewiesen:
Hat man z. B.

[*1* : *n*] **real** *row* ;

deklariert, so liefert die identity-relation

row [*h* : *k*] **is** *row* [*h* : *k*]

(vielleicht etwas überraschend) stets den Wert **false**.
Bei jeder "elaboration" von *row* [*h* : *k*] entsteht nämlich ein neuer "descriptor", somit also ein neues "multiple value". Obwohl diese neu entstandenen "descriptors" gleich sind, liefert *row* [*h* : *k*] bei jeder "elaboration" eine neue Adresse, die von allen bisher gelieferten Adressen verschieden ist (vgl. 3.1.3).
Es sind demnach die von den beiden Seiten der obigen identity-relation gelieferten Adressen voneinander verschieden.

Schreibt man jedoch

row [*h*] **is** *row* [*h*]

so liefert diese identity-relation den Wert **true**, weil der Wert von *row* [*h*] vom "mode" **ref real** und nicht vom "mode" **ref [ ] real** ist.

Da wir hier über den Vergleich von Adressen sprechen, ist es Zeit, das 'Nullelement' innerhalb der Menge aller möglichen Adressen kennenzulernen. Dies ist ein spezielles unit, nämlich **nil**. Es liefert stets eine Adresse, die sich jedoch auf keinen Wert bezieht. Dies stellen wir im Bild folgendermaßen dar:

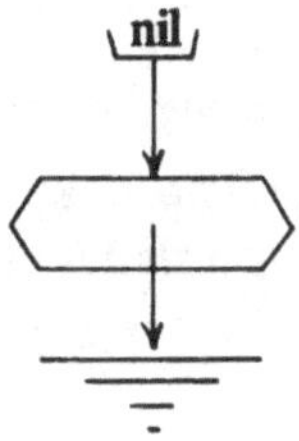

Der "mode" des Wertes von **nil** ist ein beliebiger **refmod**, abhängig vom Kontext, in dem **nil** auftritt.

Dem **nil** kann man keinen Wert zuweisen, wohl aber kann man jeder **refmod**-Variablen den Wert von **nil** zuweisen, also zum Beispiel:

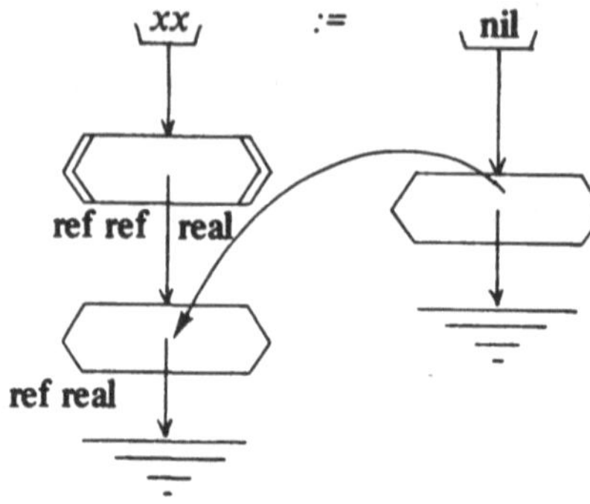

In diesem Fall hat der Wert von **nil** den "mode" **ref real**.

Man kann nun mit Hilfe einer identity-relation feststellen, ob eine Adresse **nil** ist. Nach *xx* := **nil** liefert

ref real *(xx)* **is nil**

den Wert **true**. Jedoch liefert

xx **is nil**

den Wert **false**; denn dies ist gleichbedeutend mit *xx* **is ref ref real** *(***nil***)*.

Man beachte, daß hiernach die assignation

ref real *(xx) := 3.1415*

obwohl syntaktisch korrekt, semantisch nicht möglich ist (man kann **nil** keinen Wert zuweisen, siehe oben). Sie wird also zu einer ('runtime'-) Fehlermeldung führen.

Zum Schluß noch eine Bemerkung zur Syntax:

man beachte, daß die identity-relators '**is**' und '**isnt**' (also auch ' *:=:* ' und ' *:≠:* ') stärker binden als das becomes-token ' *:=* '.

Haben wir zum Beispiel deklariert

bool *p ;* **ref bool** *pp , qq ;*

so kann man schreiben:

p := **ref bool** *(pp)* **is** *qq*

und es erhebt sich die Frage, wie dieser Ausdruck (implizit) geklammert wird. Die Klammerung ist so, daß dieser Ausdruck eine assignation ist und nicht eine identity-relation, also:

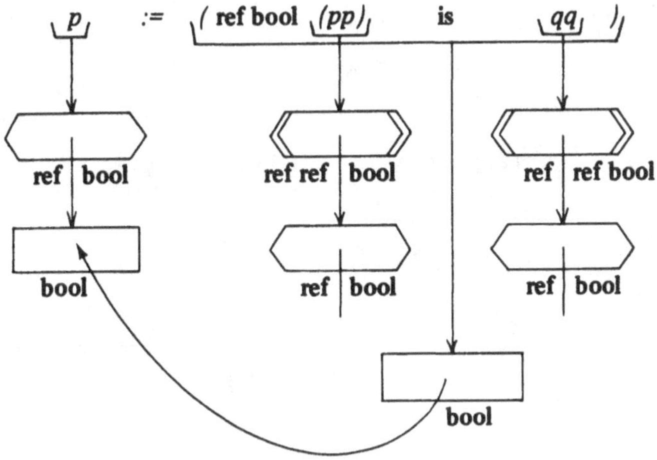

Dagegen ist auf jeden Fall der Ausdruck

p **is** *qq* := *pp*

syntaktisch inkorrekt. Die implizite Klammerung ist hier:

(*p* **is** *qq*) := *pp*

und die destination liefert hier immer einen **bool**, also einen **nonref**.

3.5.4 Reihen und Strukturen mit refmod-Elementen

Hat man mit Hilfe eines generator ein "locale" zur Aufnahme eines "multiple value" reserviert, dessen Elemente selbst Adressen (also **ref amodes**) sind, so gelangt man bei der Auswahl (durch ein slice, vgl. 3.1.3) dieser Elemente ebenfalls auf eine höhere **ref**-Stufe.

Betrachten wir dazu die folgende mode-declaration

mode refrow = ref [ ] real

Deklarieren wir dann

[*1* : *n*] **refrow** *trimat*

so erhalten wir folgendes Bild:

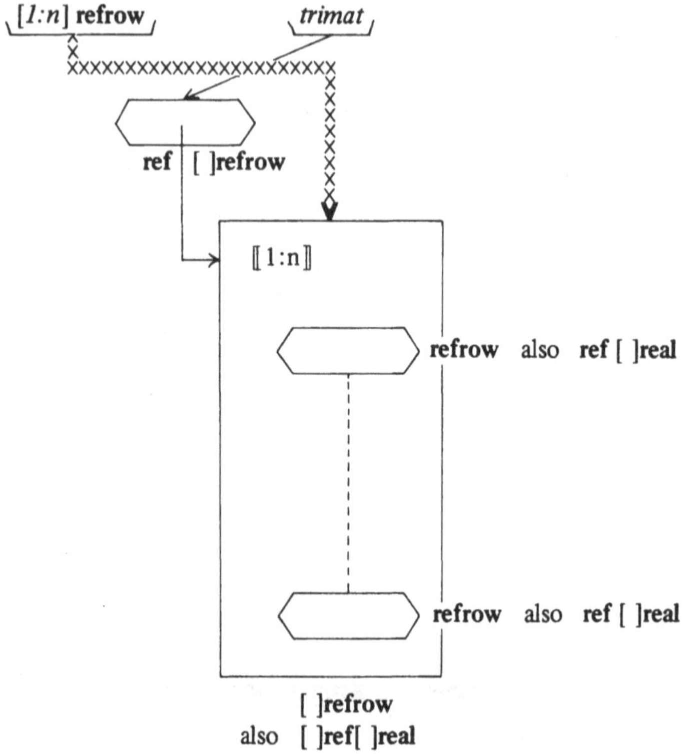

Das i-te Element können wir auswählen durch den slice

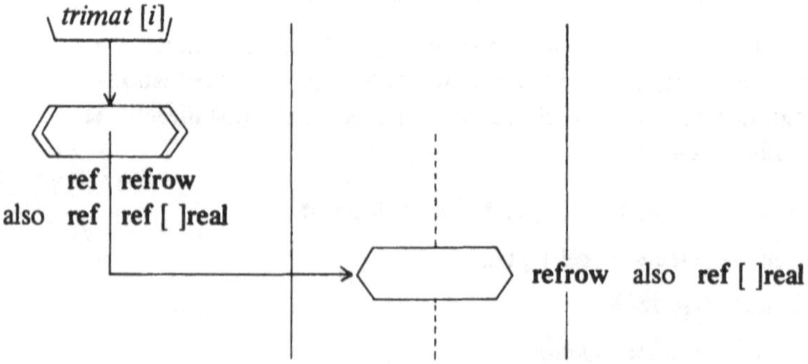

Es liefert *trimat* [*i*] ein **ref ref** [ ] **real**, dem wir die Adresse eines [ ] **real** zuweisen können. Dabei kann die Anzahl der Elemente solch eines [ ] **real** für jedes i $(1 \leq i \leq n)$ durchaus verschieden sein.

Mit Hilfe der loop-clause

for *i* **to** *n* **do** *trimat* [*i*] := **loc** [*1 : i*] **real od**

werden n verschiedene "locales" zur Aufnahme von [ ] **reals** mit aufsteigender Anzahl von Elementen reserviert, deren Adressen dann als Elemente des "multiple value" von *trimat* auftreten.

Durch die Reservierung dieser n "locales" hat man insgesamt Speicherplatz zur Aufnahme der Elemente einer Dreiecksmatrix erhalten.

Da sowohl in der serial-clause zwischen **do** und **od** als auch in der enquiry-clause nach **while** (sie fehlt hier ganz) weder eine mode-declaration noch eine identifier-declaration noch eine operation-declaration auftritt, so bleiben die Adressen der durch den local-generator erzeugten Variablen auch außerhalb der gesamten loop-clause am Leben (vgl. 3.4.1). Es ist hier also nicht nötig, die Variablen durch einen heap-generator zu erzeugen.

Durch leichte Abänderung der obigen loop-clause kann man auch noch erreichen, daß die Elemente der Dreiecksmatrix gleich initialisiert werden:

[*1 : n*] **real** *o;* **for** *i* **to** *n* **do** *o* [*i*] := *0* **od** ;
for *i* **to** *n* **do** *trimat* [*i*] := **loc** [*1 : i*] **real** := *o* [*1 : i*] **od** ;

Will man das (i, j)-te Element ($1 \leq i \leq n$, $1 \leq j \leq i$) auswählen, so erreicht man dies natürlich durch Verwendung des slice *trimat* [*i*] [*j*] (man vergleiche 3.1.7).

Betrachten wir nun ein Beispiel für das Auftreten von **refmods** innerhalb von Strukturen.

Wir haben schon bei der Heirat von *henry8* und *anna boleyn* gesehen (vgl. 3.3.2), daß man über 'pointers' Strukturen miteinander verknüpfen kann.

Sind dann die Strukturen alle vom gleichen "mode", so kann man sie auf einfache Weise zu einer Liste verketten.

Es sei deklariert **int** *n* = unit. Wir definieren nun

mode element = **struct** ([*1 : n*] **real** *row* , **ref element** *next*)

Deklariert man dann

element *one* , *two* , *three* ;

so können wir die drei **elements** zu einer linearen Liste verketten, indem wir schreiben:

next **of** *one* := *two* ;
next **of** *two* := *three* ;
next **of** *three* := **nil** ;

Im Bild können wir dies folgendermaßen zum Ausdruck bringen:

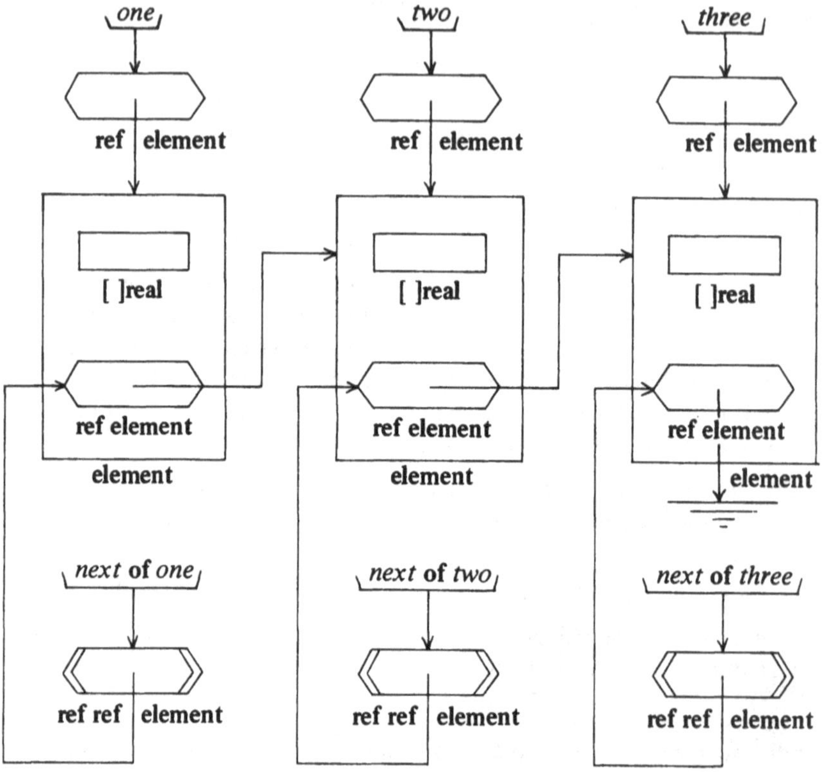

Da in den meisten Fällen zu Beginn des Aufbaus einer Liste die Anzahl ihrer Elemente nicht bekannt ist, man außerdem oftmals an eine bereits aufgebaute Liste weitere Elemente anfügen möchte, so wird man natürlich nicht für jedes einzelne Element einen eigenen identifier deklarieren können. Stattdessen kann man eine Prozedur deklarieren, die bei jedem ihrer Aufrufe ein neues Element erzeugt und an eine (vielleicht sogar leere) Liste anhängt. Wir wollen dabei eine Liste durch ihren Anfang und ihr Ende charakterisieren:

mode list = **struct** *(* **ref element** *begin* , *end) ;*

Eine (noch leere) Liste erhalten wir dann durch:

list *mylist* := *(* **nil** , **nil** *) ;*

Eine Prozedur, die ein neues Element erzeugt und an eine aktuelle Liste anhängt, wird gegeben durch:

```
proc generate = (ref list list) void :
                    ( heap element new ;
                        if ref element (begin of list) is nil
                      then begin of list
                       else next of end of list
                        fi := new ;
                      end of list := new ;
                      next of new := nil
                    )
```

Man beachte hier die Notwendigkeit des heap-generator. Hätten wir die element-Variable durch den local-generator erzeugt, so wäre sie nach dem Aufruf von *generate* vom "stack" verschwunden. Denn der "scope" (vgl. 1.2.6) ihrer Adresse wäre dann gleich der Abarbeitungszeit der dem Aufruf von *generate* entsprechenden closed-serial-clause. Und zwar deshalb, weil bei der "elaboration" dieser closed-serial-clause auf jeden Fall eine identity-declaration auftritt, durch welche die Parameterübergabe vorgenommen wird (vgl. 3.4.1). So haben wir die Variable im "heap" erzeugt und ihre Adresse in ein außerhalb der Routine reserviertes "locale" transportiert.

Nach einem Aufruf *generate (mylist)* ergibt sich folgendes Bild:

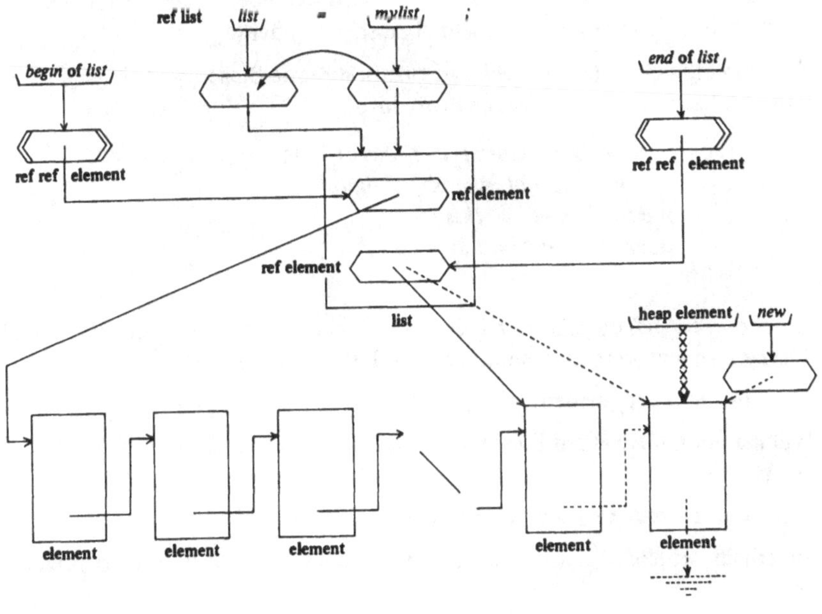

Die unterbrochenen Pfeile geben an, welche "references" durch den Aufruf *generate (mylist)* zustande gebracht werden.

Es lohnt sich, darüber nachzudenken, daß wir *generate* auch auf folgende Weise deklarieren können:

```
proc generate = (ref list list) void :
                    ( heap element new ;
                      end of list :=
                              if ref element (begin of list) is nil
                           then begin of list
                            else next of end of list
                              fi := new ;
                      next of new := nil
                    )
```

Wie man sogar (wenn vielleicht auch weniger einsichtig) mit einem einzigen unit auskommt, zeigt die folgende declaration

```
proc generate = (ref list list) void :
     next of ( end of list :=     if ref element (begin of list) is nil
                                then begin of list
                                 else next of end of list
                                   fi
                             := heap element ) := nil
```

Wer die Programmiersprache LISP kennt, wird sich über solche ineinander geschachtelte Konstruktionen nicht allzu sehr wundern.

Wie man ein neues **element** (*this*) an eine bestimmte Stelle (*here*) in eine Liste einfügen kann, zeigt die folgende Prozedur:

```
proc insert = (ref element this , here) void :
     ( ref element tail = next of here ;
       next of here := this ;
       next of this := tail
     )
```

Man beachte, daß durch *insert* auch ein (schon existierendes) **element** an eine Liste angehängt werden kann. Es sei zum Beispiel deklariert:

list *mylist* ; **element** *thisone* ;

Will man nun *thisone* am Ende von *mylist* anhängen, so schreibt man den Aufruf:

insert (thisone , end **of** *mylist)*

Innerhalb der closed-clause von *insert* erhält dann der identifier *tail* den Wert **nil**.

4. Die Anpassungsoperationen (coercions)

4.1 Einfache Anpassungsoperationen

4.1.1 Der Begriff "coercion"

Durch eine "coercion" wird implizit ein internes Objekt eines bestimmten "mode" in ein internes Objekt eines anderen "mode" übergeführt (vergleiche jedoch 4.3.3).

In allen Programmiersprachen treten solche Arten von impliziten Typ- bzw. Wert-Umwandlungen auf.

In 2.2.2 betrachteten wir schon das Beispiel:

$$y := i \times j$$

Die "apriori-modes" von i und j sind **ref int**; der "apriori-mode" von $i \times j$ ist **int**; die destination y fordert jedoch einen **real**. Der Compiler 'versteht' diese assignation so, als ob man explizit geschrieben hätte:

$$y := \textbf{real}\,(\textbf{int}\,(i) \times \textbf{int}\,(j))$$

Auch ein ALGOL60-Compiler übersetzt das <assignment statement> in dieser Weise, und auch wenn man in FORTRAN schreibt $Y = I \times J$, kann man nichts anderes erwarten.

Daß in den meisten Programmiersprachen ziemlich unbekümmert über solche impliziten Anpassungsoperationen hinweggesehen wird, findet seine Ursache darin, daß es sich hierbei um ein einfaches und vor allem natürliches Konzept handelt.

Die orthogonale Struktur von ALGOL68, insbesondere die Möglichkeiten, beliebig viele neue "modes" und Operatoren zu definieren, sowie die weitreichende Manipulation mit zusammengesetzten Werten ("multiple-" und "structured-values") machen es unvermeidlich, bei der Behandlung solcher impliziten Anpassungsoperationen äußerst genau zu sein. In ALGOL68 sind die "coercions" vollständig durch die Syntax beschrieben. Diese impliziten Anpassungsoperationen werden völlig durch den Kontext bestimmt. Gerade dies macht die Syntax recht kompliziert, die Anwendung der Sprache aber einfach und angenehm.
Der Programmierer sollte ungefähr wissen, wann welche Anpassungsoperationen implizit angewendet werden.

Zunächst ein wenig Terminologie:

	"to coerce"	bedeutet:	"anpassen" ,
	"coercion"	bedeutet:	"Anpassung" ,
ein	"coercer"	ist ein	"Anpasser" ,
ein	"coercend"	ist ein	"Anzupassender".

Der "coercer" ist in ALGOL68 immer der syntaktische Kontext; der "coercend" ein unit, dessen Wert in einen anderen (angepaßten) Wert übergeführt werden soll.

> Ein unit liefert einen Wert eines bestimmten ("apriori-") "mode". Es kann durch seinen syntaktischen Kontext gezwungen werden, einen Wert eines anderen ("aposteriori-") "mode" zu liefern.

Wir werden die impliziten Anpassungsoperationen, wenn es zum besseren Verständnis nötig ist, explizit durch 'Compilations-Operatoren' angeben, die jedoch nicht im Report vorkommen.

Die sechs Grund-"coercions" in ALGOL68 sind:

offizielle Terminologie	deutsche Übersetzung	Compilations-Operatoren
"dereferencing"	"absteigen" (von einer **ref amode** Adresse zu ihrem **amode** Wert)	deref
"deproceduring"	(eine "routine", die keine Parameter hat) "aufrufen"	deproc
"rowing"	"zu einer Reihe machen"	row
"voiding"	(einen Wert) "nicht weiter betrachten"	voiden
"widening"	"erweitern"	widentoreal widentocompl widentorowofbool widentorowofchar
"uniting"	"vereinigen"	unite

Nachfolgend geben wir in einer Übersicht alle units an. Welche von ihnen "coercends" sind, kennzeichnen wir durch ein (c).

Übersicht über die ALGOL68-units

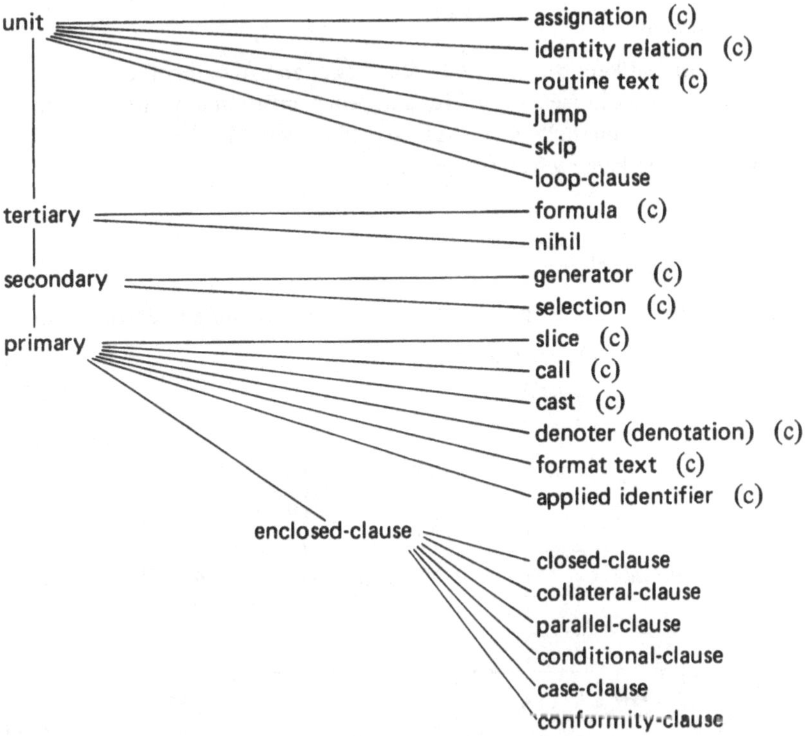

Nur 'open units' können "coercends" sein. Die von 'closed units' gelieferten Werte können also nicht mehr Anpassungsoperationen unterworfen werden.

Einzelne (syntaktische) Bestandteile eines unit können selbst wieder units sein. Damit hierbei keine syntaktischen Mehrdeutigkeiten auftreten, ist im Report genau angegeben, welche der units als Bestandteile eines anderen unit auftreten können. Hierzu sind bestimmte units zu Teilmengen innerhalb der Menge aller units zusammengefaßt. Man kann dies der Übersicht entnehmen.

So ist z. B. (syntaktisch gesehen) die linke Seite einer assignation stets ein tertiary, während die rechte Seite ein unit ist. Dies bedeutet, daß auf der rechten Seite jedes unit (also auch eine weitere assignation), auf der linken Seite jedoch u. a. keine weitere assignation stehen darf. Würde man auf der linken Seite ebenfalls eine assignation zulassen, so wüßte man z. B. bei der assignation

$$y := x := 1$$

nicht, was linke und was rechte Seite ist.
Wir haben in 3.1.7 gesehen, daß die Konstruktion

selector **of** *arow* [*i*]

eine selection und kein slice darstellt. Dies liegt daran, daß innerhalb einer selection nach '**of**' ein secondary, also auch ein primary und damit auch ein slice stehen darf. Innerhalb eines slice darf jedoch vor ' [' 'nur' ein primary, insbesondere also keine selection stehen.

4.1.2 "dereferencing"

Durch das "dereferencing" geschieht der Übergang von **ref amode** zu **amode**.
Wir betrachten folgende assignation:

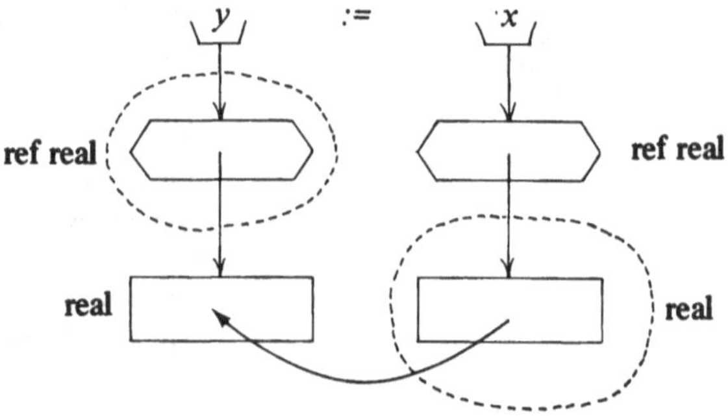

Auf der linken Seite sind wir nicht an dem **real**-Wert interessiert, den wir durch Absteigen von **ref real** erreichen würden. Vielmehr ist für uns gerade die Adresse von Bedeutung, der wir einen neuen **real**-Wert zuweisen wollen. Es findet also auf der linken Seite kein "dereferencing" statt ("soft context" vgl. 4.4.2).

Auf der rechten Seite dagegen sind wir an der Adresse nur interessiert, um den Wert zu erreichen, auf den sich die Adresse bezieht. Denn gerade diesen Wert wollen wir der Adresse der linken Seite zuweisen. Wir steigen also hier zu dem **real**-Wert ab.

Wenn wir keine impliziten "coercions" hätten, müßten wir schreiben:

y := **real** *(x)*

Dies ist korrekt in ALGOL68 (Anwendung des cast). Wir brauchen es aber nicht zu schreiben, weil es der Compiler für uns tut:

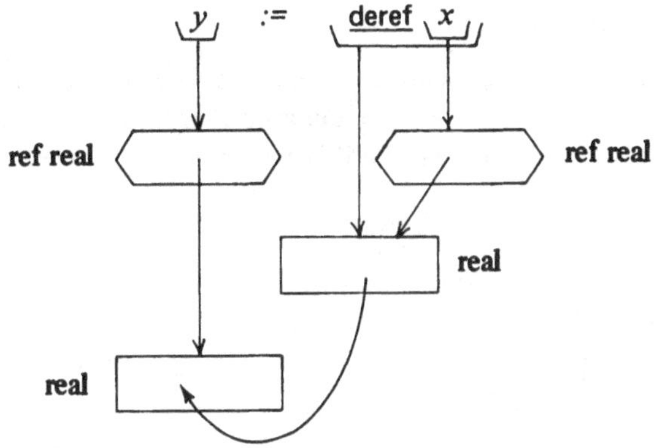

Daß auch mehrere implizite deref̲s nacheinander vorgenommen werden können, zeigt folgendes Beispiel (vgl. auch 3.5.1):

y := sqrt (xx)

Der Compiler macht daraus:

y := sqrt (deref̲ deref̲ *xx)*

Die "elaboration" ergibt folgendes Bild:

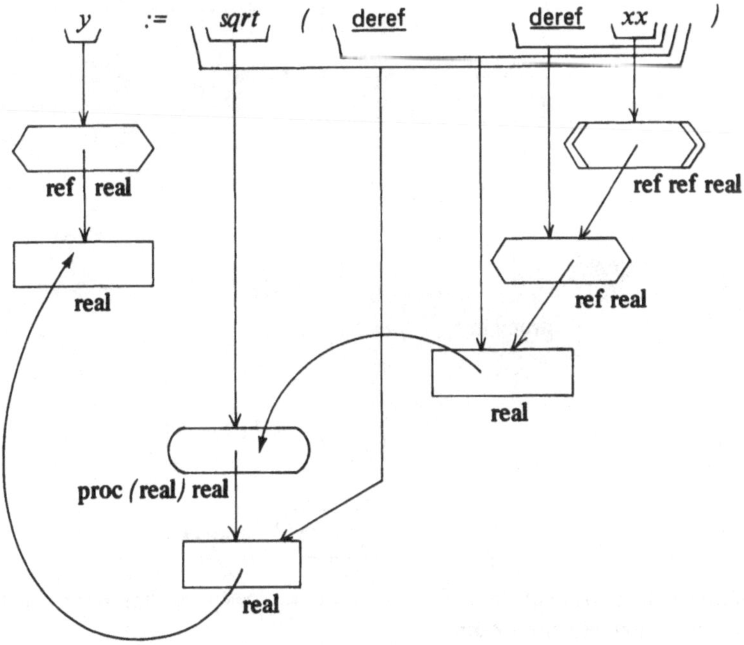

4.1.3 "deproceduring"

Durch das "deproceduring" wird ein **proc amode** in einen **amode** übergeführt. Tritt ein **proc amode**-identifier (z. B. der **proc char**-identifier *next*, vgl. 3.2.2) im Programmtext auf, so hat er Zugriff zu einer Routine ohne Parameter:

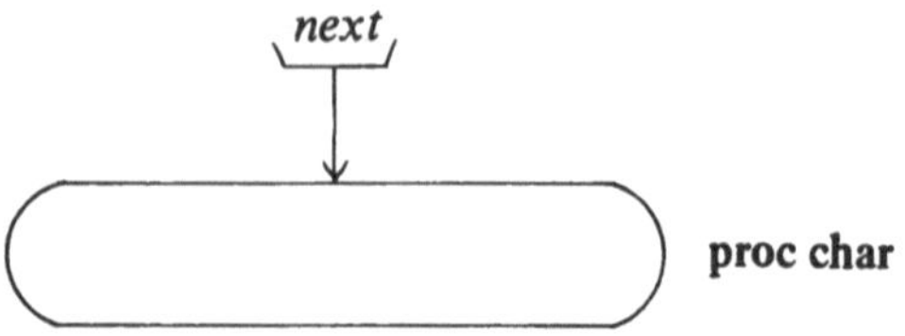

In den meisten Anwendungen (jedoch nicht in allen) will man aber den **char** haben, den diese Routine bei ihrem Aufruf als Ergebnis liefert, und nicht diese Routine selbst. Der Aufruf der Routine sowie die Lieferung des **char** wird durch das "deproceduring" bewirkt.

Sei *symbol* eine **char**-Variable, so macht aus *symbol* := *next* der Compiler

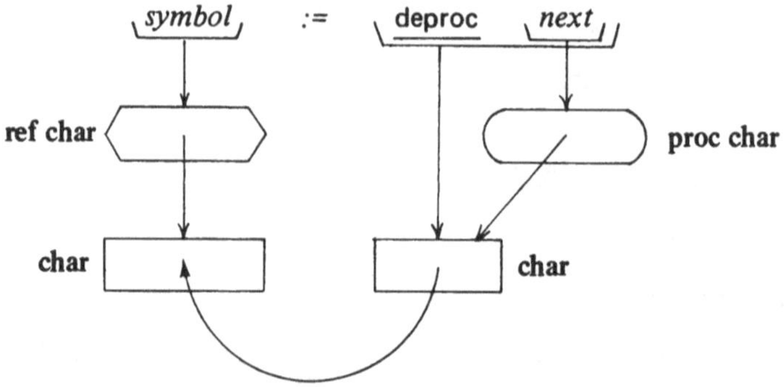

Hat man dagegen

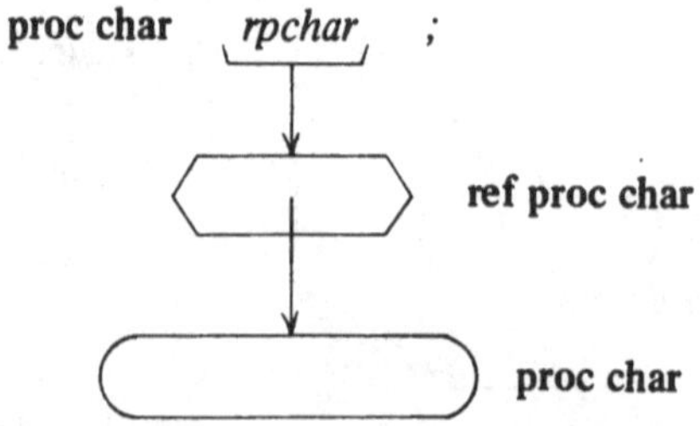

deklariert, so hat *rpchar* Zugriff zu der Adresse eines **proc char**, der man also einen **proc char** zuweisen kann.

Zum Beispiel:

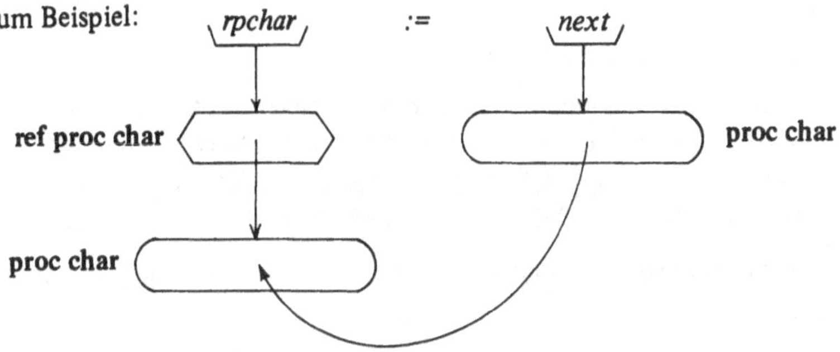

Hierbei findet auf der rechten Seite kein “deproceduring” statt, da *next* hier liefern soll, was es schon “apriori” geliefert hat, nämlich ein **proc char**.

Schreibt man jetzt aber:

symbol := rpchar

so macht der Compiler daraus:

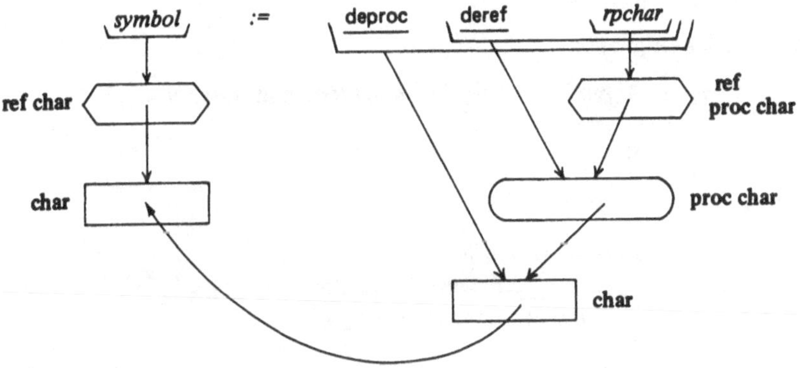

Durch das “deproceduring” findet ein Aufruf einer parameterlosen Routine statt.
Prozeduren mit Parametern werden nicht implizit durch das “deproceduring”, sondern explizit durch ihren call aufgerufen.

Man vergleiche die units *next* und *nextto (" ? ")* (vgl. 3.2.2). Bei *next* entscheidet der Kontext, ob die Routine aufgerufen werden soll oder vielleicht die Routine selbst verlangt wird. Bei *nextto (" ? ")* ist kein Zweifel möglich: das unit *nextto* erhält die Routine, *nextto (" ? ")* ruft sie mit dem aktuellen Parameter *" ? "* auf.

4.1.4 “rowing”

Das “rowing” überführt ein **amode** in einen [ ] **amode**, welches dann aus dem **amode** allein besteht. Es entsteht also ein “multiple value”, dessen “descriptor” ⟦1 : 1⟧ ist.

Beispiel:

string := *"more than 1 character"*

Hier ist *"more than 1 character"* ein row-of-character-denotation (ein string-denotation), das man eingeführt hat, weil man sonst auf der rechten Seite

("m", "o", "r", "e", " ", "t", "h", "a", "n", " ", "1", " ",
"c", "h", "a", "r", "a", "c", "t", "e", "r")

schreiben müßte. Man beachte jedoch, daß:

"a"

ein character-denotation ist und nicht ein row-of-character-denotation. Durch das "rowing" kann aber ein **char** in ein [ ] **char** übergeführt werden.

Der Compiler übersetzt z. B.

string := *"a"*

in

string := row *"a"*

Auch in der assignation:

string := **if** *read (symbol); "a"* ≤ *symbol* **and** *symbol* ≤ *"z"*
then *symbol* **else** *"?"*
fi

tritt u. a. "rowing" auf:

string := **if** *read (symbol);*
"a" ≤ deref *symbol* **and** deref *symbol* ≤ *"z"*
then row deref *symbol* **else** row *"?"*
fi

Dank des "rowing" kann also ein character-denotation, wenn es die rechte Seite einer assignation ist, als ein row-of-character-denotation (string-denotation) angesehen werden.

4.1.5 "voiding"

Durch das "voiding" wird ein **amode** in einen **void** übergeführt, d. h. der **amode** wird nicht weiter verwendet.

Alle units in ALGOL68 besitzen einen Wert eines bestimmten "mode". Folgt einem unit unmittelbar ein go-on-token ';', so wird der Wert des unit beim 'Passieren' dieses go-on-token nicht weiter verwendet: man wirft diesen Wert weg, 'der Mohr hat seine Schuldigkeit getan, der Mohr kann gehen'.

Beispiel (vgl. 2.5.3):

```
absum plusab  if read (x); num plusab 1; x > 0
            then pos plusab 1; posum plusab x; + x
            elif x < 0
            then neg plusab 1; negum plusab x; - x
            else num minusab 1; 0
              fi
```

Der Compiler übersetzt dies zu:

```
absum plusab  if read (x) ;
                 voiden (num plusab 1) ; deref x > 0
            then voiden (pos  plusab 1) ;
                 voiden (posum plusab x) ; + deref x
            elif deref x < 0
            then voiden (neg plusab 1) ;
                 voiden (negum plusab 1) ; - deref x
            else voiden (num minusab 1) ; widentoreal 0
              fi
```

Durch das "voiding" sieht man klar und deutlich, welchen Wert eine serial-clause liefert: den Wert ihres letzten unit, die Werte aller anderen units werden weggeworfen.

Im obigen Beispiel beachte man noch, daß das erste unit der enquiry-clause *read (x)* "apriori" einen **void** liefert, da die "routine" der Standard-Prozedur *read* bei ihrem Aufruf einen **void** liefert. Der Compiler braucht also nicht mehr zu "voiden". Für widentoreal vgl. 4.2.4.

In 2.8.2 haben wir gesehen, daß der Wert einer closed-collateral-clause das Gesamtgebilde der Werte ihrer units ist. Dieses Gesamtgebilde ist dabei, wenn nicht das "voiding" vorgenommen wird, stets entweder ein "multiple value" oder ein "structured value", abhängig vom ("strong") Kontext.

Eine collateral-clause kann als unit in einer serial-clause auftreten. Wenn sie dann nicht als letztes unit auftritt, kann sie als statement angesehen werden. Dies bedeutet: die Werte aller ihrer units werden einzeln weggeworfen.

Einer collateral-clause als statement begegneten wir im Beispiel von 1.4.2. Der Compiler übersetzt:

```
begin    int k, n;
         real next, sum, squm;
         read (n);
         voiden ( sum := deref ( squm := widentoreal 0 ) );
         voiden ( k := 1 );
again:   read (next);
         ( voiden (  sum := deref  sum + deref next ),
           voiden ( squm := deref squm + deref next ↑ 2 ),
           voiden (    k := deref    k + 1            )
         );
         if deref k ≤ deref n then goto again fi;
         print ( ( deref sum / deref n,
                   sqrt ( deref n × deref squm
                        - deref sum ↑ 2 ) / deref n
                 )
               )
  end
```

4.1.6 Jump und **skip**

Bisher haben wir den Wert, den ein jump liefert, als einen **void** betrachtet. Offiziell (also nach dem Report) stimmt dies nicht ganz.

Formal-syntaktisch kann ein jump den Wert eines jeden, vom Kontext geforderten "mode" liefern.

In der folgenden assignation

y := **if** *x* ≥ *0* **then** *sqrt (x)* **else goto** *alarm* **fi**

wird der jump **goto** *alarm* vom Compiler so behandelt, als ob er einen **real** liefern würde, damit die gesamte assignation formal-syntaktisch korrekt ist.

Niemand (auch nicht der Compiler) wird sich natürlich hierbei um diesen **real**-Wert kümmern; denn liefert zur 'runtime' *x* einen negativen Wert, so erfolgt stets ein Sprung zu der durch den label-identifier *alarm* markierten Stelle im Programmtext. Eine Zuweisung findet also nicht statt.

Betrachtet man die leere Menge (**void**) als Teilmenge aller Mengen, so könnte man berechtigterweise sagen: ein jump liefert einen **void**.

Hiervon gibt es jedoch eine Ausnahme: verlangt der Kontext eine Routine, so liefert der jump keinen **void**, sondern eine Routine, die aus dem jump allein besteht.

Beispiel:

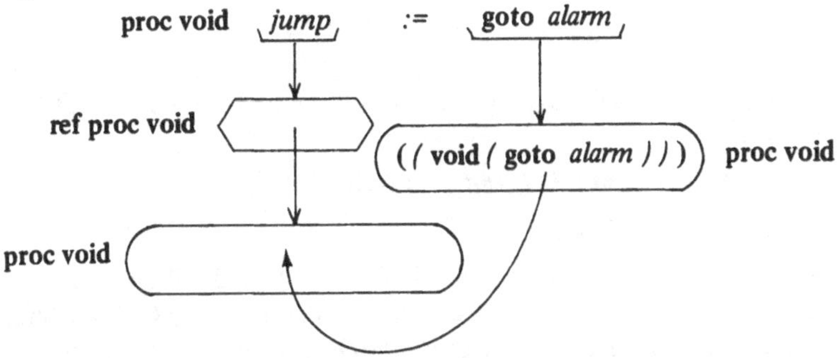

Die "elaboration" von **goto** *alarm* liefert in diesem Fall keinen Sprung, sondern eine Routine vom "mode" **proc void**, die der **proc void**-Variablen *jump* zugewiesen wird.

Erst wenn die Variable *jump* als applied-identifier in einem Kontext auftritt, der ein "deproceduring" (vgl. 4.1.3) verlangt, wird bei ihrer "elaboration" die ihr zugewiesene Routine aufgerufen. Dies bedeutet, daß erst an dieser Stelle ein Sprung ausgeführt wird.

Es gibt neben dem jump noch ein weiteres unit, welches ebenfalls den Wert eines jeden, vom Kontext geforderten "mode" liefert. Es ist dies der **skip**. Das unit **skip** kann man dann schreiben, wenn die Syntax ein unit fordert, man jedoch nicht weiß, welches unit man schreiben soll.

Der **skip** ist das ALGOL68-'dummy statement'. In den meisten Fällen kann man aber wegen der Nachgiebigkeit der Syntax den **skip** vermeiden.

Beispiele:

```
if x ≥ 0 then y := sqrt (x) else skip fi
```

Hier wird jeder wohl schreiben:

```
if x ≥ 0 then y := sqrt (x) fi
```

```
case i
  in unit1 , unit2 , unit3 , unit4
 out skip
esac
```

Hier schreibt man natürlich:

```
case i
  in unit1 , unit2 , unit3 , unit4
esac
```

(vgl. 2.5.1 und 2.6.1).

4.2 Verwandte "modes"

4.2.1 **bool** und **bits**

Aus dem Grund-"mode" **bool** (vgl. 1.1.2) wird durch die standardmäßige declaration

mode bits = **struct** *([1 : bits width]* **bool** ℵ *)*

der "mode" **bits** definiert.

Mit Hilfe von **bits** (ebenso wie mit **bytes**, vgl. 4.2.2) hat der Programmierer Zugriff zu einzelnen Maschinenworten im Speicher. Denn ein **bits** ist kein "multiple value", sondern eine Folge von **bools** fest vorgegebener Länge, aufgefaßt als ein Maschinenwort. Zu diesem Maschinenwort wird nicht über einen "descriptor" (wie bei einem "multiple value"), sondern direkt zugegriffen. Dies geschieht unter Ausnutzung aller hierfür vorhandenen 'hardware'-Möglichkeiten der Maschine, auf der die Sprache implementiert ist. Um dem Programmierer diese Möglichkeit des effizienten Zugriffs zu geben und ihn daran zu hindern, ein **bits** als ein "multiple value" zu behandeln, ist diese Folge von **bools** in eine Struktur eingebettet, deren field-selector ℵ vom Programmierer nicht benutzt werden darf.

Durch ein **bits** wird ein Maschinenwort als eine Folge von 'bits' (d. h. **bools**) angesehen. Dabei bestimmt *bits width* die Anzahl der 'bits' in einem Maschinenwort, gibt also die Wortlänge an. Die Konstante *bits width* ist implementationsabhängig und standardmäßig definiert.

Für **bits** sind Operatoren definiert, die die gebräuchlichen Maschinenoperationen durchführen. Insbesondere kann man mit Hilfe des Operators **elem** ein einzelnes **bool** aus einem **bits** auswählen.

Zunächst ein Überblick der Standard-Operatoren für **bits**; man vergleiche auch 5.2.5.

	operator	priority	left operand	right operand	result
*)	**abs**	*10*		**bits**	**int**
*)	**bin**	*10*		**int**	**bits**
*)	**elem**	*7*	**int**	**bits**	**bool**
*)	**and** **or**	*3* *2*	**bits**	**bits**	**bits**
*)	↑ ×× **up**	*8*	**bits**	**int**	**bits**
*)	= **eq** ≠ **ne** ⩽ <= **le** ⩾ >= **ge**	*4* *4* *5* *5*	**bits**	**bits**	**bool**

*) Bemerkungen zu den Operatoren:

abs *a*	liefert den **int**-Wert, dessen Dual-Darstellung der Wert von *a* ist.
bin *a*	liefert die Dual-Darstellung von *a* (Umkehrung von **abs**).
i **elem** *a*	liefert das *i*-te 'bit' von *a*.
a **and** *b* *a* **or** *b*	liefert ein **bits**, das durch elementweise Konjunktion bzw. Disjunktion von *a* und *b* entsteht.
a ↑ *i*	liefert ein **bits**, das aus *a* durch Verschiebung von *i* 'bits' entsteht (Verschiebung nach links, wenn $i > 0$; Verschiebung nach rechts, wenn $i \leqslant 0$). Bei jeder Verschiebung wird eine entsprechende Anzahl von **false** nachgezogen.
$a \leqslant b$	liefert **true**, wenn *(a* **or** *b) = b* gilt.

Für **bits** gibt es (ebenso wie für die Elemente von Grund-"modes") eigene denotations. Diese werden in der "radix"-Form angegeben. Man hat also die Möglichkeit, ein **bits** in verschiedenen Zahlsystemen darzustellen. Möglich sind hierbei die Zahlsysteme zur Basis ("radix") 2, 4, 8 und 16.

So bezeichnen zum Beispiel die bits-denotations:

2r111101 , *4r331* , *8r75* und *16r3d*

jeweils das gleiche **bits**, je nach verwendetem Zahlsystem. Hierbei gilt: links von dem *r* steht die Basis des Zahlsystems, rechts davon die entsprechende Darstellung des **bits**. Die Buchstaben *a, b, c, d, e, f* werden in der "radix"-Form *16r* für die 'Ziffern' *10, 11, 12, 13, 14, 15* benutzt.

Ist z. B. *bits width = 32* (hat also ein Maschinenwort die Länge 32), so werden die Werte der oben angegebenen bits-denotations stets durch die gleiche Folge von 'bits' im Speicher dargestellt wie der Wert von

2r00000000000000000000000000111101

Innerhalb des Maschinenwortes werden die dem bits-denotation entsprechenden 'bits' rechtsbündig abgespeichert und nach links mit **false** (also *0*) aufgefüllt.

4.2.2 **char** und **bytes**

Neben dem **string** wird aus dem Grund-"mode" **char** ein weiterer "mode" standardmäßig definiert:

mode bytes = **struct** *(* [*1 : bytes width*] **char** ℵ *)*

Wie ein **bits**, so ist auch ein **bytes** kein "multiple value", sondern eine Folge von **chars** fest vorgegebener Länge, aufgefaßt als ein Maschinenwort. Hierbei wird ein Maschinenwort als eine Folge von 'bytes' betrachtet. Der Zugriff innerhalb des Speichers zu einem **bytes** geschieht auch hier nicht über einen "descriptor", sondern direkt, unter Ausnutzung der hierfür vorhandenen 'hardware'-Möglichkeiten der Maschine. Deswegen ist auch hier die Folge von **chars** (die ein **bytes** bilden) in eine Struktur eingebettet, deren field-selector ℵ von dem Programmierer nicht benutzt werden kann. Ein **bytes** unterscheidet sich also von einem **string** darin, daß der Zugriff zu einem **bytes** in den meisten Implementationen sehr viel effizienter erfolgen kann als der Zugriff zu einem **string**.

Die Anzahl der 'bytes' innerhalb eines Maschinenwortes wird durch *bytes width* bestimmt. Hierbei ist auch *bytes width* implementationsabhängig und standardmäßig definiert.

Wie für **bits**, sind auch für **bytes** Operatoren definiert, die die gebräuchlichen 'Teilwort'-Maschinenoperationen effizient durchführen:

operator	priority	left operand	right operand	result
elem	*7*	**int**	**bytes**	**char**
= **eq**	*4*	**bytes**	**bytes**	**bool**
≠ /= **ne**	*4*			
< **lt**	*5*			
> **gt**	*5*			
⩽ <= **le**	*5*			
⩾ >= **ge**	*5*			

4.2.3 **long**- und **short**-"modes"

Bei einer Implementation werden für alle **ints** gleichgroße Speicherplätze zur Verfügung gestellt, in welchen die **ints** intern dargestellt werden. Das gleiche wird für **reals**, **compls**, **bits** und **bytes** gelten, wobei dann natürlich die Speicherplätze für die **ints** und die Speicherplätze für die **reals** unterschiedliche Größe haben können (dies wird bestimmt der Fall sein für **reals** und **compls**).

Man hat nun in ALGOL68 die Möglichkeit, die einzelnen Werte jeder der oben genannten Mengen in verschieden großen Speicherplätzen intern unterzubringen.
Dies kann für den Programmierer sinnvoll sein, wenn er z. B. eine größere Genauigkeit seiner intern dargestellten Werte haben möchte oder aber ihm der üblicherweise für seine Werte zur Verfügung gestellte Speicherraum zu groß ist oder wenn er zwischen einer größeren Anzahl von Werten des gleichen "mode" unterscheiden möchte; ganz allgemein: wenn der Programmierer mehr oder auch weniger Information als üblich durch seine Werte erhalten möchte.

Mit Hilfe der 'mode-maker' **long** und **short** kann der Programmierer dies für **ints**, **reals**, **compls**, **bits** und **bytes** tun.

Den Werten einer dieser Grundmengen ist die Länge 0 zugeordnet. Durch Voransetzen von **long** (**short**) vor den "mode" einer dieser Grundmengen wird eine neue Menge definiert, welche die Grundmenge umfaßt (in der Grundmenge enthalten ist). Diesen Konstruktionsprozeß kann man wiederholt anwenden durch Voransetzen eines weiteren **long** vor den "mode" der Obermenge (**short** vor den "mode" der Teilmenge).
Die Länge der Elemente einer dieser Obermengen (Teilmengen) wird durch die Anzahl der **longs** (**shorts**) bestimmt.

Die gleiche Konstruktion (also das Voransetzen von **long** oder **short**) muß dann auch auf die denotations der einzelnen Elemente angewendet werden (vgl. die Beispiele am Schluß dieses Paragraphen).

Deklariert man zum Beispiel:

long long int *mmmm;* **long int** *mmm;* **int** *mm;* **short int** *m;*

so beziehen sich die Adressen von *mmmm*, *mmm*, *mm* und *m* jeweils auf **int**-Werte der Länge 2, 1, 0 und - 1.

Natürlich kann man dann davon ausgehen, daß i. a. für den **int**-Wert der Länge 2 bzw. 1 mehr (vielleicht dreimal bzw. zweimal soviel) und für den **int**-Wert der Länge - 1 weniger (vielleicht halb soviel) Speicherplatz zur Verfügung steht als für den **int**-Wert der Länge 0. Dies ist jedoch sehr abhängig von der Implementations-Maschine.

Die maximalen Werte verschiedener Länge sind standardmäßig gegeben durch die **int**-Konstanten

long max int , *long long max int* , etc.
und *long max real* , *long small real* , *long long max real* , etc.

Nun wird im allgemeinen eine gegebene Implementation nicht zwischen Werten beliebiger Länge unterscheiden. Vielmehr werden ab einer bestimmten Länge (sowohl nach oben als auch nach unten) die Werte als von gleicher Genauigkeit aufgefaßt (es könnte sogar so sein, daß eine Implementation nur Werte der Länge 0 zur Verfügung stellt und vielleicht nur am Sonntag ein wenig mehr).

Zwischen wieviel verschiedenen Längen eines **int** bzw. **real** (und damit auch eines **compl**) jeweils unterschieden wird, ist standardmäßig durch die **int**-Konstanten

int lengths und *int shorts*
bzw. *real lengths* und *real shorts*

angegeben.
Anhand dieser **int**-Konstanten kann der Programmierer feststellen, wieviel **longs** bzw. **shorts** er benutzen kann, um Werte unterschiedlicher Länge zu erhalten.
Ist etwa bei einer Implementation

int lengths = 3 und *int shorts* = 1

so wird nur zwischen fünf Mengen von **int**-Werten verschiedener Länge unterschieden, nämlich

long long long int , **long long int** , **long int** , **int**
und **short int**

Deklariert dann der Programmierer in seinem Programm etwa

long long long long long long long long int *mmmmmmmmmm;*
und **short short int** *n;*

so sind allerdings die "modes" von *mmmmmmmmmm* und *n* verschieden von allen anderen **long** . . . **long ints** bzw. **short** . . . **short ints**, es werden aber die Werte dieser (zu langen bzw. zu kurzen) "modes" abgespeichert als wären sie **long long long ints** bzw. **short ints**.

Wir haben in 4.2.1 und 4.2.2 gesehen, daß die Anzahl der 'bits' (**bools**) in einem **bits** durch *bits width* und die Anzahl der 'bytes' (**chars**) in einem **bytes** durch *bytes width* bestimmt ist. Für die einzelnen **bits** bzw. **bytes** unterschiedlicher Länge (wieviele davon unterschieden werden, wird wieder standardmäßig durch die **int**-Konstanten *bits lengths* und *bits shorts* bzw. *bytes lengths* und *bytes shorts* bestimmt) wird dann die Anzahl der in ihnen enthaltenen 'bits' bzw. 'bytes' jeweils durch (dieser Paragraph ist longlong-long-langweilig)

bits width , *long bits width* , *long long bits width* , etc.
short bits width , *short short bits width* , etc.

bzw. durch

bytes width , *long bytes width* , *long long bytes width* , etc.
short bytes width , *short short bytes width* , etc.

bestimmt.

Wie wir in 4.2.4 sehen werden, gibt es kein "widening" von z. B. einem **real** der Länge 1 zu einem **real** der Länge 2.

Hierfür haben wir jedoch die monadischen Operatoren **leng** und **shorten**:

leng	'erweitert' den Wert seines (rechten) Operanden zu einem Wert (**int, real, compl, bits** oder **bytes**) mit einem **long** mehr oder einem **short** weniger.
shorten	'verengt' den Wert seines (rechten) Operanden zu einem Wert (**int, real, compl, bits** oder **bytes**) mit einem **short** mehr oder einem **long** weniger.

Die ('mode-maker') symbols **long** und **short** braucht man auch in denotations für Werte von **long**- bzw. **short**-"modes".

Man schreibt also:

long real *pii* = **long** *3.14159265358968323756264338*

Wenn man das **long** hier wegläßt, macht man einen syntaktischen Fehler (es gibt kein "widening" von **real** nach **long real**, vgl. 4.2.4). Man muß z. B. auch schreiben:

```
    long int zero = long 0
und short int o   = short 0
```

Und ebenso bei **bytes** und **bits**:
z. B.

```
    short bits mask = short 2r11111111
```

Alle Operatoren, die für **int, real, compl, bits** und **bytes** standardmäßig definiert sind, sind auch (und genau so) definiert für die entsprechenden **long**- und **short**-"modes". Man beachte jedoch, daß es auch dabei kein "widening" oder 'narrowing' gibt zwischen **longs** oder **shorts**.

Zum Schluß ein Beispiel:

```
proc inprod = co a procedure that computes the innerproduct of two
                 rows-of-real, which are possibly unequal in length
                 and (or) index-range; both rows will be considered
                 to consist of zeros where they do not cope with the
                 index-range of the other row
              co
              ( ref [ ] real u, v) real :
     ( int lwbu = lwb u , lwbv = lwb v ,
           upbu = upb u , upbv = upb v ;
       long real sum := long 0.0 ;
        for i
       from if lwbv > lwbu then lwbv else lwbu fi
         to if upbv <  upbu then upbv else upbu fi
         do
             sum plusab leng u [i] × leng v [i]
         od ;
       shorten sum
     )
```

4.2.4 "widening"

Die Anpassungsoperation "widening" überführt ein **int** in einen **real** oder ein **real** in einen **compl** oder ein **bits** in einen [ ] **bool** oder ein **bytes** in einen [ ] **char** (jeweils unter Beibehaltung der Länge).

Der Compiler wird das "widening" nur im sogenannten "strong context" (vgl. 4.4.2) vornehmen, so z. B. auf der rechten Seite einer assignation oder auf der rechten Seite einer identity-declaration; jedoch z. B. nicht in einer formula. Wir werden später darauf zurückkommen (vgl. 5.1.3).

Wenn der Kontext ein **real** fordert, der "coercend" "apriori" einen **int** liefert, so kann dieses **int** erweitert werden zu einem **real** gleicher Länge. Dies bewirkt die "coercion" widentoreal. Durch die "coercion" widentocompl wird ein **real** erweitert zu einem **compl** gleicher Länge.

Es sei z. B. deklariert

int *i;* **real** *x;* **compl** *z;*

Schreibt man dann

x := 37;   *z := 37.0;*
z := 37;

so übersetzt der Compiler:

x := widentoreal *37;* *z :=* widentocompl *37.0 ;*
z := widentocompl widentoreal *37 ;*

In ALGOL68 gibt es kein 'narrowing' (Einengen): man kann in vielen Fällen ("strong context") von **int** zu **real** und weiter zu **compl** mit Hilfe des impliziten 'transfer' übergehen, jedoch nicht umgekehrt (wie es z. B. in ALGOL60 von **real** nach **integer** möglich ist).

Man muß dann z. B. schreiben:

i := **round** *x* oder *i :=* **entier** *x*

wobei **round** und **entier** monadische Standard-Operatoren sind (vgl. 1.3.4 und 5.2.2).

Die Ursache, warum ALGOL68 kein 'narrowing' kennt, liegt darin, daß zwar der Übergang **int** → **real** → **compl** mathematisch eindeutig ist, jedoch nicht die umgekehrte Richtung (der eine will **round**, der andere **entier**, und für **compl** → **real** kann man sogar wählen zwischen **re**, **im** und **abs**).
Auch für die 'hardware'-"modes" **bits** und **bytes** ist in ALGOL68 (im "strong context") ein "widening" definiert: ein **bits** bzw. ein **bytes** kann in ein "multiple value", und zwar in ein [ ] **bool** bzw. [ ] **char** übergeführt werden. Diese beiden "multiple values" bestehen aus den in dem **bits** bzw. **bytes** enthaltenen **bools** bzw. **chars** und den "descriptors" ⟦*1 : bits width*⟧ bzw. ⟦*1 : bytes width*⟧.

Beispiel:

Hat man deklariert:

string *text;* **bytes** *charword := bytespack ("1968");*
[1 : bitswidth] **bool** *boolrow;*

und schreibt dann:

boolrow := 2r111101 ; *text := charword ;*

so macht der Compiler daraus:

boolrow := <u>widentorowofbool</u> *2r111101* ;
text := <u>widentorowofchar</u> <u>deref</u> *charword* ;

Nach der "elaboration" der beiden assignations bezieht sich die Adresse von *boolrow* auf das "multiple value", welches aus den **bools** von *2r111101* besteht, während sich die Adresse von *text* auf das "multiple value" von *"1968"* bezieht.

Die Prozedur *bytespack* ist standardmäßig definiert und wandelt ein **string** in ein **bytes** um, wobei die einzelnen Zeichen innerhalb des **string** als 'bytes' dargestellt werden (vgl. 5.2.5).

Das "widening" geschieht nur für die 'transfers':

int → **real** , **long int** → **long real** , usw.
real → **compl** , **long real** → **long compl** , usw.
bits → [*1* : *bits width*] **bool** ,
long bits → [*1* : *long bits width*] **bool** , usw.
bytes → [*1* : *bytes width*] **char** ,
long bytes → [*1* : *long bytes width*] **char** , usw.

Für den Übergang zwischen **int, real, compl, bits** und **bytes** verschiedener Länge verwende man die Operatoren **leng** und **shorten** (vgl. 4.2.3).

4.3 "United-modes"

4.3.1 Der Begriff **union**

Für viele Anwendungen ist es oft nützlich, auch einen "mode" für die Vereinigung von verschiedenen Werte-Mengen zu haben. Dafür haben wir den 'mode-maker' **union**.

Beispiel:

mode human = **union** (**man** , **woman**)

Man kann nun von einem **human** sprechen und damit ein Element aus der Vereinigung aller Werte vom "mode" **man** und **woman** meinen. Ein **human** ist also stets entweder ein **man** oder ein **woman**. Einen neuen Wert vom "mode" **human** gibt es also nicht. Wir stellen ein **human** im Bild folgendermaßen dar:

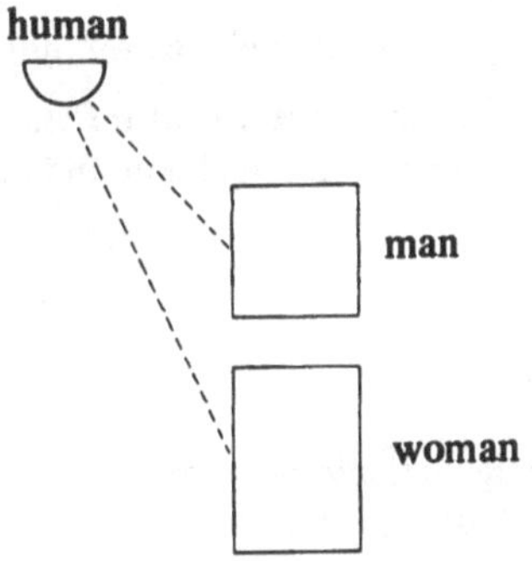

In diesem Bild kennzeichnet

eine Art "descriptor", der zur 'runtime' angibt, welcher "mode" für **human** zutrifft, ob der **human** also ein **man** oder ein **woman** ist.

"United-modes" sind kommutativ, assoziativ und 'absorbierend':

mode namuh = **union** (**woman** , **man**)

spezifiziert den gleichen "mode" wie **human**. Auch:

mode birc = **union** (**bool** , **int** , **real** , **char**) ,
mode bbirc = **union** (**bool** , **bool** , **int** , **real** , **char**) ,
mode cribb = **union** (**char** , **real** , **union** (**int** , **bool**) , **bool**)

spezifizieren alle den gleichen "mode".

Es darf allerdings innerhalb eines **union** kein "mode" aus einem anderen "mode" durch (möglicherweise mehrmaliges) Voransetzen der 'mode-maker' **ref** und **proc** hervorgehen.
Diese "modes" sind zu sehr miteinander verbunden; denn sie können durch mehrmaliges "deproceduring" und "dereferencing" wieder ineinander übergeführt werden, so daß in manchem Kontext die Reihenfolge der Anwendung der drei "coercions" deref bzw. deproc sowie unite (vgl. 4.3.3) nicht eindeutig wäre.

So sind zum Beispiel (neben den in 3.1.6 genannten) die folgenden mode-declarations nicht erlaubt:

mode refrelated = **union** (**ref amode** , **amode**)
mode procrelated = **union** (**proc amode** , **amode**)
mode refprocrelated = **union** (**ref proc ref amode** , **ref amode**)

Dagegen ist aber zum Beispiel:

mode notrelated = **union** (**ref proc ref amode** , **proc amode**)

syntaktisch einwandfrei, da man aus **ref proc ref amode** durch deref und deproc niemals zu **proc amode** kommen kann und erst recht nicht umgekehrt.

4.3.2 Die union-Variable

Betrachten wir die folgende variable-declaration:

human *evadam* ;

Wir erhalten dann folgendes Bild:

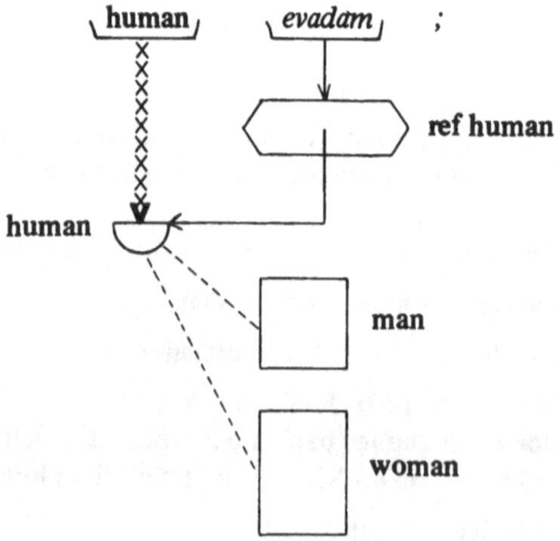

Auf dem "runtime-stack" wird hierbei hinreichend Speicherplatz sowohl für ein **man** als auch für ein **woman** reserviert. Darüberhinaus aber auch für die Administration des geltenden "mode".
Durch ihre variable-declaration erhält dann *evadam* Zugriff zu der Adresse dieses gesamten Speicherraumes.

Es gibt also interne Objekte vom "mode" **ref union** *(, . . .)* , obwohl es keine vom "mode" **union** *(, . . .)* gibt.

4.3.3 "Uniting" und Zuweisung an eine **union**-Variable

Bei allen bisher betrachteten "coercions" werden stets zur 'runtime' gewisse (Grund-)Aktionen ausgeführt, um einen Wert eines bestimmten "mode" in einen Wert eines anderen "mode" überzuführen. Anschaulich gesprochen bedeutet dies: ein Wert eines bestimmten "mode" wird aus der Klasse aller Werte dieses "mode" (mit mehr oder weniger Gewalt) in eine andere Klasse von Werten übergeführt.

Beim "uniting" wird dagegen der "mode" eines zur 'runtime' bestimmten Wertes nicht geändert. Solch einem Wert wird aber durch das "uniting" insofern mehr Spielraum gelassen, daß er nicht mehr als Element einer einzigen Klasse von Werten betrachtet wird, sondern vielmehr als Element der Vereinigung mehrerer (endlich vieler) Klassen.

Formal syntaktisch kann man jedoch sagen, daß ein "mode" **amode** in den "mode" **union** *(***amode** , . . . *)* übergeführt wird.

Sei zum Beispiel:

mode number = **union** *(***int** , **real** , **compl***)*

Deklarieren wir dann

number *irc;* **proc** *f* = *(***number** *u)* **number** *:* unit *;*

und betrachten die nachfolgende assignation

irc := f(3.14);

Bei der "elaboration" dieses call (vgl. 3.2.4) auf der rechten Seite begegnen wir folgender identity-declaration, durch welche die Parameterübergabe vorgenommen wird:

number *u* = *3.14*

Hierdurch soll also *u* den Wert von *3.14*, also ein **real** erhalten. Dies ist jedoch erst möglich, nachdem der Compiler durch das "uniting" festgestellt hat, daß dieser **real**-Wert ein Element der durch **number** bestimmten Vereinigung aller **ints**, **reals** und **compls** ist.

Der Compiler macht also aus obiger identity-declaration

number *u* = unite *3.14*

Da durch das "uniting" ein Wert als ein Element einer Vereinigung mehrerer Klassen von Werten aufgefaßt wird, hat man z. B. die Möglichkeit, der Adresse einer einzigen Variablen Werte von verschiedenem "mode" zuzuweisen.

Betrachten wir dazu z. B. die folgenden variable-declarations

number *irc ;*
int *i;* **real** *r;* **compl** *c;*

sowie die nachfolgende assignation

irc := i

Der Compiler macht daraus

irc := unite deref *i*

Die "elaboration" dieser assignation ergibt folgendes:

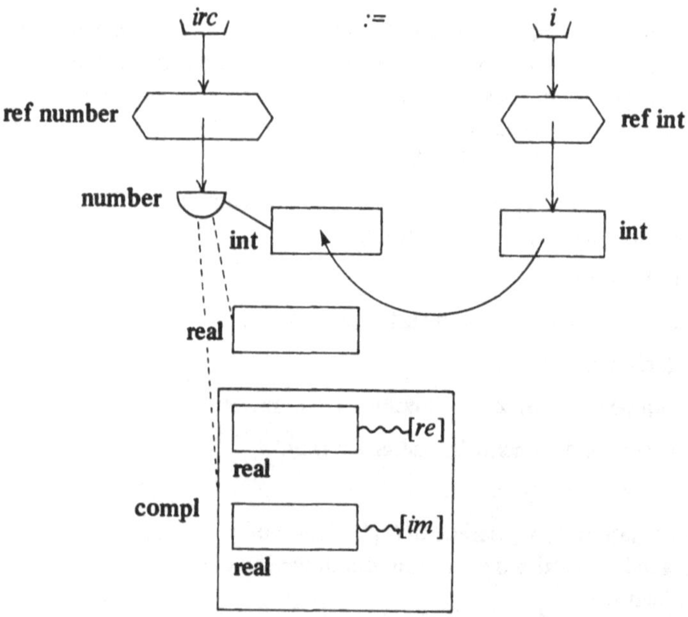

Nachdem durch das "uniting" festgestellt wurde, daß der **int**, den *i* nach dem "dereferencing" liefert, ein Element der durch **number** bestimmten **union** (**int** , **real** , **compl**) ist, wird dieser **int** der Adresse von *irc* zugewiesen. Somit bezieht sich der **ref number** auf diesen **int**.

Entsprechende Bilder ergeben sich bei:

irc := *r* also *irc* := <u>unite</u> <u>deref</u> *r*

irc := *c* also *irc* := <u>unite</u> <u>deref</u> *c*

Durch den 'mode-descriptor' in **number** wird festgestellt, welcher Wert bei jeder assignation in den für **number** reservierten Speicherplatz transportiert wird. In 4.3.4 werden wir sehen, wie man durch eine conformity-clause den geltenden "mode" eines **union** abfragen kann.

Im Gegensatz zu den letzten drei betrachteten assignations ist die 'umgekehrte' Zuweisung, wie zum Beispiel:

r := *irc*

syntaktisch inkorrekt.

Würde der Compiler eine solche (möglicherweise unsinnige) Zuweisung zulassen, so würde die "elaboration" der assignation mit einer aufwendigen 'runtime'-Prüfung überladen. Denn erst zur 'runtime' kann festgestellt werden, welchen "mode" der von *irc* gelieferte Wert tatsächlich hat. Und erst dann könnte man entscheiden, ob dieser Wert zugewiesen werden kann oder nicht. In unserem Beispiel wäre eine Zuweisung nur möglich, wenn der **number** ein **real** ist:

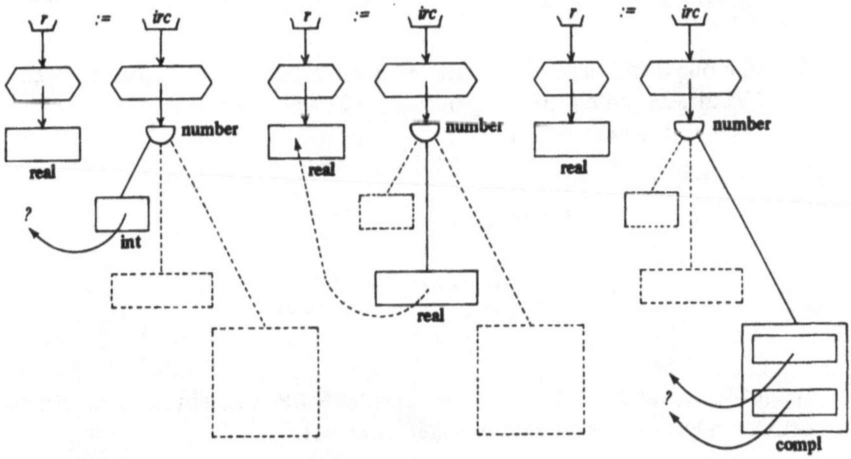

Um also 'runtime'-Prüfungen nicht der assignation aufzuladen, verbietet man von vornherein diese Form der Zuweisung.

4.3.4 Die conformity-clause

Wie mit Hilfe der case-clause (vgl. 2.6), so kann man auch mit der conformity-clause innerhalb eines Programms unter mehreren möglichen Programmteilen einen auswählen, in welchem dann die "elaboration" fortgesetzt wird. Bei einer conformity-clause hängt diese Auswahl jedoch nicht von einem bestimmten **int**-Wert, sondern von dem "mode" eines **union** ab.

Die syntaktische Struktur der conformity-clause haben wir bereits schon in 2.6.1 gesehen. In der conformity-clause werden die einzelnen units in der in-choice-clause zu einer dem "mode"-Vergleich entsprechenden Form erweitert: diese so erweiterten units können dann gewissermaßen als routine-texts angesehen werden.

Beispiel:

mode strumber = **union** (**string** , **number**)

Ein **strumber** ist also ein **union** (**string** , **int** , **real** , **compl**).

strumber *cris* ;
string *string;* **int** *int;* **real** *real;* **compl** *compl;*

Folgende assignations sind ohne weiteres möglich:

cris := "1968"	und auch	*cris* := *string*
cris := 1968	und auch	*cris* := *int*
cris := 1968.0	und auch	*cris* := *real*
cris := (1900.0 , 68.0)	und auch	*cris* := *compl*

Nicht gestattet sind *string* := *cris* , *int* := *cris* , *real* := *cris* und *compl* := *cris* (vgl. 4.3.3).

Will man nun doch, in Abhängigkeit von dem "mode" des **strumber**, auf den sich die Adresse von *cris* bezieht, eine dieser Zuweisungen vornehmen, so kann man z. B. schreiben:

```
int mode := case cris
              in (string s) : (string := s; 0) ,
                 (   int i) : (   int := i; 1) ,
                 (  real r) : (  real := r; 2) ,
                 (compl c) : (compl:=c; 3)
            esac
```

Der **int**-Wert, auf den sich die Adresse von *mode* bezieht, gibt dann an, welche der vier möglichen assignations stattgefunden hat.

In einer conformity-clause muß die enquiry-clause (im obigen Beispiel besteht sie nur aus dem identifier *cris*) stets einen **union** liefern. Vor den einzelnen units innerhalb der in-choice-clause stehen jeweils sogenannte specifications (im Beispiel (**string** *s*) :, (**int** *i*) : , (**real** *r*) : und (**compl** *c*) :) , die die Auswahl der verschiedenen units ermöglichen:

Die declarer in den specifications spezifizieren jeweils einen bestimmten "mode". Mit diesen "modes" wird der "mode" des **union**-Wertes der enquiry-clause verglichen. Stimmt der "mode" dieses **union**-Wertes mit einem dieser "modes" überein oder kann er durch das "uniting" in einen dieser "modes" übergeführt werden, so wird das der entsprechenden specification folgende unit ausgewählt und mit ihm die "elaboration" des Programms fortgesetzt. Wird dagegen keine Übereinstimmung der "modes" festgestellt, so wird die "elaboration" mit der out-choice-clause fortgesetzt.

Eine specification kann (braucht jedoch nicht) einen identifier enthalten (im Beispiel etwa *i* in *(***int** *i) :*). Dieser identifier wird durch seine specification definiert, und er kann dann innerhalb des nachfolgenden unit (aber nur dort) auftreten. Specification mit nachfolgendem unit bestimmen also einen range. Bei der Auswahl erhält der entsprechende identifier (wenn vorhanden) den Wert des **union** der enquiry-clause. Hat der Programmierer kein Interesse an dem Wert (also nur an dem "mode"), so kann er sich in der specification auf den declarer beschränken.

Jedes einzelne unit in der conformity-clause kann man zusammen mit seiner specification als eine Art routine-text auffassen. Dabei hat solch ein routine-text genau einen 'formalen Parameter', der auch aus dem declarer allein bestehen kann.

Im übrigen ist die syntaktische Struktur (inklusive aller in 2.6.1 gegebenen Abkürzungen, Schachtelungen und alternativen Schreibweisen) und die range-Struktur der conformity-clause gleich der der case-clause.

4.4 Die Durchschlagskraft des Kontextes

4.4.1 Der Begriff der syntaktischen Position

Unter der syntaktischen Position eines unit versteht man diejenige Stelle innerhalb des syntaktischen Kontextes, an der dieses unit auftritt.

Beispiel:

> *[1 : n]* **real** *row1, row2;* **int** *h, i, k;* **real** *x, y;* **fun** *f;*
> **man** *henry8; [1 : n] [1 : n]* **real** *vecrow;*

Wir betrachten nun:

a)	*row1 := row2*	h)	**real** *(i)*
b)	*row2 := row1*	i)	*f := sin*
c)	*[1 : n]* **real** *row = row1*	j)	*f := (***real** *a)* **real** *: sin (a) / a*
d)	*read (row1)*	k)	*y := f (x)*
e)	*row1 + row2*	l)	*wife* **of** *henry8*
f)	*row1 [h : k]*	m)	*vecrow [h : k] [i]*
g)	*y := row1 [i]*	n)	*row1 [i] + vecrow [h] [k]*

In a) steht *row1* in der syntaktischen Position einer destination, in b) dagegen in der einer source, ebenso wie in c).

In d) ist *row1* ein actual-parameter, ebenso *x* in k).

In e) ist *row1* ein Operand und in f), g) und n) steht *row1* in der syntaktischen Position eines primary (*row1* steht vor [ ]).

In i) und j) steht *f* in der syntaktischen Position einer destination, genau wie *row1* in a), *row2* in b) und *y* in g) und k).

In k) steht *f* in der syntaktischen Position eines primary (*f* steht vor *( )*), genau wie *read* in d).

In j) sind *sin (a)* und *a* Operanden und *sin* ist ein primary. In *sin (a)* ist *a* ein actual-parameter.

Mit der syntaktischen Position kennt der Compiler die Art des Kontextes, in dem ein bestimmtes unit steht. Von der Art des Kontextes hängt es ab, welche Anpassungs-'Operatoren' durch den Compiler eingefügt werden können.

Will der Programmierer wissen, ob ein bestimmter Wert "aposteriori" von einem unit geliefert werden kann, so muß er neben der syntaktischen Position dieses unit auch die 'Durchschlagskraft', d. h. die Art des Kontextes kennen.

4.4.2 Die verschiedenen Arten des Kontextes

In ALGOL68 gibt es fünf verschiedene Arten von Kontext:

1) "strong": die rechte Seite (source) einer assignation (*row1* in b), vgl. auch 1.3.1),

die rechte Seite einer identity-declaration (*row1* in c), vgl. 3.1.9),

der aktuelle Parameter in einem call (*row1* in d), *x* in k)),

das unit in einem routine-text (*sin (a) / a* in j), vgl. auch 3.1.5 und 3.2.2),

die enclosed-clause nach dem declarer in einem cast (*(i)* in h), vgl. 4.4.3),

jedes unit innerhalb einer serial-clause, dem unmittelbar ein go-on-token ' ; ' folgt,

jedes unit der collateral-clause,

eine Seite der identity-relation (vgl. 3.5.3, 4.4.4),

die serial-clause zwischen **do** und **od** in einer loop-clause.

Wir werden in 4.4.4 noch weitere Beispiele für "strong-context" kennenlernen.

2) "firm": die Operanden in einer formula (*row1* und *row2* in e), *row1* [*i*] und *vecrow* [*h*] [*k*] in n), vgl. 5.1.3).

3) "meek": die enquiry-clause in conditional-, case- und conformity-clauses sowie nach **while** in einer loop-clause (vgl. 2.6.1, 2.7.1 und 4.3.4),

das unit nach **from**, **by**, **to** in einer loop-clause (vgl. 2.8.1),

der Index bzw. die Grenzen innerhalb eines slice (*h* und *k* in f), m) und n), *i* in g), m) und n)),

das primary (die Position vor *( )*) eines call (*sin* in j) und *f* in k)).

4) "weak": das secondary einer selection (*henry8* in 1)),

das primary (die Position vor [ ]) eines slice (*row1* in f), g) und n), *vecrow* in m) und n)).

5) "soft": die linke Seite (destination) einer assignation,

eine Seite der identity-relation (vgl. 3.5.3, 4.4.4).

Gerade hier wird die ALGOL68-Syntax recht kompliziert und hinzu kommt noch, daß die "coercions" nicht in beliebiger Reihenfolge vorgenommen werden dürfen (siehe Anpassungsdiagramm).

Der Programmierer braucht sich dieser Komplikationen kaum (meistens gar nicht) bewußt zu sein: die ALGOL68-Syntax ist gerade deswegen so kompliziert, weil sie genau dasjenige beschreibt, was der Programmierer intuitiv erwartet.

Um dem Programmierer behilflich zu sein, geben wir in einem Überblick an, welche "coercions" in welcher Art von Kontext durch den Compiler eingefügt werden können:

"deproceduring"	deproc	→ in "soft-context"
"dereferencing"	deref	→ in "weak-" und "meek-context"
"uniting"	unite	→ in "firm-context"
"widening"	widentoreal	
	widentocompl	→ in "strong-context"
	widentorowofbool	
	widentorowofchar	
"rowing"	row	
"voiding"	voiden	

Das Wichtigste, das man diesem Überblick entnehmen kann, ist die Tatsache, daß das "widening" (ebenso wie das "rowing") im "firm-context" nicht vorgenommen wird (also nicht in formulas) und daß alle sechs "coercions" im "strong-context" vorgenommen werden können. Man soll auch nicht vergessen, daß in einer destination (also "soft-context") nur "deproceduring" möglich ist.

Das Allerwichtigste ist jedoch, daß man (im Zweifel) immer einen "strong-context" durch Benutzung des cast erzwingen kann (vgl. 4.4.3).

Wir haben schon oft gesehen, daß mehrere "coercions" nacheinander angewendet werden können (vgl. 4.1.2, 4.1.3, 4.1.4, 4.2.4, 4.3.1). Im nachfolgenden Diagramm geben wir an, welche "coercions" in welcher Reihenfolge in Abhängigkeit von der Art des Kontextes vorgenommen werden können.

ALGOL68-Anpassungsdiagramm

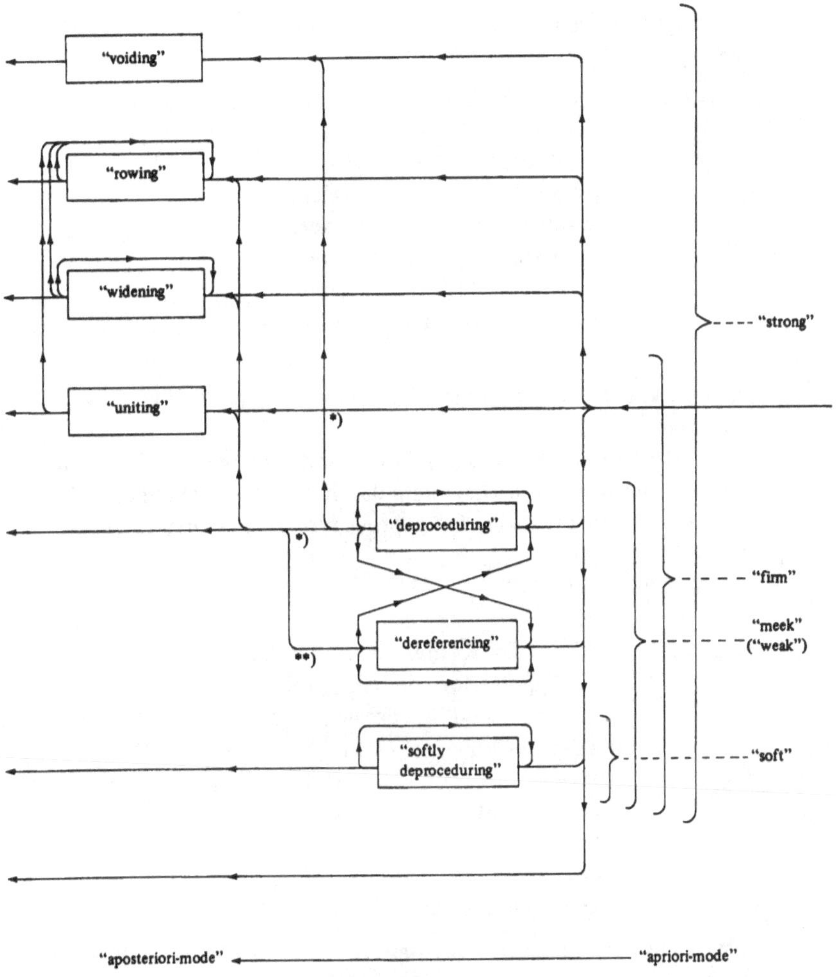

Das "deproceduring" im "soft-context" ("softly deproceduring") unterscheidet sich vom "deproceduring" im "meek" ("weak")-"context" dadurch, daß ihm kein "dereferencing" vorangehen oder folgen kann.

Dabei bestimmen die Art des Kontextes sowie der "apriori-mode" und der "aposteriori-mode" des "coercend" auf eindeutige Weise einen Weg durch das Anpassungsdiagramm, wenn man außerdem die drei folgenden Fälle berücksichtigt:

1) Voraussetzung: die Art des Kontextes sei "strong";
der "aposteriori-mode" sei **void**;
der "coercend" sei entweder eine
assignation oder
identity-relation oder
generator oder
cast oder
denoter (denotation) oder
format text

Dann darf auf den "apriori-mode" des "coercend" nur das "voiding" angewendet werden.
Für die in der Voraussetzung angegebenen units (als "coercends") sind demnach die im Anpassungsdiagramm durch *) gekennzeichneten Wege nicht erlaubt. Es findet also kein "deproceduring" und "dereferencing" statt.

2) Voraussetzung: die Art des Kontextes sei "strong";
der "aposteriori-mode" sei **void**;
der "coercend" sei entweder eine
selection oder
slice oder
routine-text oder
formula oder
call oder
applied-identifier

Liefert dann solch ein "coercend" "apriori" einen **proc amode** oder kann er durch <u>deref</u> oder <u>deproc</u> (mehrmals) gezwungen werden, einen **proc amode** zu liefern, so wird in jedem Fall "deproceduring" erzwungen. Letztlich muß dann einer der im Anpassungsdiagramm durch *) gekennzeichneten Wege durchlaufen werden (vgl. 4.5.1).

3) Im Gegensatz zum "meek-context" ist im "weak-context" die Anwendung des "dereferencing" nur bis zur ersten **ref**-Stufe erlaubt, d. h. auf ein **ref nonref** kann im "weak-context" kein "dereferencing" mehr angewendet werden (vgl. 3.1.2, 3.1.4). Diese Einschränkung wird im Anpassungsdiagramm durch **) gekennzeichnet.

4.4.3 Der cast

Wir haben schon mehrmals gesehen (vgl. 2.2.2 und 3.5.2), wie man mit Hilfe des cast explizit angeben kann, welchen "mode" der Wert einer enclosed-clause (vgl. 2.1.2) haben soll.

Ein cast hat die allgemeine Form:

amode enclosed-clause

formal-declarer (zu **amode**)

Beispiele:

(1) **real** *(i)* und **real** *(j)*
in
y := **real** *(i)* × **real** *(j)* (vgl. 2.2.2)

(2) **ref real** *(yy)*
in
ref real *(yy)* := *xx* (vgl. 3.5.2)

Durch einen cast wird also die enclosed-clause gezwungen, einen durch den formal-declarer geforderten **amode**-Wert zu liefern.

Dies wird syntaktisch dadurch erreicht, daß die enclosed-clause in einen "strong-context" versetzt wird, damit alle "coercions" vorgenommen werden können. So gesehen, kann also ein cast als ein alle "coercions" in sich vereinigender 'Anpassungsoperator' aufgefaßt werden.

Eine wichtige (semantische) Rolle spielt der cast noch bei dem Aufruf einer Routine: er bestimmt stets den "mode" des Ergebnis-Wertes (vgl. 3.2.3, 3.2.4 und 3.3.2).

4.4.4 "Balancing"

"Balancing" bedeutet, daß der Compiler ein unit, das für sich allein betrachtet nicht in einem "strong context" steht, auch ohne explizite Verwendung des cast in einen "strong context" versetzt. Allerdings nur, wenn sicher ist, daß dadurch keine Mehrdeutigkeiten (z. B. bei der Operator-Identifizierung, vgl. 5.1.4) auftreten können.

Wir betrachten dazu:

if *x* > *0* **then** *3.1415* **else** *1* **fi**

Steht diese conditional-clause in einem Kontext, in dem kein "widening" vorgenommen wird (z. B. in einem "firm context"), so könnte der Compiler

nicht entscheiden, ob deren "elaboration" einen Wert vom "mode" **real** oder **int** liefert. Von diesen zwei Möglichkeiten kann jedoch die letzte von vornherein ausgeschlossen werden: ALGOL68 kennt die "coercion" widentoreal aber nicht eine Anpassung 'narrowtoint'.
Der Compiler versetzt daher die out-choice-clause *1* in einen "strong context" und übersetzt:

if deref *x* ≥ *0* **then** *3.1415* **else** widentoreal *1* **fi**

Es sei deklariert:

int *i* ; **real** *x* ; **compl** *u*, *z* ;

Wir betrachten nun die formula

z **plusab if** *x* ≥ *0* **then** *x* **else** *u* **fi**

Auch hier könnte der Compiler nicht entscheiden, ob die conditional-clause einen **real** oder einen **compl** liefert. Da es in ALGOL68 auch keine Anpassung 'narrowtoreal' gibt, so versetzt der Compiler die in-choice-clause in einen "strong context" und übersetzt:

z **plusab if** deref *x* ≥ *0* **then** widentocompl deref *x* **else** deref *u* **fi**

Dieses Ausbalancieren des Kontextes dient also dem Compiler dazu, die "modes" mehrerer Alternativen einem gemeinsamen (vom Kontext gewünschten) "mode" anzupassen. Er wählt dabei unter den verschiedenen "modes" einen solchen aus, der einerseits vom Kontext gewünscht wird und in den er andererseits alle anderen "modes" überführen kann. Hat er sich so für den "mode" einer Alternative entschieden, versetzt er alle anderen Alternativen in einen "strong-context", damit er alle "coercions" zur Verfügung hat, um die einzelnen "modes" in den ausgewählten zu überführen:

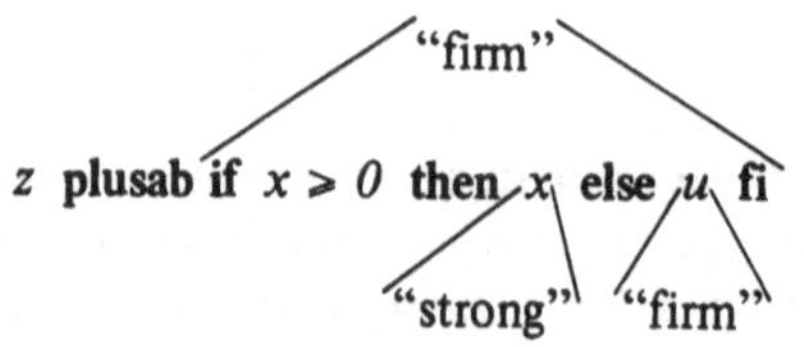

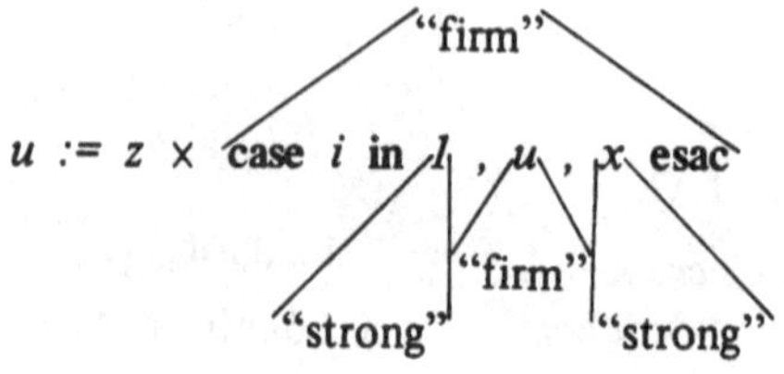

Ein weiteres Beispiel für das "balancing" haben wir schon in 3.5.3 bei der identity-relation kennengelernt. Damit die **ref**-Stufe, auf der man zwei Adressen miteinander vergleicht, eindeutig ist, so steht immer eine der beiden Seiten einer identity-relation in einem "soft context". Auf diese Seite kann nur deproc angewendet werden, insbesondere also kein deref. Da die **ref**-Stufe nun bekannt ist, so kann der Compiler die jeweils andere Seite ohne Gefahr der Mehrdeutigkeit in einen "strong context" versetzen.
So wird die identity-relation *xx* **is** *x* (vgl. 3.5.3) auf folgende Weise ausbalanciert:

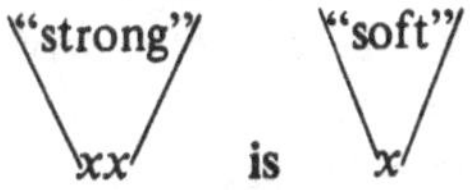

Der Compiler macht daraus:

deref *xx* **is** *x*

Ein weiteres Beispiel (vgl. 3.3.3):

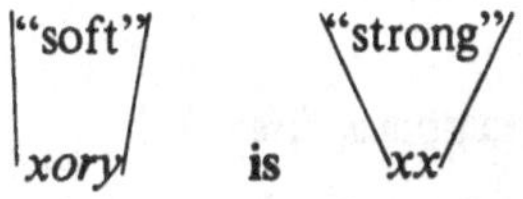

Also:

deproc *xory* **is** deref *xx*

4.5 Anwendungen und Beispiele

4.5.1 Ein 'switch'

Beim Programmieren kommt es häufig vor, daß man einen Ansprungpunkt (gekennzeichnet durch einen label) im Programm mit Hilfe eines **int** 'berechnen' will.

Wir haben schon gesehen, wie man dies mit Hilfe der case-clause (vgl. 2.6) sogar ohne Benutzung von labels erreichen kann. Will man jedoch (aus guten oder schlechten Gründen) durch einen jump zu einem 'berechneten' label springen, so erhebt sich die Frage, ob ALGOL68 (wie zum Beispiel ALGOL60) einen **switch** kennt. Die Antwort ist: nein. Die bis jetzt behandelten Bausteine reichen jedoch aus, um (sogar auf mehrere Weise) eine Art 'switch' zu ermöglichen.

Es seien im folgenden:

lab1 : , *lab2 :* , *lab3 :* , *lab4 :* , *lab5 :* , . . .
here : , *there :* , *again :* , *alarm :*

jeweils labels, die irgendwo innerhalb eines Programms auftreten.

Zunächst können wir einen 'switch' durch eine Prozedur-Deklaration erhalten:

```
proc jump = (int n) void :
     case n in lab1 , lab2 , lab3 , lab4 , lab5
          out alarm
     esac ;
```

Man erinnere sich, daß die hier in der case-clause auftretenden units *lab1*, . . ., *lab5* und *alarm* alle jumps sind (das goto-symbol braucht man nicht zu schreiben, vgl. 1.4.2). Durch den Aufruf *jump (i)* erreicht man dann, daß entweder zu *lab1:* , . . . , *lab5:* (wenn $1 \leqslant i \leqslant 5$) oder zu *alarm:* gesprungen wird.

Eine Konstruktion, die dem ALGOL60-**switch** noch näher kommt, ist die folgende:

```
[1 : 5] proc void jump = ( lab1 , lab2 , lab3 , lab4 , lab5 ) ;
```

Man beachte, daß hier die source der identity-declaration ein row-display ist und eine Reihe von **proc void**s liefert. Wenn wir nun durch *jump* [*i*] ein Element auswählen, so liefert dieser slice "apriori" einen **proc void**. Tritt er dann in einem Kontext auf, in dem das voiden vorgenommen werden kann, so wird nicht diese Routine selbst weggeworfen, sondern sie wird zunächst aufgerufen. Hat man also:

jump [*i*] ;

so macht der Compiler daraus:

deproc *jump* [*i*] ;

Es wird also der i-te jump ausgeführt.

An dieser Stelle sei folgendes angemerkt:

Hat man allgemein eine Prozedur ohne Parameter deklariert, also

proc *procamode* = **amode** : unit

so macht der Compiler aus

procamode ;

stets (zu unserem Gefallen):

voiden deproc *procamode ;*

Weggeworfen wird demzufolge der Wert, den die Routine durch ihren Aufruf liefert, und nicht die Routine selbst. Dies gilt sogar auf jeder **proc**- und **ref**-Stufe. Erhält also zum Beispiel *p* einen **proc proc ref proc amode**, so macht der Compiler aus

p ;

stets

voiden deproc deref deproc deproc *p ;*

Vgl. dazu das Anpassungsdiagramm in 4.4.2.

Wollen wir unbedingt einen "mode" **switch** haben, so können wir in ALGOL68 sehr weit gehen. Wir können nämlich eine [ ] **proc void**-Variable deklarieren, wobei die Grenzen überdies flexibel sein können. So erhalten wir einen ganz besonderen 'switch':

mode switch = **flex** [*1 : 0*] **proc void** ;
switch *hop* , *hip* , *hup* ;

Alle drei identifiers erhalten **ref switchs** (sind also **switch**-Variable), an die irgendwelche Reihen von **proc voids**, zum Beispiel von jumps, zugewiesen werden können:

hop := (*lab1* , *lab2* , *lab3* , *lab4* , *lab5*) ;
hip := (*lab1* , *lab2*) ;
hup := (*here* , *there* , *again*) ;

Für i = 3 ist das Ergebnis der Aufrufe:

hop [*i*] → **goto** *lab3*
hip [*i*] → eine 'runtime'-Fehlermeldung (i > **upb** *hip*)
hup [*i*] → **goto** *again*

Man beachte wieder, daß

hup [*i*] ;

durch den Compiler übersetzt wird in

deproc deref *hup* [*i*] ;

Wenn aber zum Beispiel *hup* [*i*] als destination in einer assignation auftritt, zum Beispiel in

hup [*i*] := **goto** *alarm*

so wird hier *hup* [*i*] nicht angepaßt ("soft-context"). Dieser assignation entspricht folgendes Bild:

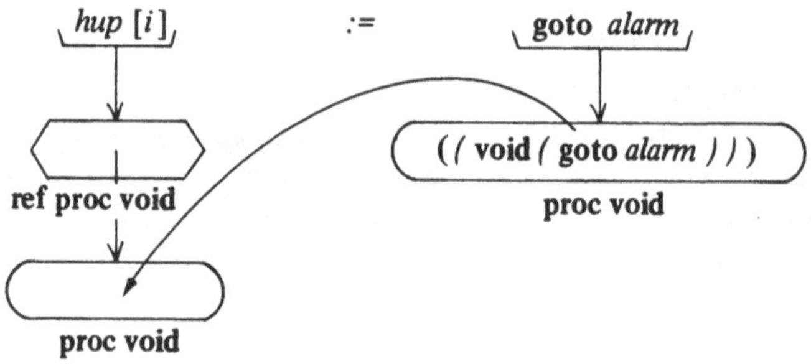

Auch der jump **goto** *alarm* wird nicht ausgeführt: es wird eine Routine transportiert (vgl. 4.1.6).

Nach den assignations

hup [*3*] := **goto** *alarm* ;
hip := *hop* ;
hop [*2* : *4*] := *hup*

ergibt sich durch die Aufrufe:

hup [*3*] → **goto** *alarm*
hip [*3*] → **goto** *lab3*
hop [*3*] → **goto** *there*

Die hier gemachten Ausführungen über verschiedene Arten von 'switches' sollen aufzeigen, welche Möglichkeiten ALGOL68 bietet. Allerdings, die Möglichkeit des 'wilden' Springens innerhalb des Programms durch einen jump (man kann ja den label vor jedes unit innerhalb der 'unit-sequence' einer serial-clause setzen) und viel mehr noch durch einen 'switch', kann jedoch leicht zu einem völlig unstrukturierten Programm führen, welches dann gerade noch (hoffentlich) der Programmierer selbst versteht. Deshalb vermeide man den jump, wo man nur kann. ALGOL68 bietet sehr viele Konstruktionen, die die Benutzung des jump überflüssig machen (conditional-clause, case-clause, loop-clause und alle ihre Kombinationen sowie das Konzept der Routine) und zu einer klareren Ausdrucksweise führen.

Wir hätten gern überhaupt nicht über jumps gesprochen. Da jedoch in ALGOL68 der jump als einer der Grund-Bausteine vorkommt und man andererseits leider auch nicht gänzlich ohne ihn auskommt, konnten wir dem Leser diesen schwarzen Baustein nicht einfach verschweigen.

4.5.2 'Jensen-device'

Eine für viele Anwendungen wichtige Technik ist der sogenannte 'Jensen-device': man deklariert eine Prozedur, bei deren Aufruf ein aktueller **ref amode**-Parameter eine Reihe von Werten durchläuft und andererseits dieser selbe Parameter als Argument in einer aktuellen Routine auftritt (Prinzip der gebundenen Variable).

Der 'Jensen-device' wird u. a. viel bei der Aufsummierung von Zahlen oder Funktionswerten verwendet. Die übliche mathematische Schreibweise hierfür ist:

$$\sum_{i=a}^{b} f(i)$$

In ALGOL68 können wir solch eine Prozedur folgendermaßen deklarieren:

```
proc sigma = (ref int i, int a, b, proc real fi) real :
     ( real value := 0 ;
       for k from a to b
       do i := k ;
          value plusab fi
       od ;
      value
     ) ;
```

Was hier passiert ist vielleicht nicht unmittelbar klar. Beim Aufruf von *sigma* wird *fi* genau (b - a + 1)-mal aufgerufen und liefert i. a. bei jedem Aufruf einen anderen Wert (hier einen **real**). Weiter beachte man, daß innerhalb der loop-clause die assignation *i := k* ausgeführt, d. h. einem aktuellen **ref int**-Parameter jeweils ein Wert zugewiesen wird (der control-identifier *k* vom "mode" **int** ist lokal innerhalb der loop-clause).

Es sei deklariert

```
int p, q, m, n ; read ( (m, n) ) ; real x, y ;
[1 : n] real row , [1 : n, 1 : n] real mat ;
read (row); read (mat);
proc icos = (int i)  real : cos (2 × pi × i / n) ;
proc ijcos = (int i, j) real : cos (2 × pi × i / j) ;
```

Wir betrachten nun

y := *sigma* (*p* , *1* , *n* , **real** : *row* [*p*])

Das Wesentliche des 'Jensen-device' ist dann:

> der aktuelle **ref int**-Parameter *p* tritt auch als Index in dem aktuellen routine-text **real** : *row* [*p*] auf;
>
> bei der "elaboration" von *sigma* wird der **proc real**-Parameter *fi*, d. h. die durch **real** : *row* [*p*] gelieferte Routine mehrmals aufgerufen.

Der Aufruf von *sigma* entspricht der "elaboration" folgender closed-clause:

```
(  ref int  i = p ,
        int  a = 1 , b = n ,
   proc real  fi = real : row [p] ;
    real ( real value := 0 ;
            for k from a to b
            do i := k ;
                value plusab deproc fi
            od ;
           value
         )
)
```

Hier arbeiten die beiden Relationen "to identify" und "to refer to" eng zusammen, um das gewünschte Ziel zu erreichen:

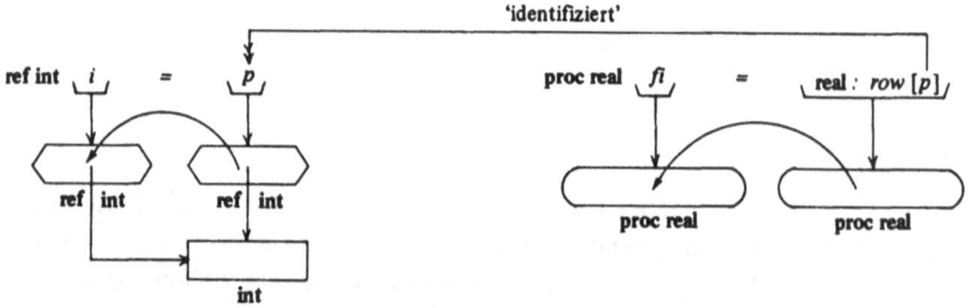

Ein anderer Aufruf von *sigma* ist

y := *sigma* (*p* , – *m*, + *m* , **real** : *icos* (*p*))

Auch hier tritt der aktuelle **ref int**-Parameter *p* im routine-text **real** : *icos* (*p*) auf.

Eine für die Praxis interessante Anwendung findet der 'Jensen-device', wenn man ihn rekursiv über den **proc real**-Parameter verwendet:

y := *sigma* (*p*, *1*, *n*, **real** : *sigma* (*q*, *1*, *n*, **real** : *mat* [*p*, *q*])) oder auch

y := *sigma* (*p*, *m*, *n*, **real** : *sigma* (*q*, *m*, *n*, **real** : *ijcos* (*p*, *q*)))

Auch hier lohnt es sich, darüber nachzudenken, wie *sigma* sich bei seinem Aufruf über die formula

value **plusab** deproc *fi*

rekursiv aufruft (vgl. 3.4.5).

In ALGOL68 kann man viele 'Jensen-artige' 'devices' konstruieren. So können wir die gebundene Variable *i* völlig implizit verwenden, wie man in folgender procedure-declaration sieht:

```
proc sum = (int a, b, proc (int) real fun) real :
      ( real value := 0 ;
        for k from a to b
        do value plusab fun (k) od ;
        value
      ) ;
```

Aufrufe von *sum* sind dann:

sum (*1*, *n*, (**int** *i*) **real** : *row* [*i*])
sum (-*m*, +*m*, *icos*)

Es ist vielleicht überraschend, daß man in dem ersten Aufruf einen routine-text schreiben muß, jedoch in dem zweiten Aufruf der identifier genügt.

Auch *sum* kann man über den **proc** (**int**) **real**-Parameter rekursiv verwenden:

sum (*1*, *n*, (**int** *i*) **real** : *sum* (*1*, *n*, (**int** *j*) **real** : *mat* [*i*, *j*]))
sum (*m*, *n*, (**int** *i*) **real** : *sum* (*m*, *n*, (**int** *j*) **real** : *ijcos* (*i*, *j*)))

5. Operatoren und formulas

5.1 Das Konzept formula

5.1.1 Operatoren-Schreibweise und Prozedur-Schreibweise

Seit Jahrhunderten ist man in der Mathematik daran gewöhnt, Operatoren zwischen ihren beiden Operanden zu benutzen (Infix-Form). So zum Beispiel:

$$a + b \times c \uparrow 2 - d \,/\, e$$

Bei solch einer Operatoren-Schreibweise wird außerdem jedem Operator auf eindeutige Weise eine bestimmte Priorität zugeordnet. Der praktische Vorteil liegt darin, daß man sich eine explizite Klammerung bei der Abarbeitung einer mit mehreren Operatoren gebildeten Formel ersparen kann. Unser Beispiel hat dann die folgende implizite (durch Prioritäten gegebene) Klammerung

$$(a + (b \times (c \uparrow 2))) - (d \,/\, e)$$

Durch eigene (explizit angegebene) Klammerung kann man jedoch die vorgegebenen Prioritäten ändern:

$$(a + b) \times (c \uparrow 2 - d) \,/\, e$$

Man vergleiche auch

$a + b \times c$	mit	$(a + b) \times c$
$a - b + c$	mit	$a - (b + c)$

Beim letzten Beispiel wird durch die explizite Klammerung

$$a - (b + c)$$

die übliche und in vielen Programmiersprachen verwendete Links-Rechts-Verarbeitung von Operatoren gleicher Priorität durchbrochen.

Man könnte nun andererseits jeden Operator durch eine entsprechende Prozedur ersetzen, so daß dann eine Formel statt durch die Operatoren-Schreibweise durch ineinander geschachtelte Prozedur-Aufrufe dargestellt werden kann. Hierbei muß man dann allerdings die Prioritäten der einzelnen Operationen explizit zum Ausdruck bringen. Für die zuerst angegebene Formel könnte man z. B. die folgende Prozedur-Schreibweise benutzen:

sub (add (a, mul (b, pow (c, 2))), div (d, e))

Für den Menschen ist diese Schreibweise jedoch schwer zu lesen. Ein Computer dagegen würde darüber sehr glücklich sein. Deshalb wandeln viele Compiler die obige, in der Operatoren-Schreibweise gegebene Formel in die angegebene Prozedur-Schreibweise um und können dann sogar auf die Klammern verzichten:

sub add *a* **mul** *b* **pow** *c* *2* **div** *d* *e* (Präfix-Form)

Noch glücklicher wäre der Computer, wenn der Compiler die Formel gleich in die Postfix-Form umwandelt:

a *b* *c* *2* **pow mul add** *d* *e* **div sub** (Postfix-Form)

Wie gesagt, der Vorteil der Operatoren-Schreibweise in der Infix-Form gegenüber der Prozedur-, bzw. Präfix- oder Postfix-Schreibweise liegt in ihrer größeren 'Menschenfreundlichkeit', die ihre Ursache jedoch allein in der Gewohnheit findet. Zu dieser Gewohnheit gehört auch noch die merkwürdige Tatsache, daß man dasselbe Operator-Zeichen für zwei verschiedene Operatoren, nämlich einmal für einen dyadischen und einmal für einen monadischen Operator, verwenden kann. Jeder versteht zum Beispiel:

$-a+b$ und $a \times -b$

Hierbei wird das Zeichen '–' in beiden Fällen als monadischer Operator verwendet. Solch ein monadischer Operator hat dabei nur einen (rechten) Operanden.

Die Operatoren-Schreibweise hat man sogar auch über die Mathematik hinaus in andere Bereiche getragen. So kann zum Beispiel

$u \times v$

bedeuten:

a) Multiplikation zweier ganzer Zahlen,
b) Multiplikation zweier reeller Zahlen,
c) Äußeres Produkt zweier Vektoren,
d) Multiplikation zweier Matrizen,
e) Kartesisches Produkt zweier Mengen,
f) Logische Konjunktion zweier Aussagen,
g) Astrologische Konjunktion zweier Planeten,
h) Heirat zwischen Mann und Frau,
i) Das Schlagen eines Spiel-Steines durch einen anderen (Schachspiel).

Ganz allgemein bedeutet $u \times v$ also: irgendeine Verknüpfung zweier Elemente in irgendeiner strukturierten Menge (z. B. Gruppe, Ring, Körper, Menschheit, Brettspiel usw.).

Mathematiker und Techniker sind an diese Operatoren-Schreibweise so gewöhnt, daß sie von einer höheren Programmiersprache erwarten, diese in ihr benutzen zu können.

Um also diesen Gewohnheiten entgegen zu kommen, so kann man auch in ALGOL68 diese Operatoren-Schreibweise benutzen.
Dies geschieht durch Verwendung der formulas. Dabei kann eine formula entweder eine dyadische oder monadische sein:

formula { dyadic -formula → operand operator operand
monadic-formula → operator operand

Ein operand kann selbst wieder eine dyadic- oder monadic-formula sein, wir erhalten somit die üblichen mathematischen Formeln:

$a+b$, $-a+b$, $a \times -b$, $a+b \times c \uparrow 2 - d/e$

Diese sind jeweils dyadic-formulas.

Dagegen sind:

$-a$, **sign entier** $-(a+b)$, $-$ **abs round re** z

jeweils monadic-formulas.

Eine formula enthält also mindestens einen operand und mindestens einen operator.

Die "elaboration" einer formula geschieht durch die "elaboration" der in ihr enthaltenen formulas. Dabei ist die Reihenfolge der "elaboration" durch die vorkommenden operators bestimmt:

monadic-formulas werden zuerst abgearbeitet,
sodann die dyadic-formulas von der höchsten zur niedrigsten Priorität.

Allerdings, durch explizite Klammerung kann man diese Reihenfolge ändern.

5.1.2 Monadische und dyadische Operatoren (Prioritäten)

Wie wir in 2.4.1 schon gesehen haben, hat man in ALGOL68 die Möglichkeit, neben identifiers und mode-indications auch Operatoren und deren Prioritäten selbst zu definieren.

Dabei gilt für einen Operator stets zweierlei:

1) er hat eine bestimmte Priorität (durch eine priority-declaration)
2) er erhält eine Routine als Wert (durch eine operation-declaration)

Es gibt zwei verschiedene Formen von operation-declarations, je nachdem ob durch sie ein monadischer oder dyadischer Operator definiert wird:

mono-operation-declaration] op ⏞(**amode1**) **amode** [formal-plan] defining-operator = ⏞mono-unit [source]

duo-operation-declaration] op ⏞(**amode1** , **amode2**) **amode** [formal-plan] defining-operator = ⏞duo-unit [source]

Die source muß in beiden Fällen eine Routine liefern, die dann der defining-operator erhält. Dabei muß im Falle einer mono-operation-declaration diese Routine vom "mode" **proc (amode1) amode** und im Falle einer duo-operation-declaration vom "mode" **proc (amode1 , amode2) amode** sein. Der "mode" der Routine, welche die source zur 'runtime' liefern muß, wird schon dem Compiler durch den formal-plan mitgeteilt.

Als Beispiel betrachten wir die beiden operation-declarations, durch die der monadische Operator **not** und der dyadische Operator **and** (jeweils für **bool**-Operanden) standardmäßig in ALGOL68 definiert worden sind (man vergleiche 1.3.4):

op (**bool**) **bool not** = (**bool** *a*) **bool** : **if** *a* **then false else true fi** ;
op (**bool**, **bool**) **bool and** = (**bool** *a*, *b*) **bool** : **if** *a* **then** *b* **else false fi** ;

Hier wird in beiden Fällen die source durch ein routine-text gegeben. Da ein routine-text bereits selbst genau den "mode" seiner Routine beschreibt, ist der formal-plan auf der linken Seite überflüssig. Das symbol **op** allein reicht hier aus, wir können also kürzer schreiben:

op not = (**bool** *a*) **bool** : **if** *a* **then false else true fi** ;
op and = (**bool** *a*, *b*) **bool** : **if** *a* **then** *b* **else false fi** ;

Man beachte hierbei die auffallende Ähnlichkeit mit einer procedure-declaration (vgl. 3.2.2). Auch hier können wir die "elaboration" solch einer operation-declaration durch ein Bild darstellen:

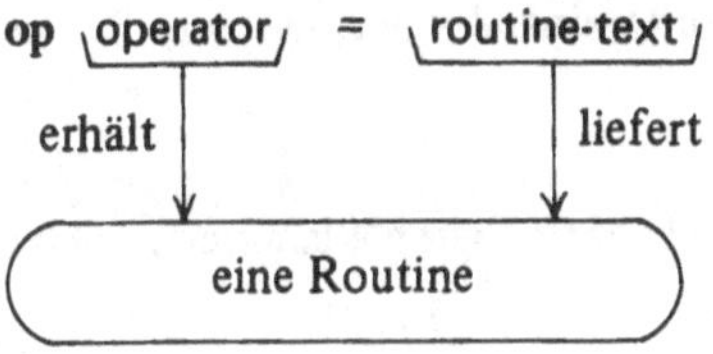

durch den routine-text selbst bestimmt:

proc (amode1) amode
oder **proc (amode1 , amode2) amode**

Jeder Operator hat eine bestimmte Priorität. Alle monadischen Operatoren haben die gleiche Priorität 10. Für die dyadischen Operatoren kann man die Prioritäten 1 bis 9 in einer priority-declaration bestimmen. Zum Beispiel:

prio and = *3*

Diese priority-declaration finden wir in der standard-prelude. In der standard-prelude sind die Prioritäten aller gebräuchlichen Operatoren festgelegt. Einige davon sind im folgenden angegeben:

prio minusab = *1* , **plusab** = *1* , **timesab** = *1* , **divab** = *1* ,
or = *2* , **and** = *3* , = = *4* , ≠ = *4* , < = *5* , ≤ = *5* ,
> = *5* , ≥ = *5* , - = *6*, + = *6* , × = *7* , **over** = *7* ,
mod = *7* , / = *7* , ↑ = *8* , **lwb** = *8* , **upb** = *8* , **i** = *9* ;

Man beachte hierbei, daß man für mehrere Operatoren ihre Prioritäten in einer einzigen priority-declaration festlegen kann und daß rechts von dem is-defined-as-token '=' nur eine der Ziffern *1, . . ., 9* stehen darf.

Der Programmierer hat in einem range die Möglichkeit, die Prioritäten von Operatoren zu ändern. So kann er zum Beispiel den Wunsch haben, alle oben angegebenen Operatoren mit der gleichen Priorität zu versehen. Er kann dann schreiben:

prio + = *6* , - = *6* , × = *6* , ↑ = *6* ;

Es wird dann die formula *a* + *b* × *c* ↑ *2* - *d* / *e* so abgearbeitet, als hätten wir geklammert:

((((*a* + *b*) × *c*) ↑ *2*) - *d*) / *e*

Also: Operatoren gleicher Priorität werden von links nach rechts abgearbeitet.

Da die monadischen Operatoren die höchste Priorität haben, werden sie innerhalb von formulas stets zuerst abgearbeitet, zum Beispiel:

- *x* ↑ *2* ,   - *n* + **abs** *x*

werden abgearbeitet, als hätten wir geklammert:

(- *x*) ↑ *2* , (- *n*) + (**abs** *x*)

Achtung: bei - *x* ↑ *2* unterscheidet sich ALGOL68 wesentlich von ALGOL60

Treten mehrere monadische Operatoren hintereinander auf, wie zum Beispiel in

abs round re *z*

so werden diese natürlich so abgearbeitet, als hätten wir geklammert:

(**abs** (**round** (**re** *z*)))

Wie wir den Tabellen für die Standard-Operatoren in 1.3.4 entnehmen können, kann durchaus der gleiche Operator für verschiedene Operanden definiert sein. Seine ihm einmal zugeteilte Priorität bleibt davon unberührt.

So ist zum Beispiel der dyadische Operator ' × ' für alle möglichen Kombinationen von **ints**, **reals** und **compls** definiert (vgl. 1.3.4). Er hat aber in jedem Fall standardmäßig die Priorität *7*.

Will man sich die Prozedur bei der Trauung zwischen **man** und **woman** ersparen, so kann man die beiden auch weniger aufwendig mit Hilfe einer einfachen formula verheiraten. Dazu können wir dann den Operator ' × ' in folgender duo-operation-declaration ein weiteres Mal definieren:

```
op × = (ref man he, ref woman she) void :
          (     wife of he := she ;
           husband of she := he )
```

Um dann *henry8* mit *anna boleyn* zu verheiraten, braucht man nur die formula

henry8 × *anna boleyn*

zu schreiben und alles ist perfekt (vgl. auch 3.3.2). Für die "elaboration" von formulas vergleiche 5.1.5.

5.1.3 Die syntaktische Position von Operanden ("firm context")

Um die Möglichkeit zu haben, den gleichen Operator für Operanden von verschiedenem "mode" zu verwenden, kann man nicht alle Anpassungsoperationen auf Operanden zulassen, da sonst bei der Identifizierung des Operators Mehrdeutigkeiten auftreten könnten (vgl. 5.1.4).

Wie wir aus dem Überblick von 4.4.2 ersehen können, stehen die Operanden in einer formula stets im "firm context". Dies bedeutet, daß der Compiler zwar das "deproceduring", "dereferencing" und "uniting" anwenden kann, nicht aber das "widening", "rowing" und "voiding".

Betrachten wir zum Beispiel die formula

$i + j$

Würde man hier auf die Operanden i und j das "widening" zulassen, so wüßte man nicht, ob zum Beispiel die beiden **int**-Werte von i und j oder die beiden **real**-Werte, die i und j nach dem "widening" liefern, addiert werden.

Der Programmierer könnte dann also nicht davon ausgehen, daß die von ihm gewünschten Operationen auch tatsächlich ausgeführt werden, obwohl er doch alles in seiner Macht stehende dafür getan hat, nämlich, die seinen Wünschen entsprechenden operation-declarations zu schreiben.

5.1.4 Die Identifizierung eines Operators

Die Möglichkeit, den gleichen Operator für Operanden von verschiedenem "mode" zu definieren, bedeutet also, daß dieser Operator verschiedene Routinen erhalten kann, abhängig von dem "mode" seiner Operanden. Insbesondere bedeutet es, daß dieser Operator sowohl monadisch als dyadisch definiert sein kann.

Tritt dann solch ein mehrmals deklarierter Operator als applied-operator in einer formula auf, so erhebt sich die Frage, welcher der vorhandenen defining-operators identifiziert wird, d. h. welche "property" der applied-operator erhält (vgl. 2.4.1 und 2.4.2).

Betrachten wir dazu folgendes Beispiel:

> Man kann durchaus verschiedene Auffassungen über Gleichheit von arithmetischen Werten haben. Darüberhinaus braucht diese Gleichheit für die einzelnen Typen nicht dieselbe zu sein.
>
> Im folgenden verwenden wir das Zeichen ' *?* ' sowohl als monadischen als auch als dyadischen Operator, einmal, um bei **reals** ihren gebrochenen Teil und bei **compls** ihre Richtung anzugeben, zum anderen, um eine Gleichheit auszudrücken.

```
op ? = (real a)         real : a - entier a ;
op ? = (real a, b) bool : ?a = ?b ;
op ? = (compl a)        real : arg a ;              (vgl. 5.2.3)
op ? = (compl a, b) bool : ?a = ?b ;
op ? = (  real a, compl b) bool : im b = 0 ;
op ? = (compl a,   real b) bool : b ? a ;
```

Betrachten wir dann im Bereich der declarations **real** *x*, *y* und **compl** *u*, *v* die folgenden formulas:

```
x ? y   , x ? u   , u ? x    , u ? v ,
x ? ?u , u ? ?x , ?u ? ?x , ?u ? ?v
```

Man beachte hierbei die implizite Klammerung innerhalb der formulas.

Wir haben durch Pfeile angedeutet, welcher applied-operator welchen defining-operator identifiziert.
Zunächst wird in dem kleinsten range, der den applied-operator enthält, nach einem oder mehreren defining-operators gesucht, die durch das gleiche Operator-Zeichen dargestellt werden wie der applied-operator (hier ' *?* '). Führt die Suche hier zu keinem Erfolg, so wird in dem umfassenden range weitergesucht.

Hat man auf diese Weise einen oder mehrere defining-operators gefunden, so werden die "modes" der Operanden (bzw. des Operanden) des applied-operator mit den "modes" der entsprechenden formalen Parameter der gefundenen defining-operators verglichen. Es wird dann derjenige defining-operator identifiziert, bei dem die "modes" seiner formalen Parameter entweder mit den "modes" der Operanden übereinstimmen oder aber die "modes" der Operanden in die "modes" der entsprechenden formalen Parameter mit Hilfe der drei "coercions" deref, deproc und unite (nur diese werden im "firm context" vorgenommen) übergeführt werden können.

Stimmen die "modes" der Operanden mit den "modes" der formalen Parameter nicht überein und ist dies auch nicht durch deref, deproc oder unite zu erreichen, so wird innerhalb des betrachteten range keiner der defining-operators identifiziert und die Suche wird dann in dem umfassenden range fortgesetzt. Hierbei gibt es jedoch eine Ausnahme, die wir am Schluß dieses Paragraphen behandeln.

Wie bei mode-indications und identifiers (vgl. 2.4.2) führt auch hier die Suche spätestens in dem äußersten range zum Erfolg, es sei denn, der Operator ist standardmäßig (in der standard-prelude) definiert.

Was bisher gesagt wurde, ist jedoch noch nicht die ganze Wahrheit; denn die bisher geschilderte Identifizierung kann immer noch mehrdeutig sein. Dies illustriert folgendes Beispiel:

(a) **op** *? = (***real** *a, b)* **bool** *:   ? a = ? b ;*
(b) **op** *? = (***ref real** *a, b)* **bool** *: a* **is** *b ;*

Nach dem bisher Gesagten identifiziert der applied-operator ' *?* ' in der formula *x ? y* sowohl den defining-operator (a) als auch den defining-operator (b).

Um solche Mehrdeutigkeiten bei der Identifizierung von vornherein zu verhindern, dürfen in dem Gültigkeitsbereich eines Operators (z. B. in ein und derselben serial-clause) nicht solche operation-declarations auftreten, bei denen die "modes" der sich jeweilig entsprechenden formalen Parameter durch (möglicherweise mehrmaliges) Voransetzen der 'mode-maker' **ref** und **proc** auseinander hervorgehen.
Wir wissen schon (vgl. 4.3.1), daß solche "modes" zu eng miteinander verbunden sind; denn sie können durch mehrmaliges deref und deproc wieder ineinander übergeführt werden.

Da auf Operanden ("firm context") auch die "coercion" unite vorgenommen werden kann, so darf darüberhinaus einer der "modes" der sich entsprechenden formalen Parameter zweier operation-declarations nicht erhalten werden durch Anwendung von unite auf **amode**, wenn **amode** so eng (wie eben besprochen) mit dem anderen "mode" des entsprechenden formalen Parameters verbunden ist.

Betrachten wir dazu das folgende Beispiel:

```
(a)   op ? = (ref real a, b) bool : a is b ;                    (vgl. 3.5.3)

(b)   op ? = (union (real , compl) a, b) bool :
               case a
                 in (      real r) : case b
                                       in (     real t) : r ? t ,
                                          (compl v) : r ? v
                                     esac ,
                    (compl u) : case b
                                       in (     real t) : u ? t ,
                                          (compl v) : u ? v
                                     esac
               esac ;
```

Auch hier ist also die Identifizierung des applied-operator '*?*' in der formula *x ? y* nicht eindeutig, da außer (a) auch (b) identifiziert werden kann (nämlich durch unite deref *x ?* unite deref *y*).

So, mit einiger Mühe haben wir (im Sog des Reports mitschwimmend) die bei der Identifizierung von Operatoren möglichen Mehrdeutigkeiten ausgeschlossen.

Allerdings bleibt noch einiges unschön, wie uns das folgende Beispiel zeigt:

```
begin  op ? = (real a) real : a - entier a ;
    begin
       op ? = (ref real a) real : entier a + 1 - a ;
       real x := 3.1415 ;

       print ( ( ?x , ? 3.1415 ) )

    end
end
```

Nachdem, was wir bisher über die Identifizierung gesagt haben, identifiziert der applied-operator ' *?* ' in der formula *?x* einen anderen defining-operator als der applied-operator ' *?* ' in der formula *? 3.1415*. Der Programmierer würde sich wahrscheinlich sehr wundern, wenn hier ausgedruckt würde:

0.8585 0.1415

Dies ist mehr eine Falle für den Programmierer als ein sinnvolles Konzept. Daher wird von der Syntax her gefordert: wird bei der Identifizierung eines applied-operator eine operation-declaration gefunden, bei der die "modes" ihrer formalen Parameter mit den "modes" der Operanden der formula so eng wie vorher erwähnt miteinander verbunden sind, die "modes" der Operanden aber andererseits nicht durch deref, deproc oder/und unite in die "modes" der formalen Parameter übergeführt werden können (die oben auftretende Situation), so wird der Identifizierungsprozeß abgebrochen und von dem Compiler eine entsprechende Fehlermeldung ausgegeben.
Das oben angegebene Programm ist somit syntaktisch inkorrekt.

5.1.5 Die "elaboration" von formulas

Betrachten wir zunächst eine einfache formula, d. h. eine solche, die keine weiteren formulas enthält, zum Beispiel:

p **and** *q*

Ihre "elaboration" beginnt mit der "collateral elaboration" der beiden Operanden.

Der Operator **and** erhält die folgende Routine:

and

((**bool** *a* = ?, **bool** *b* = ?; **bool** (**if** *a* **then** *b* **else false fi**)))

proc (**bool** , **bool**) **bool**

Es werden sodann an diese Routine die Werte der Operanden übergeben. Daran anschließend wird diese Routine aufgerufen. Der Wert, den die Routine bei ihrem Aufruf liefert, ist der Wert der formula.

Die "elaboration" von *p* **and** *q* geschieht also durch die "elaboration" der closed-clause

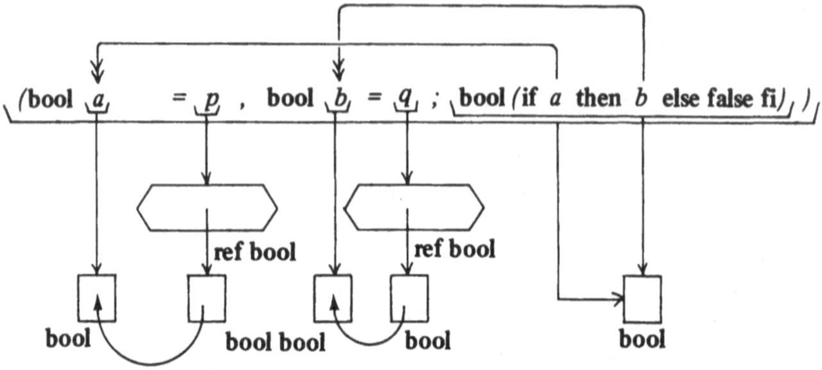

Die "elaboration" solch einer einfachen formula entspricht also völlig der "elaboration" des call einer Prozedur (mit genau einem oder genau zwei formalen Parametern, vgl. 3.2.4 und 3.3.2), wobei man die Operanden als aktuelle Parameter ansehen kann. Man beachte, daß also auch hier wieder die Parameterübergabe durch entsprechende identity-declarations vorgenommen wird, in unserem Beispiel durch

bool *a* = *p* und **bool** *b* = *q*

Die Operanden einer formula können nun selbst formulas sein, wie auch die aktuellen Parameter einer Prozedur selbst wieder calls von anderen Prozeduren sein können.

Zum Beispiel:

not (*p* **and not** *q*)

Die Prioritäten der in der formula auftretenden Operatoren geben an, in welcher Reihenfolge die Operatoren abgearbeitet werden, in unserem Beispiel also:

not (*p* **and** (**not** *q*))

Man beachte hierbei, daß der Compiler diese implizite Klammerung unabhängig von den "modes" der Operanden vornehmen kann und muß ("mode-independent parsing", vgl. 0.2). Bei der Identifizierung der Operatoren spielen jedoch die "modes" der Operanden eine entscheidende Rolle (vgl. vorigen Paragraphen), so daß sie erst nach Feststellung der impliziten Klammerung stattfinden kann.

Durch die (implizite) Klammerung wird also die gesamte formula in einfache formulas zerlegt, die selbst nur aus einem einzigen Operator bestehen.

Die "elaboration" von **not** (*p* **and not** *q*) geschieht also durch die "elaboration" der folgenden closed-clause:

```
( bool a = ( bool a = p ,
             bool b = ( bool a = q ;
                        bool ( if a then false else true fi )
                      );
             bool ( if a then b else false fi )
           );
  bool ( if a then false else true fi )
)
```

Im allgemeinen wird eine formula einen **nonvoid** liefern (nur dann kann sie in einer anderen formula als Operand auftreten). Eine formula darf jedoch einen **void** liefern, wie wir schon bei der Trauung *henry8* × *anna boleyn* gesehen haben (vgl. 3.3.2 und 5.1.2). Diese Heirat kann also nicht mehr als Operand in einer anderen Heirat auftreten; sie liefert **void**, obwohl sicher einiges bei dieser Heirat passierte.

5.2 Operator-Definitionen aus der standard-prelude

Die Bedeutung der Grundkonstruktionen der Sprache, also die "elaboration" von phrases (vgl. 2.1.2), findet man im Report in den Kapiteln 2 bis 8.

Die Bedeutung der Standard-Prozeduren und -Operatoren ist im Kapitel 10 des Reports in ALGOL68 selbst definiert. Dies geschieht dort durch Angabe ihrer procedure- bzw. operation-declarations.

Bei der Wahl dieser declarations ging man in erster Linie davon aus, die Bedeutung der Prozeduren und Operatoren genau zu beschreiben. Natürlich können viele dieser Operationen auf effizientere Weise implementiert werden, zum Beispiel +, ×, -, /, **over**, **mod** usw. für arithmetische Werte und **not**, **and**, **or** usw. für **bool** und **bits** durch einfache Maschinenbefehle.

Sollten aber bei einer bestimmten Implementations-Maschine einige dieser Befehle nicht zur Verfügung stehen, so kann man aus der standard-prelude ersehen, wie man sich helfen kann.

Im Report (R10.1.3) steht dazu folgendes:

> "The declarations in this Chapter are intended to describe their effect clearly. The effect may very well be obtained by a more efficient method."

Alle diese Standard-Deklarationen findet man also in der sogenannten standard-prelude, einem Programmstück, das bei jeder Implementation vorgegeben ist. In ihr sind außerdem die Prioritäten für die Standard-Operatoren in entsprechenden priority-declarations sowie die Standard-"modes" in entsprechenden mode-declarations definiert. Der Programmierer kann dann in seinem Programm alle diese Standard-Prozeduren, -Operatoren und -"modes" als applied-indicators benutzen, muß sie also nicht mehr selbst deklarieren.

Den Standard-"modes" **bool, char, int, real, compl, string, bits** und **bytes** (sowie **format, sema** und **file**, die uns erst in Bd. 2 interessieren werden) kann man aus praktischen Gründen nicht mehr eine andere Bedeutung geben.

Wenn er will, kann jedoch der Programmierer die Standard-Prozeduren sowie die Standard-Operatoren und auch deren Prioritäten in seinem Programm neu definieren.

Hierbei ist zu beachten, daß für jede Repräsentation desselben Operators in der standard-prelude jeweils eine eigene operation-declaration mit dem gleichen routine-text gegeben ist. Schreibt der Programmierer dann in seinem Programm eine neue operation-declaration für eine dieser Repräsentationen, so hat er damit die Bedeutung der anderen Repräsentationen nicht geändert.

Zum Beispiel hat der Gleichheitsoperator für zwei **reals** die beiden Repräsentationen = und **eq** (vgl. 1.3.4). Schreibt dann der Programmierer in seinem Programm etwa

```
op eq = ( real a, b) bool : a - b ≤ 1.0e - 7 ;
```

so hat er dem Operator **eq** eine neue Bedeutung gegeben, nicht aber dem Operator =, der seine standardmäßige Bedeutung weiterhin behält. Dementsprechend kann er dann auch **ne** , **lt** , **le** , **gt** und **ge** eine neue Bedeutung geben, ohne daß dadurch die Operatoren ≠ , < , ≤ (und <=) , > , ≥ (und >=) in ihrer Bedeutung für **reals** geändert sind.

In 1.3.4 haben wir bereits eine Reihe von Prozeduren und Operatoren aus der standard-prelude aufgeführt. Wir haben dabei allerdings darauf verzichtet, auf ihre Bedeutung im einzelnen einzugehen. Dies holen wir hier für die den Programmierer am meisten interessierenden Operatoren nach, indem wir ihre operation-declarations angeben, beinahe so, wie man sie im Report in 10.2.3 findet (wir beschränken uns dabei auf nur eine Repräsentation).

Man beachte hierbei, daß einige Operatoren nicht für alle Werte der Operanden definiert sind (z. B. ist *a* **over** *b* nicht für *b = 0* definiert). Ob in solchen Fällen eine 'runtime'-Fehlermeldung ausgegeben wird oder etwas anderes passiert, hängt ab von der jeweiligen Implementation.

Der Leser sollte diese operation-declarations eingehend studieren; denn sie geben die Bedeutung der einzelnen Operatoren genau an, stellen außerdem für ihn eine gute Übung in ALGOL68 dar und geben ihm nützliche Hinweise zum Formulieren übersichtlicher ALGOL68-Routinen.

5.2.1 Operatoren mit **bool**-Operanden

Die Boolesche Arithmetik wird in der standard-prelude auf folgende Weise definiert (für die Prioritäten vgl. 5.1.2):

```
op abs = ( bool a) int :     if a then 1 else 0 fi ;
op not = ( bool a) bool :    if a then false else true fi ;
op or  = ( bool a, b) bool : if a then true else b fi ;
op and = ( bool a, b) bool : if a then b else false fi ;
op =   = ( bool a, b) bool : (a and b) or (not a and not b) ;
op ≠   = ( bool a, b) bool : not (a = b) ;
```

Man beachte die oben angegebene Deklaration für den Gleichheitsoperator für zwei **bool**-Operanden: hier tritt das equals-symbol ' = ' als defining-operator auf, unmittelbar gefolgt von dem is-defined-as-symbol, das ebenfalls durch das Zeichen ' = ' dargestellt wird.

Reichen diese Operatoren nicht aus, so kann man zu ihnen im Programm noch weitere Boolesche operation-declarations hinzufügen. Zum Beispiel:

```
prio impl = 1 , xor = 2 , nor = 2 , nand = 3 ;
op impl  = ( bool a, b) bool : not (a and not b) ;
op xor   = ( bool a, b) bool : (a or b) and not (a and b) ;
op nor   = ( bool a, b) bool : not (a or b) ;
op nand  = ( bool a, b) bool : not (a and b) ;
```

oder auch, wenn man will:

```
op impl  = ( bool a, b) bool : if a then b else true fi ;
op xor   = ( bool a, b) bool : if a then not b else b fi ;
op nor   = ( bool a, b) bool : if a then false else not b fi ;
op nand  = ( bool a, b) bool : if a then not b else true fi ;
```

5.2.2 Operatoren auf arithmetischen Werten

Bei der Definition der Operatoren auf arithmetischen Werten werden die in 1.3.2 angegebenen Operationen und die Differenz zweier **ints** und zweier **reals** sowie das Produkt und der Quotient zweier **reals** 'axiomatisch' vorausgesetzt. Ausgehend von diesen Operationen werden alle weiteren Operationen auf arithmetischen Werten durch die folgenden operation-declarations definiert:

```
op <   = ( int a, b) bool : C true if the value of a is smaller than
                                     that of b and false otherwise C ;
op ≤   = ( int a, b) bool : not (b < a) ;
op =   = ( int a, b) bool : a ≤ b and b ≤ a ;
op ≠   = ( int a, b) bool : not (a = b) ;
op ≥   = ( int a, b) bool : b ≤ a ;
op >   = ( int a, b) bool : b < a ;
op -   = ( int a, b) int :  C the value of a minus that of b C ;
op -   = ( int a)    int :  0 - a ;
op +   = ( int a, b) int :  a - - a ;
op +   = ( int a)    int :  a ;
op abs = ( int a)    int :  if a < 0 then - a else a fi ;
op ×   = ( int a, b) int :  (  int prod := 0, i := abs b ;
                               while i ≥ 1
                                 do prod := prod + a; i := i - 1 od ;
                                  if b < 0 then - prod else prod fi ) ;
op over =( int a, b) int :     if b ≠ 0
                            then int q := 0, r := abs a ;
                               while (r := r - abs b) ≥ 0
                                  do q := q + 1 od ;
                                   if a < 0 and b ≥ 0 or a ≥ 0 and
                                                                b < 0
                                 then - q else q fi
                               fi ;
op mod = (int a, b) int :   ( int r = a - a over b × b ;
                               if r < 0 then r + abs b else r fi ) ;
```

```
op /    = ( int a, b) real :  real (a) / real (b) ;
op ↑    = ( int a, b) int :      if b ≥ 0
                             then int pow := 1 ;
                                  to b do pow := pow × a od ;
                                  pow
                                fi ;
op odd = ( int a)   bool :  abs a mod 2 = 1 ;
op sign = ( int a)  int :     if a > 0 then + 1
                             elif a < 0 then - 1
                                         else 0
                               fi ;
op i    = ( int a, b) compl: ( a , b ) ;
```

Entsprechend kann man die bisher für **int**-Operanden deklarierten Operatoren für **real**-Operanden sowie für alle Kombinationen von **int** und **real** definieren. Wir wollen hier darauf verzichten, auch noch alle diese declarations anzugeben. Die Geschichte würde dann doch zu langweilig werden. Stattdessen führen wir noch einige für die Anwendung wichtige Operatoren an:

```
op round  = ( real a) int :  C an integral value, if one exists, which can
                               be widened to a real value differing by
                               not more than one half from the value of
                               a C ;
op entier = ( real a) int : (   int n := 0 ;
                              while n < a do n := n + 1 od ;
                              while n > a do n := n - 1 od ;
                             n ) ;
op ↑      = ( real a, int b) real : ( real pow := 1 ;
                                      to abs b
                                      do pow := pow × a od ;
                                       if b ≥ 0 then pow
                                                else 1/pow fi
                                    ) ;
```

Alle hier angegebenen sowie alle weiteren, in der standard-prelude definierten Operatoren für arithmetische Werte sind auch (und genau so) für die jeweiligen **long**- bzw. **short**-Versionen definiert (vgl. auch 4.2.3).

Zum Abschluß wollen wir noch einige, nicht in der standard-prelude deklarierte Operatoren angeben, die für gewisse Anwendungen von Nutzen sein können, die außerdem zeigen, wie der Programmierer ähnliche Operatoren für seinen privaten Gebrauch definieren kann.

```
op ↑       = ( real  a, b)  real :   if b = 0.0  then 1.0
                                   elif a > 0.0  then exp (b × ln (a) )
                                     fi ;
prio max = 8 ,  min  =  8 ;
op max    = ( int   a, b)  int :    if a > b  then a  else b  fi ;
op max    = ( real  a, b)  real :   if a > b  then a  else b  fi ;
op min    = ( int   a, b)  int :    if a < b  then a  else b  fi ;
op min    = ( real  a, b)  real :   if a < b  then a  else b  fi ;
op ×      = ( ref [ ] real row1, row2)  real :
              (  co  the inproduct of two  [ ] real ,
                     both rows are considered to be extended with zeros
                     on both sides
                 co
                long real inprod := long 0.0 ;
                 for i from lwb row1  max lwb row2
                          to upb row1  min upb row2
                 do inprod plusab leng row1 [i] × leng row2 [i] od ;
                shorten inprod
              ) ;
```

5.2.3 Operatoren mit compl-Operanden

Die Bedeutung der Operatoren für die Arithmetik von komplexen Zahlen ist in der standard-prelude so klar beschrieben, daß sie jeder ohne weiteres versteht, sogar auch derjenige, der von komplexen Zahlen bisher wenig gehört hat:

```
mode compl  =  struct (real  re, im);
op i      = ( real     a , b)  compl :  ( a ,  b ) ;
op re     = ( compl  a)      real :     re  of  a ;
op im     = ( compl  a)      real :     im  of  a ;
op abs    = ( compl  a)      real :     sqrt ( re  a ↑ 2 +  im  a ↑ 2 ) ;
op arg    = ( compl  a)      real :     if real  re = re  a ,  im = im  a ;
                                           re ≠ 0  or  im ≠ 0
                                     then if abs  re  >  abs  im
                                           then  arctan (im / re)  +  pi / 2 ×
                                                  if  im < 0
                                               then sign  re - 1
                                                else  1  - sign  re
                                                  fi
                                           else  -  arctan (re / im)  +  pi/2 ×
                                                  sign  im
                                           fi
                                     fi ;
```

```
op conj = ( compl a)       compl : ( re a , - im a ) ;
op =    = ( compl a, b)    bool :   re a = re b and im a = im b ;
op ≠    = ( compl a, b)    bool :   not ( a = b ) ;
op -    = ( compl a, b)    compl : ( re a - re b ) i ( im a - im b ) ;
op -    = ( compl a)       compl : ( - re a , - im a ) ;
op +    = ( compl a, b)    compl : ( re a + re b ) i ( im a + im b ) ;
op +    = ( compl a)       compl : a ;
op ×    = ( compl a, b)    compl : ( re a × re b - im a × im b ) i
                                   ( re a × im b + im a × re b ) ;
op /    = ( compl a, b)    compl : (   real d = re (b × conj b ) ;
                                     compl n = a × conj b ;
                                     ( re n / d ) i ( im n / d )
                                   ) ;
op ↑    = ( compl a, int b) compl : ( compl pow := 1 ;
                                        to abs b
                                        do pow := pow × a od ;
                                         if b ≥ 0
                                       then pow else 1 / pow
                                         fi
                                    ) ;
```

Der Operator **i**, mit dem man **reals** und **ints** zu einem **compl** verknüpft (man schreibt also *x* **i** *y*), ist vielleicht für jemanden, der mit der Schreibweise von komplexen Zahlen vertraut ist, nicht gerade angenehm. Er möchte eventuell lieber schreiben: *x* + *i* × *y*. Diesen Wunsch können wir leicht erfüllen, indem wir deklarieren:

```
compl i = ( 0 , 1 ) ;
```

Der Nachteil jedoch ist, daß gerade der identifier *i* oft als Index und als Zähler in loop- und case-clauses verwendet wird, so daß dies leicht zu Verwechslungen führen könnte. Eine andere und sogar noch bessere Lösung ist die Deklaration eines monadischen Operators **i**:

```
op i = (  int a) compl : 0 i a ;
op i = ( real a) compl : 0 i a ;
```

Man kann dann je nach Geschmack schreiben:

x **i** *y*	hier wird **i** dyadisch verwendet
oder *x* + **i** *y*	hier wird **i** monadisch verwendet.

5.2.4 Operatoren mit **string**-Operanden

Es ist instruktiv zu sehen, wie die Operationen auf **strings** in ALGOL68 definiert werden; selbstverständlich wird bei jeder Implementation hierbei kräftig optimiert werden. Insbesondere lohnt es sich festzustellen, wie die Routine von ' < ' die lexikographische Reihenfolge von **strings** ermittelt:

```
mode string = flex [1 : 0] char ;

op < = ( string a, b) bool :
          ( int m = upb a [at 1] , n = upb b [at 1] ;
            int p = if m < n then m else n fi ; int i := 1 ;
           bool equal ;
              if p < 1
           then n ≥ 1
            else while equal := a [at 1] [i] = b [at 1] [i] and
                        (i := i + 1) ≤ p
                   do skip od ;
                     if equal
                   then m < n
                    else a [at 1] [i] < b [at 1] [i]
                     fi
              fi
          ) ;
op ≤ = ( string a, b) bool : not ( b < a ) ;
op = = ( string a, b) bool : a ≤ b and b ≤ a ;
op ≠ = ( string a, b) bool : not ( a = b ) ;
op ≥ = ( string a, b) bool : b ≤ a ;
op > = ( string a, b) bool : b < a ;
op + = ( string a, b) string :
           ( int m = upb a [at 1] , n = upb b [at 1] ;
             [1 : m + n] char concat ;
             concat [1 : m] := a [at 1] ;
             concat [m + 1 : m + n] := b [at 1] ;
             concat
           ) ;
op × = ( int a, string b) string :
           ( string stutter ;
             to a do stutter := stutter + b od ;
             stutter
           ) ;
op × = ( string a, int b) string : b × a ;
op × = ( int a, char b)   string : a × string (b) ;
op × = ( char a, int b)   string : b × string (a) ;
```

5.2.5 Operatoren mit **bits**- und **bytes**-Operanden

In 4.2 haben wir gesehen, daß **bits** und **bytes** jeweils in Strukturen eingebettete Folgen von 'bits' und 'bytes' sind:

```
mode bits  = struct ( [1 : bits  width] bool ℵ );
mode bytes = struct ( [1 : byteswidth] char ℵ );
```

Dabei ist es jedoch dem Programmierer nicht erlaubt, den besonderen field-selector ℵ zu benutzen.

Benutzt wird er allerdings in der standard-prelude, aber auch nur, um dazu beizutragen, die Bedeutung der Operatoren für **bits** und **bytes** klar zu definieren. Natürlich werden auch hier bei jeder Implementation alle diese Operationen durch entsprechende Maschinenbefehle ausgeführt. Um die Effizienz dieser Maschinenbefehle voll und ganz an den Programmierer weiterzugeben, ist für ihn der field-selector ℵ tabu.

```
op =    = ( bits a, b) bool :
          ( for i to bitswidth
              do if ( ℵ of a) [i] ≠ ( ℵ of b) [i] then no fi od ;
                 true exit
            no: false
          );
op ≠    = ( bits a, b) bool : not ( a = b );
op or   = ( bits a, b) bits :
          ( bits join ;
            for i to bitswidth
            do ( ℵ of join) [i] := ( ℵ of a) [i] or ( ℵ of b) [i]
            od ;
            join
          );
op and  = ( bits a, b) bits :
          ( bits meet ;
            for i to bitswidth
            do ( ℵ of meet) [i] := ( ℵ of a) [i] and ( ℵ of b) [i]
            od ;
            meet
          );
```

```
op <    = ( bits a, b) bool : ( a or b ) = b ;
op >    = ( bits a, b) bool : b < a ;
op ↑    = ( bits a, int b) bits :
            if abs b < bitswidth
          then bits shift := a ;
               to abs b
               do if b > 0
               then for i from 2 to bitswidth
                      do ( ℵ of shift) [i - 1] := ( ℵ of shift) [i]
                      od ;
                    ( ℵ of shift) [bitswidth] := false
                else for i from bitswidth by - 1 to 2
                      do ( ℵ of shift) [i] := ( ℵ of shift) [i - 1]
                      od ;
                    ( ℵ of shift) [1] := false
                  fi
               od ;
             shift
             fi ;
op ↓    = ( bits a, int b) bits : a ↑ - b ;
op abs  = ( bits a) int :
          ( int val := 0 ;
            for i to bitswidth
            do val := 2 × val + abs ( ℵ of a) [i] od ;
            val
          ) ;
op bin  = ( int a) bits :
            if a ≥ 0
          then int n := a ; bits bin ;
               for i from bitswidth by - 1 to 1
               do ( ℵ of bin) [i] := odd n ; n := n over 2 od ;
               bin
            fi ;
op elem = ( int a, bits b) bool : ( ℵ of b) [a] ;
```

```
proc bitspack = ( [ ] bool a) bits :
                    if int n = upb a [at 1] ;
                      n ≤ bitswidth
                  then bits bin ;
                      for i to bitswidth
                      do ( ℵ of bin) [i] :=
                          if i ≤ bitswidth - n
                        then false
                         else a [at 1] [i - bitswidth + n]
                          fi
                      od ;
                      bin
                    fi ;
op not = ( bits a) bits :
           ( bits nota ;
             for i to bitswidth
             do ( ℵ of nota) [i] := not ( ℵ of a) [i] od ;
             nota
           ) ;
```

Für **bytes** sind die Vergleichsoperatoren genau so definiert wie für **strings**. Der Operator **elem** hat die gleiche Bedeutung wie für **bits** und die Prozedur *bytespack* entspricht völlig *bitspack*.

5.2.6 Operatoren im Zusammenhang mit assignations

Wir haben schon oft die zuweisenden Operatoren **plusab**, **minusab** usw. verwendet; man kann für sie auch schreiben + :=, - :=, × := usw. (man kann **plusab** als '**plus** *and* **b***ecomes*' lesen und entsprechend die anderen indications).

Wir geben die operation-declatations nur für **ints** und **strings** (hierfür gibt es noch einige besondere Operatoren) an. Die zuweisenden Operatoren für **real** und **compl** sowie für alle möglichen Kombinationen von **int**, **real** und **compl** werden entsprechend deklariert. Man beachte stets, welcher der Operanden einen **refmod** liefern muß.

```
op minusab = ( ref int a, int b) ref int : a := a - b ;
op plusab  = ( ref int a, int b) ref int : a := a + b ;
op timesab = ( ref int a, int b) ref int : a := a × b ;
op overab  = ( ref int a, int b) ref int : a := a over b ;
op modab   = ( ref int a, int b) ref int : a := a mod b ;
op plusab  = ( ref string a, string b) ref string : a := a + b ;
op plusab  = ( ref string a, char b) ref string : a plusab string (b) ;
op plusto  = ( string a, ref string b) ref string : b := a + b ;
op plusto  = ( char a, ref string b) ref string : string (a) plusto b ;
op timesab = ( ref string a, int b) ref string : a := a × b ;
```

Literaturhinweise

[1] A. van Wijngaarden (Editor), B. J. Mailloux, J. E. L. Peck, C. H. A. Koster: "Report on the Algorithmic Language ALGOL68", Numerische Mathematik, 14, 79–218 (1969).
Dieser Report ist die erste Definition der Sprache ALGOL68.

[2] A. van Wijngaarden, B. J. Mailloux, J. E. L. Peck, C. H. A. Koster, M. Sintzoff, C. H. Lindsey, L. G. L. T. Meertens, R. G. Fisker: "Revised Report on the Algorithmic Language ALGOL68", IFIP, September 1973.
Diese Revision ist die zweite und zugleich letzte Definition der Sprache ALGOL68. Sie ist (gegenüber [1]) eine völlig neue Beschreibung von ALGOL68, obgleich die Sprache selbst nicht wesentlich geändert wurde. Dieser "Revised Report" wird voraussichtlich ab Mitte 1974 im Buchhandel erhältlich sein.

[3] I. O. Kerner: "Bericht über die algorithmische Sprache ALGOL68", Akademie-Verlag, Berlin (DDR), 1972.
Dieser "Bericht" ist eine deutsche Übersetzung von [1].

[4] C. H. Lindsey, S. G. van der Meulen: "Informal Introduction to ALGOL68", North-Holland Publishing Company, Amsterdam, 1971.
Inhalt: Verständliche Einführung in die vollständige Sprache ALGOL68, definiert in [1].

[5] C. H. Lindsey: "ALGOL68 with fewer tears", The Computer Journal, Vol. 15, No. 2, 1972.
Inhalt: Kurze Einführung in die Sprache ALGOL68 (definiert in [1]) anhand eines leicht verständlichen ALGOL68-Programms.

[6] J. E. L. Peck: "An ALGOL68 Companion", Department of Computer Science, University of British Columbia, Vancouver 8, B. C., Canada, 1972.
Inhalt: Einführung in den Report [1].

[7] P. Branquart, J. Lewi, M. Sintzoff, P. L. Wodon: "The Composition of Semantics in ALGOL68", Communications of the ACM, Nov. 1971, Vol. 14, No. 11.
Inhalt: Die wichtigsten Konzepte von ALGOL68 (definiert in [1]) werden von ihrer Semantik her dargestellt.

[8] P. M. Woodward, S. G. Bond: "ALGOL68-R Users Guide", Division of Computing and Software Research Royal Radar Establishment (RRE), Malvern, England, 1972.
Inhalt: Einführung in die Sprache ALGOL68-R zur Benutzung der Sprache auf Rechnern der Serie ICL 1900. Das ALGOL68-R-System ist die erste Implementation der fast vollständigen Sprache ALGOL68, definiert in [1].

[9] Informal Implementers' Interchange (III), eingesetzt von der IFIP-Working Group 2.1, Kontaktadresse z. Z. (Juli 1974): R. C. Uzgalis, Computer Science Department, University of California, Los Angeles, Calif. 90024, USA.
Über die III sind Hinweise zur Literatur über den neuesten Stand der ALGOL68-Implementationen erhältlich.

[10] J. E. L. Peck (Editor): Proceedings of an Informal Conference on ALGOL68-Implementation, University of British Columbia, Vancouver 8, B. C., Canada, Aug. 1969.

[11] J. E. L. Peck (Editor): ALGOL68-Implementation, North Holland Publishing Company, Amsterdam, 1971.
Inhalt von [10] und [11]: In verschiedenen Vorträgen werden unterschiedliche Aspekte einer ALGOL68-Implementation dargestellt.

[12] Literaturübersicht, vorgenommen von J. E. L. Peck, Department of Computer Science, University of British Columbia, Vancouver 8, B. C., Canada.
Aus dieser Literaturübersicht sind Hinweise erhältlich zur Literatur über die verschiedensten Fragen, die im Zusammenhang mit ALGOL68 stehen.

[13] J. C. Cleaveland, R. C. Uzgalis: "What every Programmer should know about Grammar", Modeling and Measurement Note No. 12, Computer Science Department, School of Engineering and Applied Science, University of California, Los Angeles, USA.
Inhalt: Neben einem Überblick über die Chomsky-Hierarchie der bekannten Grammatik-Typen wird die Mächtigkeit der Zwei-Stufen-Grammatik demonstriert. So wird u. a. sowohl die Syntax als auch die Semantik einer einfachen Programmiersprache (neben anderen Methoden) durch eine Zwei-Stufen-Grammatik beschrieben.

[14] F. L. Bauer, G. Goos: "Informatik", Teil 1,2, Heidelberger Taschenbücher Bd. 80, 91, Springer Verlag, Berlin–Heidelberg–New York, 1971.
Inhalt: U. a. wird hier die Sprache ALGOL68 bei der Erläuterung der begrifflichen Grundlagen der Programmierung zugrunde gelegt. Desweiteren werden einige Konzepte von ALGOL68 angeführt.

[15] P. Naur (Editor): "Revised Report on the Algorithmic Language ALGOL60", Numerische Mathematik, 4, 420–453 (1963).

[16] G. Bayer: "Einführung in das Programmieren in ALGOL60", Walter de Gruyter u. Co., Berlin 1971.

Index

Begriffe aus der Terminologie des Reports sowie im Report durch Produktionsregeln formal definierte syntaktische Begriffe, die wir in diesem Buch benutzt haben, werden in alphabetischer Reihenfolge nachfolgend aufgeführt:

Kolibri 360 GmbH
Ferdinand-Jühlke-Straße 7
99095 Erfurt, Deutschland
produktsicherheit@kolibri360.de